Das **WordPress** Buch

Moritz »mo.« Sauer

O'REILLY®

Moritz »mo.« Sauer

Lektorat: Alexandra Follenius
Korrektorat: Claudia Lötschert
Herstellung: Susanne Bröckelmann
Umschlaggestaltung: Michael Oréal, www.oreal.de
Satz: Ulrich Borstelmann, www. borstelmann.de
Druck und Bindung: Schleunungdruck GmbH, Marktheidenfeld

Bibliografische Information Der Deutschen Nationalbibliothek
Die Deutsche Nationalbibliothek verzeichnet diese Publikation in der Deutschen Nationalbibliografie; detaillierte
bibliografische Daten sind im Internet über *http://dnb.d-nb.de* abrufbar.

ISBN:
Print   978-3-96009-036-6
PDF   978-3-96010-063-8
epub 978-3-96010-064-5
mobi 978-3-96010-065-2

Dieses Buch erscheint in Kooperation mit O'Reilly Media, Inc. unter dem Imprint »O'REILLY«. O'REILLY ist ein Markenzeichen
und eine eingetragene Marke von O'Reilly Media, Inc. und wird mit Einwilligung des Eigentümers verwendet.

3. Auflage
Copyright © 2017 dpunkt.verlag GmbH
Wieblinger Weg 17
69123 Heidelberg

5 4 3 2 1 0

Inhaltsverzeichnis

Über den Autor

Hallo! Mein Name ist Moritz ›mo.‹ Sauer. Sie halten mein mittlerweile sechstes Buch für O'Reilly in den Händen. Ohne meine Leidenschaft, im Internet Texte, Bilder, Videos und Musik zu veröffentlichen, wäre es zu unserer Begegnung wahrscheinlich nicht gekommen. Mittlerweile arbeite ich seit 16 Jahren professionell mit diesem außergewöhnlichen Medium und bin immer noch begeistert, wie einfach es ist, seine eigenen Websites online zu stellen, seine Videos auf YouTube einem Millionenpublikum vorzustellen und selbst zum Sender zu werden.

In meinen Seminaren und Workshops erkläre ich seit Jahren die Möglichkeiten des Internets und der Vernetzung. Kunden, Studenten und Kursteilnehmern zeige ich, wie man das Netz und seine Werkzeuge für die Kommunikation, die Veröffentlichung von Inhalten und das Marketing nutzt. Das Medium kann ein Seminar, eine Videoanleitung, ein Artikel oder ein Buch sein. Mein Ziel ist es, Ihnen zu helfen und Ihnen mein Wissen zur Verfügung zu stellen. Ich wünsche mir, dass jeder, der sich mitteilen will, mitmachen darf. Man muss kein Gigant sein, um auf die vorderen Plätze von Google zu kommen. Wichtiger sind die Geschichte und/oder das Produkt.

Das Ziel dieses Buchs ist, Ihnen zu helfen, so locker und leicht wie möglich Inhalte, Projekte und Produkte mithilfe von WordPress im Internet zu präsentieren. Denn das ist meine große Leidenschaft: Publizieren im Web.

Mehr zu mir und meinen Projekten finden Sie unter *http://moritz.sauer.io*.

PS: Natürlich gibt es auch ein Leben neben dem Internet. Da mache ich gern Quatsch mit meinen Kindern oder höre elektronische Musik. Gern vergrabe ich mich auch in Serien oder spiele mit meinen Freunden das wunderbare Brettspiel Go.

Für Freiheit und Vielfalt – gegen Hass, Überwachung und Unterdrückung

Kapitel 1 | WordPress kennenlernen und installieren

WordPress begleitet mich seit 2008, als es sich zu **der** Blogplattform mauserte und andere Systeme in den Schatten stellte. Die Entscheidung für WordPress fiel damals aus einem einfachen Grund: WordPress ist ein kostenloses, frei erhältliches Redaktionssystem, das jeder Nutzer nach seinen eigenen Vorstellungen anpassen und erweitern kann.

Diese Offenheit und die Flexibilität des Systems sind maßgeblich dafür verantwortlich, dass WordPress heute weltweit das meistgenutzte Redaktionssystem für Websites ist. Angeblich baut WordPress mittlerweile jede vierte Website. Aus den gleichen Gründen engagieren sich Tausende Programmierer, Designer und Blogger bei der Weiterentwicklung der Software. Während die einen im Word-Press-Forum bei Problemen helfen, programmieren die anderen neue Erweiterungen, um WordPress Funktionen hinzuzufügen, die es von Hause aus nicht mitbringt. Vielen Designern verdanken wir wiederum die zahlreichen – oft kostenlosen – großartigen Designs.

Der größte Pluspunkt für WordPress ist in meinen Augen aber die Tatsache, dass WordPress damals wie heute **auch Laien eine einfache Möglichkeit zur Verfügung stellt, Gedanken, Ideen, Fotos und Projekte im Web zu veröffentlichen und zu präsentieren**. Das ist der Grund dafür, dass ich WordPress persönlich, für Webdesignkunden und in Seminaren nutze.

Und dass die Beliebtheit und die Entwicklung von WordPress nicht abreißen, beweist dieses Buch: Es ist die dritte komplett überarbeitete und erweiterte Version für **WordPress 4**. In diesem Buch zeige ich Ihnen, wie Sie eine professionelle Website aufbauen und dabei völlig ohne Programmier- oder Designkenntnisse auskommen. Los geht's!

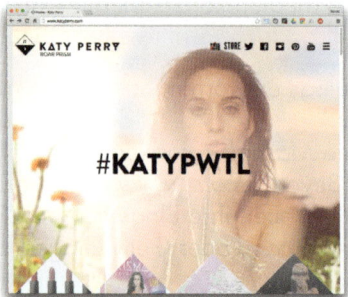

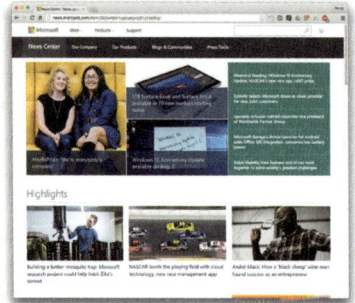
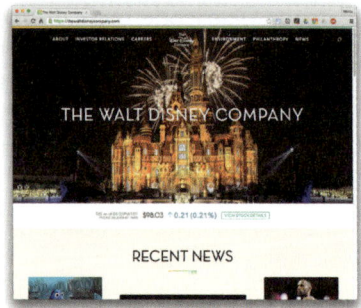

Was ist WordPress?

WordPress ist ein Redaktionssystem, mit dem Sie eine Website aufbauen und betreuen können. Dazu müssen Sie keine Programmiersprache lernen oder sich mit HTML auskennen. Sie können sich ganz auf Ihre Inhalte wie Texte, Bilder und Medien konzentrieren – den Rest übernimmt das Redaktionssystem für Sie.

Ursprünglich für den Betrieb eines Blogs entworfen, hat sich WordPress in den letzten Jahren zu einem **Allroundtalent für die Betreuung von Websites** gemausert. WordPress pulsiert heute hinter großen Magazin-Websites wie *Mashable.com* oder *SmashingMagazine.com*. *Sylvester-Stallone.com* nutzt es genauso wie *Beyonce.com*, www.katyperry.com und *UsainBolt.com*. Große Medien-Websites wie *blogs.faz.net* betreuen ihre Blogs mit WordPress, und auch Blogs großer Unternehmen wie Google Ventures, *www.gv.com*, oder Getty Images, *blog.gettyimages.com*, laufen auf Basis des Redaktionssystems.

Ein Grund für den Erfolg von WordPress ist, dass Sie es **kostenlos** nutzen können und von seinem offenen Quellcode profitieren. Diesen dürfen Sie verändern, um beispielsweise die Optik Ihres Blogs an eine bestehende Website anzupassen, sodass sich das eine hervorragend in das andere einfügt. Mit anderen Worten: Sie können WordPress ganz nach Ihren eigenen Vorstellungen einsetzen. Ob Blog oder Unternehmens-Website, ob kleine Image-Website oder Magazin, die Möglichkeiten für den Einsatz sind vielfältig dank eines äußerst flexiblen und offenen Systems.

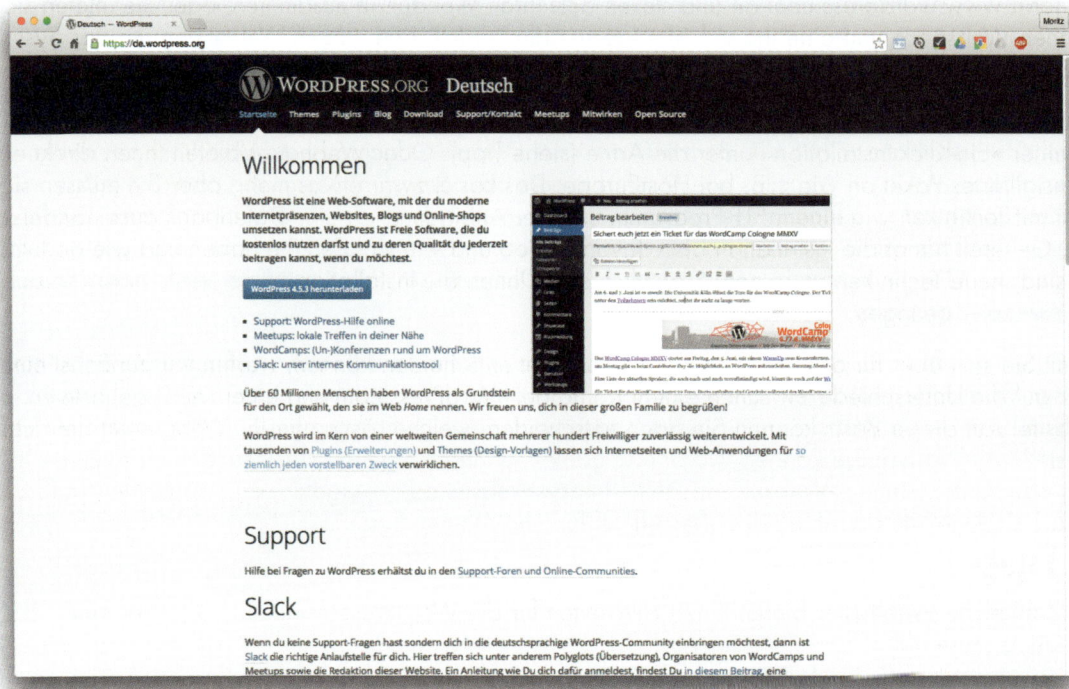

Willkommen

WordPress ist eine Web-Software, mit der du moderne Internetpräsenzen, Websites, Blogs und Online-Shops umsetzen kannst. WordPress ist Freie Software, die du kostenlos nutzen darfst und zu deren Qualität du jederzeit beitragen kannst, wenn du möchtest.

WordPress 4.5.3 herunterladen

- Support: WordPress-Hilfe online
- Meetups: lokale Treffen in deiner Nähe
- WordCamps: (Un-)Konferenzen rund um WordPress
- Slack: unser internes Kommunikationstool

Über 60 Millionen Menschen haben WordPress als Grundstein für den Ort gewählt, den sie im Web *Home* nennen. Wir freuen uns, dich in dieser großen Familie zu begrüßen!

WordPress wird im Kern von einer weltweiten Gemeinschaft mehrerer hundert Freiwilliger zuverlässig weiterentwickelt. Mit tausenden von Plugins (Erweiterungen) und Themes (Design-Vorlagen) lassen sich Internetseiten und Web-Anwendungen für so ziemlich jeden vorstellbaren Zweck verwirklichen.

Support

Hilfe bei Fragen zu WordPress erhältst du in den Support-Foren und Online-Communities.

Slack

Wenn du keine Support-Fragen hast sondern dich in die deutschsprachige WordPress-Community einbringen möchtest, dann ist Slack die richtige Anlaufstelle für dich. Hier treffen sich unter anderem Polyglots (Übersetzung), Organisatoren von WordCamps und Meetups sowie die Redaktion dieser Website. Ein Anleitung wie Du dich dafür anmeldest, findest Du in diesem Beitrag, eine

WordPress.com oder eine eigene Installation?

Es gibt zwei Möglichkeiten, WordPress zu nutzen: Entweder Sie legen ein kostenloses Konto auf der Plattform *www.wordpress.com* an und stellen dort Ihren Webauftritt zusammen, oder Sie mieten sich eigenen Webspace und eine individuelle Internetadresse (URL) bei einem Webhoster, um das System selbst zu installieren und zu betreuen.

Mittlerweile greifen Ihnen viele große Webhoster bei einer **Installation von WordPress** auch mit einer »Ein-Klick-Installation« unter die Arme (siehe Tipp). Oder Webhoster bieten Ihnen direkt ein vorinstalliertes Paket an wie z. B. bei HostEurope. Das kostet zwar etwas mehr, aber Sie müssen sich nicht mit Techniken wie einem FTP-Programm und der Anbindung an eine Datenbank auseinandersetzen. Generell hängt die Installation also davon ab, ob und wie viel Zeit Sie haben und wie geduldig Sie sind, neue Techniken zu lernen. Eigentlich sollte Ihnen die Installation **ohne viel technisches Know-how** gelingen.

Damit Sie sich aber für das zu Ihnen passende Paket entscheiden können, werfen wir zunächst einen Blick auf die Unterschiede zwischen einem Konto bei WordPress.com und einer selbst gehosteten Website. Auf dieser Basis können Sie dann entscheiden, welche Lösung für Ihr Webprojekt die richtige ist.

Tipp

Zahlreiche Webhoster bieten Ihnen Hilfeseiten für die WordPress-Installation an. Hier eine kleine Auswahl:

- *www.hosteurope.de/BlogHosting/*
- *www.all-inkl.com/wordpress-hosting/*
- *www.strato.de/hosting/app/blog-wordpress/*
- *www.one.com/de/support/guide/1-click-wordpress-verwenden*

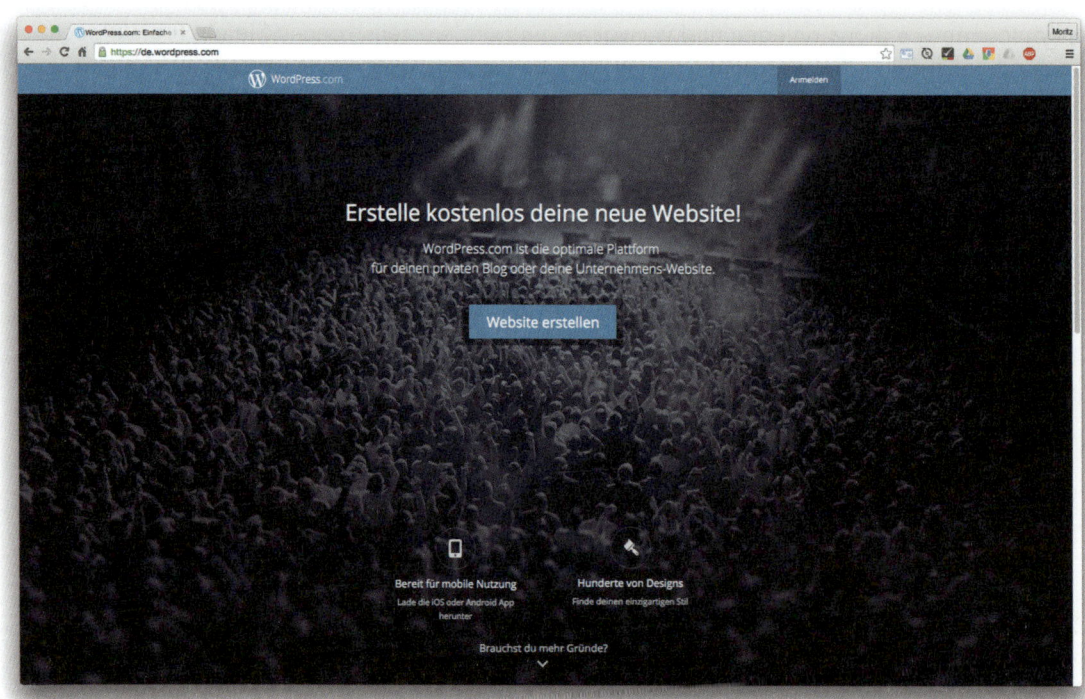

14

Die Vorzüge von WordPress.com

Wenn Sie WordPress als Plattform kennenlernen oder z. B. für ein kleines Non-Profit-Projekt benutzen wollen, ist für Sie WordPress.com der ideale Ort. Denn einerseits dürfen Sie mit einem WordPress.com-Konto mehrere Blogs anlegen und verwalten, und andererseits können Sie ein Projekt auch einfach ruhen lassen, ohne es löschen zu müssen. Schließlich fallen keine Kosten an. Weitere Vorteile von WordPress.com sind:

- Sie benötigen **keinerlei technische Kenntnisse**, um mit WordPress.com sofort loszulegen. Der Umgang mit einem FTP-Programm samt Installation entfällt vollständig.
- Es fallen **keinerlei Kosten für Webspace** und Webhosting für Sie an.
- Zahlreiche für WordPress.com installierte **Plug-ins** wie das Kontaktformular, ein Antispam-Plug-in oder Erweiterungen zum Einbinden von Google-Karten, Video- und Audiodateien sind bereits installiert.
- Die **Sicherung Ihrer Daten** übernimmt der professionelle Service von WordPress.com.
- **Aktualisierungen** von Erweiterungen und neuen Versionen von WordPress entfallen.
- Auch wenn es sich die Betreiber von WordPress.com vorbehalten, auf Ihrer Website **Werbung** zu schalten, wurden in den letzten Jahren kaum Werbebanner auf der Website gesichtet. Werbung können Sie gegen einen Obolus komplett entfernen.
- Dank der Exportfunktion ermöglicht WordPress.com Ihnen jederzeit den **Umzug auf ein selbst gehostetes WordPress-System**.

Hinweis

Mit einer kleinen Investition von 18 Dollar pro Jahr buchen Sie sich eine .com-, .net-, .info-, .biz- oder .org-Domain oder auch ähnliche, die Ihnen dann gehört und die ihrname.wordpress.com-Domain ersetzt. Mehr erfahren Sie unter *https://en.support.wordpress.com/-domains/*.

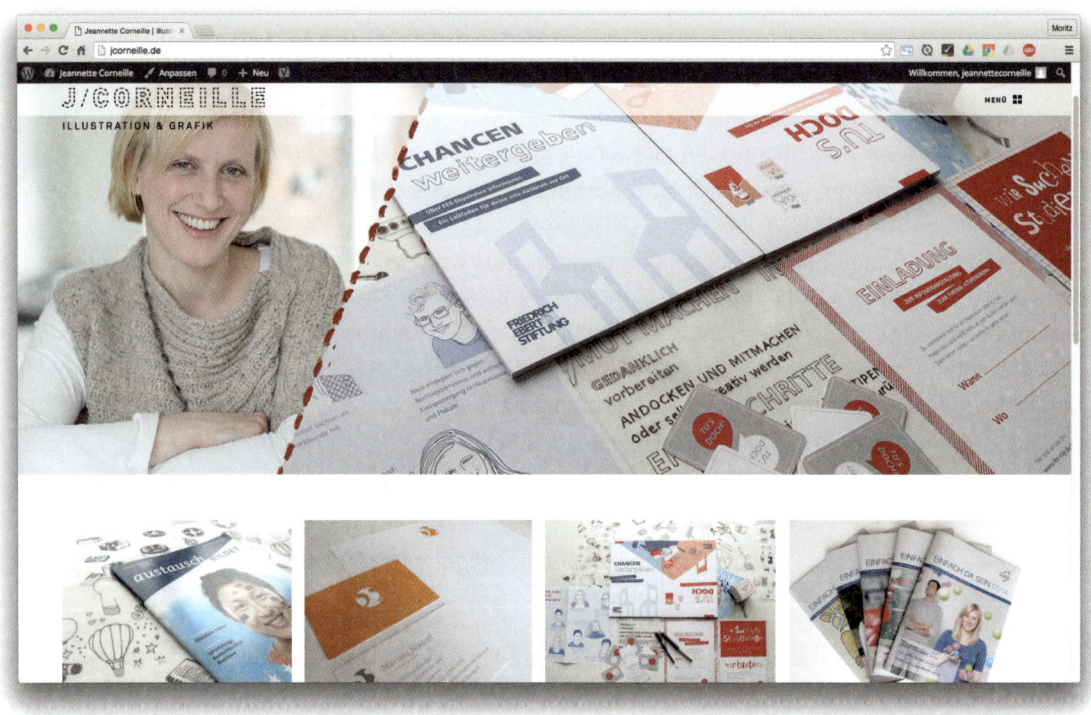

Mindestens sieben Gründe für die Installation auf eigenem Webspace

Obwohl eine bei WordPress.com gehostete Website bzw. ein Blog viele Vorteile bietet, gibt es auch gewichtige Nachteile. Die folgenden Beschränkungen sollten Sie sich bewusst machen:

- Die Internetadresse hat immer die Struktur *ihr-domainname.wordpress.com*. Domains mit einer *.de*-Endung sind nur über technische Hürden möglich.
- Die Auswahl an Designs ist limitiert. 258 kostenlose Designs auf WordPress.com stehen 2.677 kostenlosen Designs auf WordPress.org gegenüber.
- Erweiterungen können nicht hochgeladen und aktiviert werden. Wenn Sie auf eine eigene Installation setzen, stehen Ihnen derzeit 33.135 Erweiterungen auf WordPress.org zur Verfügung.
- Sie haben nur eine begrenzte Kontrolle über Ihre Inhalte. Mit Ihrer WordPress.com-Website dürfen Sie kein Geld verdienen und z. B. keine Werbung schalten.
- Es gibt keinen FTP-Zugang zu den hochgeladenen Dateien.
- Der Zugang zur Datenbank ist nicht möglich. Sie können Ihre Beiträge, Seiten und Kommentare lediglich als Textdatei exportieren und herunterladen.
- E-Mail-Adressen in Form von *name@ihredomain.de* sind nicht möglich.

Dieses Buch richtet den Fokus auf den Umgang mit einer eigenen WordPress-Installation. Es eignet sich aber auch für alle, die WordPress.com verwenden, denn die Benutzeroberfläche ist in den meisten Punkten identisch. Lediglich die Kapitel 6 bis 8 sind nur für Anwender mit einer eigenen WordPress-Installation interessant, da Themes und Plug-ins nicht auf WordPress.com hochgeladen werden können.

Hinweis

Weitere Unterschiede zwischen einer selbst installierten Version und WordPress.com finden Sie in englischer Sprache unter *www.wpmu.org/wordpress-org-vs-wordpress-com/*.

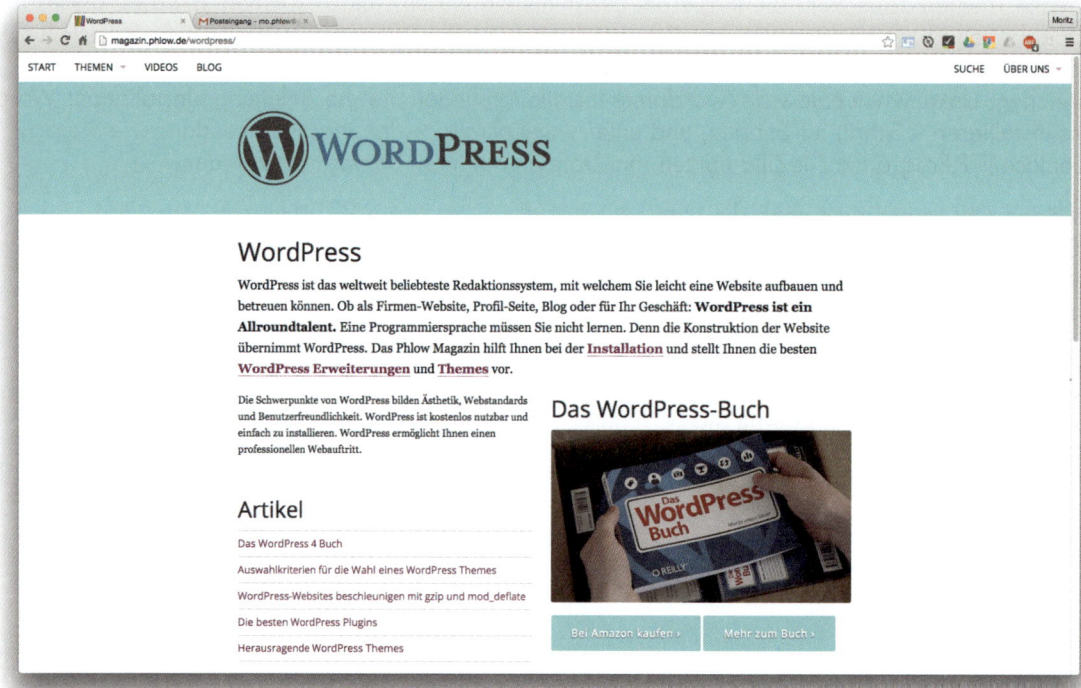

Bevor Sie starten

Ein Sachbuch wie dieses begleitet Sie bei den wichtigsten Schritten mit WordPress, aber es kann nicht alle Themen abdecken, die in diesem Zusammenhang aufkommen könnten. Extra für dieses Buch habe ich **zwei Videoanleitungen** produziert, um denjenigen unter Ihnen eine Hilfestellung zu geben, die WordPress selbst installieren möchten und denen die Informationen im Buch nicht ausreichen. Unter *www.phlow.de/wordpress-installation* finden Sie die Anleitung »Installation: Word-Press installieren – Schritt für Schritt«, und unter *www.phlow.de/ftp* wird Ihnen erklärt, wie Sie das kostenlose FTP-Programm FileZilla nutzen, um Dateien auf Ihren Server hochzuladen.

Und dann gibt es natürlich noch die **Webseite zum Buch**. Auf *www.phlow.de/das-wordpress-buch* finden Sie alle wichtigen Links aus und zu diesem Buch. Sollte der Fehlerteufel kleine Schnitzer in dieses Buch hineingeschmuggelt haben, finden Sie die Korrekturen und Hilfestellungen ebenfalls dort.

Im Blog unter *www.phlow.de/wordpress* trage ich kontinuierlich Neuigkeiten, Tipps und Tricks zu WordPress zusammen. Dort gibt es auch noch mehr Videoanleitungen, die Sie alternativ auf YouTube (*www.youtube.com/PhlowMedia*) ansehen und – wenn Sie möchten – abonnieren können.

Nun aber genug der Vorrede – es wird Zeit, dass Sie WordPress kennenlernen!

Das Beispielprojekt: digitalKultur.TV

Um die WordPress-Installation und später auch die Arbeit mit dem Redaktionssystem besser zu veranschaulichen, habe ich ein kleines Seitenprojekt mit einer WordPress-Website aufgesetzt. Das Projekt nennt sich **digitalKultur.TV** und konzentriert sich darauf, Spezialisten zu technologischen und internetspezifischen Themen zu interviewen. Dieses journalistische Experiment produziere ich gemeinsam mit meinem Kollegen **Lars Sobiraj**.

Jede unserer Sendungen bietet ein ausführliches Interview in Form eines Audiomitschnitts und ein kurzes Interview im Videoformat. Während wir die lange Version des Interviews über *Soundcloud.com* veröffentlichen, präsentieren wir die Videos auf unserem eigenen YouTube-Kanal (siehe Abbildung links). Außerdem bieten wir in unserem Blog auf der Website zusätzliche Informationen rund um die vorgestellten Themen. Neben einem kleinen Facebook-Auftritt nutzen wir auch Twitter und verschicken einen Newsletter, um über neue Sendungen zu informieren.

Die WordPress-Website bildet somit die **zentrale Sammelstelle**, die Informationen rund um die Sendungen, die sozialen Kanäle sowie die Interviews auf einer Seite bündelt. Außerdem bietet die Website noch Blogbeiträge zur Sendung sowie Links und weitere Informationen. Für die Umsetzung einer solchen Website ist WordPress das ideale Werkzeug.

Hinweis

Jedes Jahr erscheint ein neues Standard-Theme, das nach der Installation von WordPress automatisch aktiviert ist. Der Name des Themes entspricht dem Jahr der Veröffentlichung (2013 = Twenty Thirteen). Für die Projektseite zu diesem Buch habe ich mich für das Standard-Theme Twenty Fourteen entschieden, denn es bietet zahlreiche Möglichkeiten, Inhalte variabel in Szene zu setzen. Suchen Sie als Blogger ein mehr blogorientiertes Theme, sollten Sie einmal das einspaltige Twenty Thirteen ausprobieren. Weitere Themes finden Sie in Kapitel 7 ab Seite 219.

WordPress auf dem eigenen Rechner installieren

Die Installation von WordPress auf dem eigenen Rechner taugt nur für die Testfahrt von WordPress und die Entwicklung eigener Themes (mehr zu Themes auf Seite 219). Denn niemand kann Ihre WordPress-Website über das Internet auf Ihrem Computer aufrufen. Außerdem gestaltet sich der Umzug einer WordPress-Website von Ihrem Rechner ins Internet als recht kompliziert. Der Hauptvorteil ist der, dass Sie WordPress kostenlos testen und mit dem System experimentieren können.

Um WordPress auf Ihrem Rechner starten zu können, müssen Sie **lokal** – sprich, auf Ihrem Rechner – **einen eigenen Server samt Datenbank** starten können. Über die Adresse des Servers können Sie dann WordPress im Browser aufrufen. Man könnte sagen, Sie starten das Internet auf dem eigenen Rechner.

Das klingt zunächst kompliziert, ist aber in Wirklichkeit ganz einfach, denn für diesen Zweck gibt es für jedes Betriebssystem kostenlose Softwarepakete, die für Sie die benötigten Komponenten installieren. Dank eines Installationsprogramms ist das kinderleicht. Das Installationsprogramm installiert auf Ihrem Rechner einen Apache-Server und eine MySQL-Datenbank. Um diese Komponenten nach der Installation zu starten, rufen Sie einfach das Startprogramm auf und starten damit Server und Datenbank.

Die bekanntesten Softwarepakete heißen **XAMPP** und **MAMP**. Für OS X empfehle ich Ihnen MAMP, für Windows-Rechner ist XAMPP sehr beliebt. Dennoch würde ich Ihnen eher die Windows-Variante von MAMP empfehlen, da es eine exzellente und ausführliche Dokumentation unter *www.mamp.info/de/dokumentation/* gibt, die XAMPP fehlt. Dafür bietet XAMPP ein Forum, das auch Anfängern hilfreich unter die Arme greift: *https://community.apachefriends.org/f/viewforum.php?f=32*.

- XAMPP (Windows, Linux, OS X): *www.apachefriends.org/de/index.html*
- MAMP (OS X und Windows (beta)): *www.mamp.info/de/*

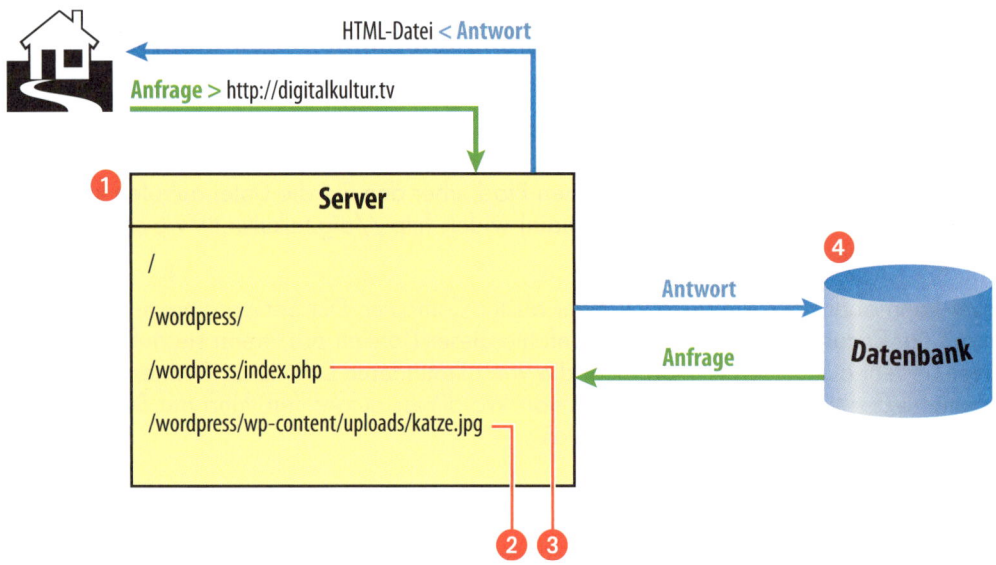

HTML-Datei < **Antwort**

Anfrage > http://digitalkultur.tv

1 **Server**

/

/wordpress/

/wordpress/index.php

/wordpress/wp-content/uploads/katze.jpg

2 **3**

4

Antwort

Datenbank

Anfrage

So arbeiten Server, Datenbank und WordPress zusammen

Arbeitet man mit einer eigenen Installation von WordPress, hilft es Ihnen, den Arbeitsablauf der drei Hauptelemente Server, Datenbank und WordPress zu verstehen. Mit diesem Verständnis finden Sie schneller die Fehlerquelle, falls eine Fehlermeldung auftaucht. Was also macht ein Server? Was macht die Datenbank? Und was hat das mit WordPress zu tun?

Auf dem Servercomputer liegen die Dateien ❶. Dazu gehören unter anderem Ihnen bekannte Dateiformate wie Bild-, Audio- und Videodateien sowie Dokumente wie z. B. PDFs. Der Servercomputer funktioniert also wie Ihr eigener Computer, auf dem Sie per Dateisystem Inhalte in Ordnern strukturieren. Und jede Datei hat einen eigenen Pfad, über den Sie die Datei aufrufen können. Dieser Pfad spiegelt sich in der URL (z. B. einer Domain) wider: http://digitalkultur.tv/wp-content/uploads/katze.jpg ❷.

Der Server kann aber noch ein bisschen mehr als Ihr Computer. Der Servercomputer interpretiert Dateien mit der Endung .php und führt die Befehle dieser Dateien aus, wenn sie aufgerufen werden. WordPress besteht aus diesen PHP-Dateien, die wie alle anderen Dateien in Ordnern auf dem Server-computer liegen ❸. Wird eine PHP-Datei von WordPress aufgerufen, führt der Server die Befehle dieser Datei aus – z. B. den Upload eines Bilds.

Während Dateien auf dem Server gespeichert werden, **speichert WordPress Inhalte wie Texte, Einstellungen und Ähnliches in der Datenbank ab ❹**. Die Datenbank können Sie sich wie eine riesige Excel-Tabelle vorstellen, die kontinuierlich editiert wird.

Somit haben Sie es beim Einsatz mit WordPress immer mit zwei Komponenten zu tun: Server und Datenbank. Funktioniert eine der Komponenten nicht, z. B. die Datenbank, funktioniert auch die WordPress-Website nicht.

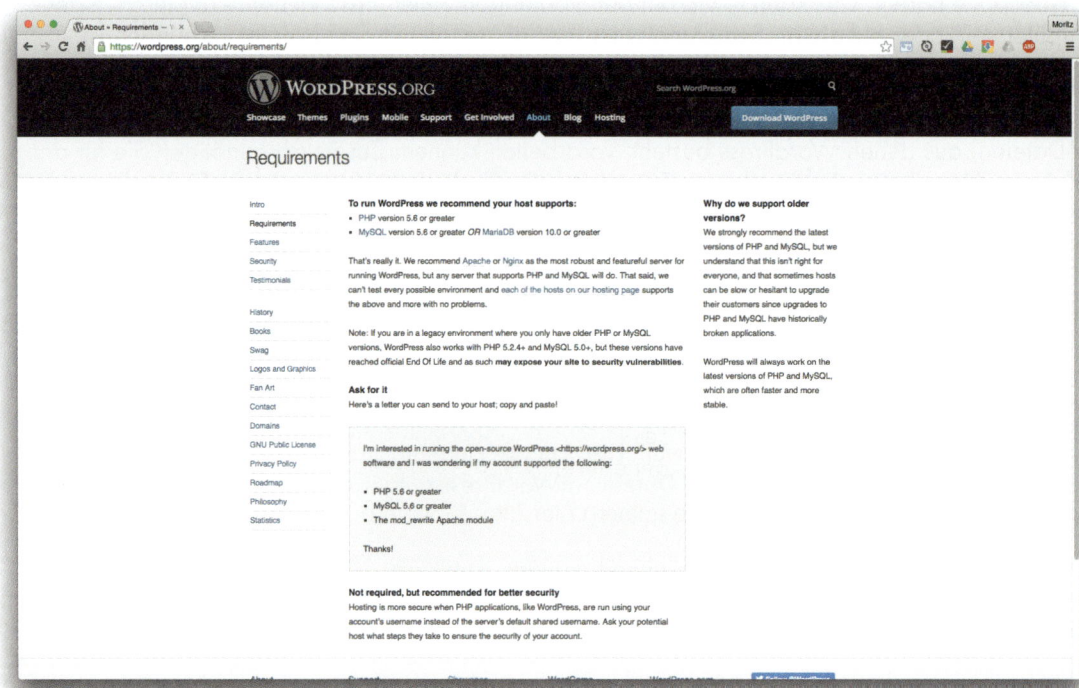

Einen passenden Webhoster finden

Damit Sie WordPress installieren können, müssen Sie sicherstellen, dass Sie Zugang zu einem Server mit Webspace haben. Das kann – wie auf den vorherigen Seiten beschrieben – auf Ihrem eigenen Computer sein oder auf einem Servercomputer, der dauerhaft mit dem Internet verbunden ist.

Webspace können Sie bei Webhostern wie HostEurope, Hetzner, Strato und so weiter mieten. Auf diesem Webspace speichern Sie WordPress ab. Damit WordPress funktioniert, muss der Server die PHP-Dateien, aus denen WordPress besteht, verarbeiten können. Zusätzlich benötigen Sie für den Betrieb von WordPress auch noch eine Datenbank. Auch die Datenbank müssen Sie bei Ihrem Webhoster mieten. Genau für solche Zwecke bieten Ihnen die Webhoster sogenannte Webpacks oder Webpakete an. **Achten Sie darauf, dass Sie ein Webpaket mit den folgenden Grundvoraussetzungen mieten**:

- Der Server kann PHP-Dateien ab Version 5.2.4 oder höher verarbeiten und bietet ein PHP-Memory-Limit von mindestens 32 MByte.
- Das Paket beinhaltet mindestens eine Datenbank vom Typ MySQL 5.0 oder höher.
- Der Server erlaubt die Verwendung des mod_rewrite-Moduls bzw. den Zugriff auf die .htaccess-Datei, um lesbare Links zu generieren. Mehr dazu erfahren Sie auf Seite 107.

Die aktuellen Anforderungen finden Sie immer unter *http://wpde.org/voraussetzungen/*.

Damit Sie Ihren Webspace im Internet aufrufen können, brauchen Sie natürlich auch noch eine eigene Domain. Die Domain wird mit Ihrem Webspace verknüpft und spiegelt den Pfad zu sämtlichen Ihrer Dateien wider. Über die Domain rufen Sie WordPress auf.

Hinweis

Wenn Sie nicht sicher sind, ob das Paket das richtige für Sie ist, wenden Sie sich an den Support, und fragen Sie einfach nach, ob Sie mit Webpaket X auch WordPress nutzen können.

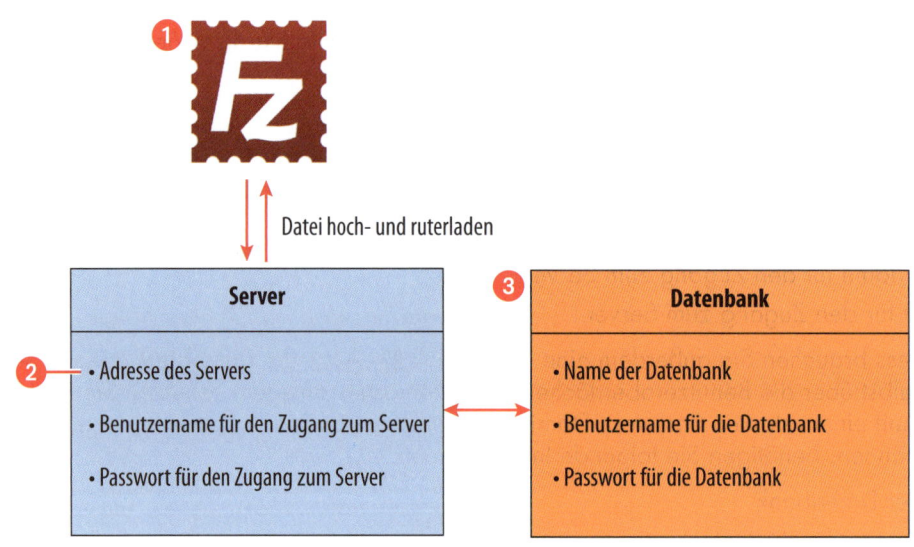

Datei hoch- und ruterladen

Server

• Adresse des Servers

• Benutzername für den Zugang zum Server

• Passwort für den Zugang zum Server

Datenbank

• Name der Datenbank

• Benutzername für die Datenbank

• Passwort für die Datenbank

Vorbereitungen für die Installation von WordPress

Wenn Sie Webspace bei einem Webhoster gemietet haben, müssen Sie sich Zugang zum Webspace verschaffen. Um Dateien auf Ihren Webspace hochzuladen, benötigen Sie ein FTP-Programm. Dieses Programm funktioniert wie Explorer (Windows) oder Finder (Mac). Es kopiert Dateien über das Internet hin und her. Ein beliebtes FTP-Programm ist das kostenlose FileZilla ❶. Wie FileZilla funktioniert, zeigt meine Videoanleitung unter *www.phlow.de/ftp*.

Damit nicht jeder auf Ihrem Webspace Daten speichern kann, ist Ihr Webspace mit einem Benutzernamen und einem Passwort geschützt. Diesen Zugang müssen Sie sich bei Webhostern über deren Benutzeroberfläche in der Regel selbst anlegen. Anschließend sollten Sie folgende Informationen haben:

- Adresse des Servers ❷
- Benutzername für den Zugang zum Server
- Passwort für den Zugang zum Server

Für WordPress brauchen Sie außerdem eine Datenbank ❸. Auch die Datenbank müssen Sie sich in der Regel selbst über die Benutzeroberfläche Ihres Webhosters anlegen. Schützen Sie Webspace und Datenbank mit einem starken Passwort. Damit Sie WordPress bei der Installation mit der Datenbank verbinden können, benötigen Sie folgende Informationen:

- Name der Datenbank
- Benutzername für die Datenbank
- Passwort für die Datenbank

Zum Schluss müssen Sie nur noch WordPress als ZIP-Archiv entweder über die deutsche Community unter *www.wpde.org/download* oder von *www.wordpress.org/download/* herunterladen. Bei ersterem Paket laden Sie direkt die deutschen Sprachdateien mit herunter. Entpacken Sie das ZIP-Archiv auf Ihrem Rechner. Anschließend sollte ein Ordner namens **wordpress** auf Ihrem Rechner vorliegen. Sie können mit der Installation beginnen.

1

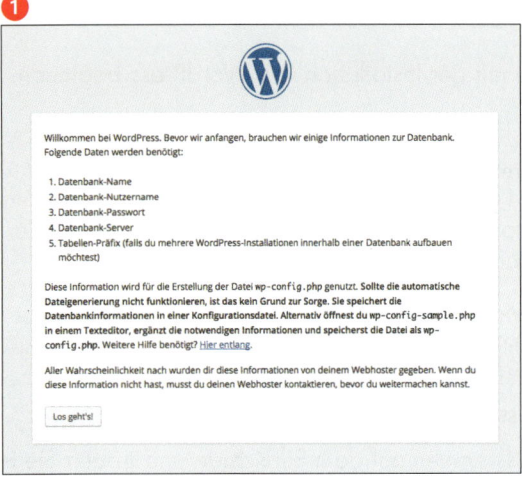

Willkommen bei WordPress. Bevor wir anfangen, brauchen wir einige Informationen zur Datenbank. Folgende Daten werden benötigt:

1. Datenbank-Name
2. Datenbank-Nutzername
3. Datenbank-Passwort
4. Datenbank-Server
5. Tabellen-Präfix (falls du mehrere WordPress-Installationen innerhalb einer Datenbank aufbauen möchtest)

Diese Information wird für die Erstellung der Datei wp-config.php genutzt. **Sollte die automatische Dateigenerierung nicht funktionieren, ist das kein Grund zur Sorge. Sie speichert die Datenbankinformationen in einer Konfigurationsdatei.** Alternativ öffnest du wp-config-sample.php in einem Texteditor, ergänzt die notwendigen Informationen und speicherst die Datei als wp-config.php. Weitere Hilfe benötigt? Hier entlang.

Aller Wahrscheinlichkeit nach wurden dir diese Informationen von deinem Webhoster gegeben. Wenn du diese Information nicht hast, musst du deinen Webhoster kontaktieren, bevor du weitermachen kannst.

Los geht's!

2 **3**

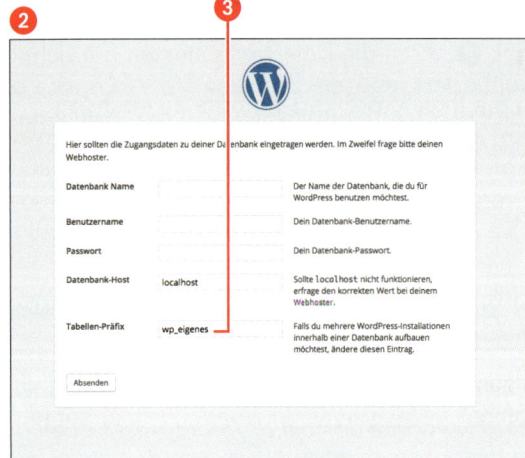

Hier sollten die Zugangsdaten zu deiner Datenbank eingetragen werden. Im Zweifel frage bitte deinen Webhoster.

Datenbank Name		Der Name der Datenbank, die du für WordPress benutzen möchtest.
Benutzername		Dein Datenbank-Benutzername.
Passwort		Dein Datenbank-Passwort.
Datenbank-Host	localhost	Sollte localhost nicht funktionieren, erfrage den korrekten Wert bei deinem Webhoster.
Tabellen-Präfix	wp_eigenes	Falls du mehrere WordPress-Installationen innerhalb einer Datenbank aufbauen möchtest, ändere diesen Eintrag.

Absenden

3

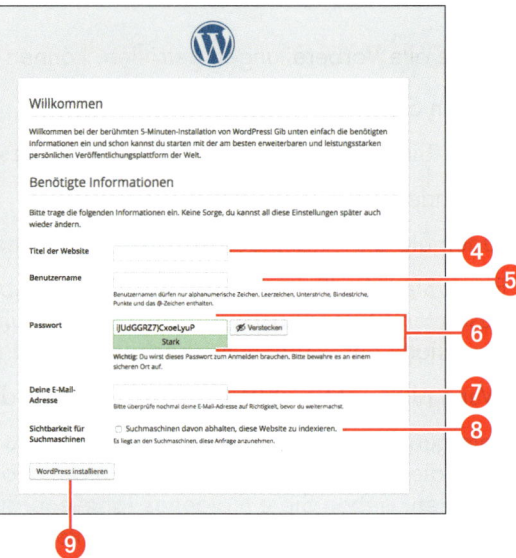

Willkommen

Willkommen bei der berühmten 5-Minuten-Installation von WordPress! Gib unten einfach die benötigten Informationen ein und schon kannst du starten mit der am besten erweiterbaren und leistungsstarken persönlichen Veröffentlichungsplattform der Welt.

Benötigte Informationen

Bitte trage die folgenden Informationen ein. Keine Sorge, du kannst all diese Einstellungen später auch wieder ändern.

Titel der Website ———————————————— **4**

Benutzername ———————————————— **5**
Benutzernamen dürfen nur alphanumerische Zeichen, Leerzeichen, Unterstriche, Bindestriche, Punkte und das @-Zeichen enthalten.

Passwort jlUdGGRZ7)CxoeLyuP 👁 Verstecken ———— **6**
Stark
Wichtig: Du wirst dieses Passwort zum Anmelden brauchen. Bitte bewahre es an einem sicheren Ort auf.

Deine E-Mail-Adresse ———————————————— **7**
Bitte überprüfe nochmal deine E-Mail-Adresse auf Richtigkeit, bevor du weitermachst.

Sichtbarkeit für Suchmaschinen ☐ Suchmaschinen davon abhalten, diese Website zu indexieren. —— **8**
Es liegt an den Suchmaschinen, diese Anfrage anzunehmen.

WordPress installieren

9

WordPress installieren

Haben Sie alle Vorbereitungen getroffen, können Sie mit der Installation von WordPress beginnen.

1. Öffnen Sie Ihr FTP-Programm.

2. Legen Sie ein Profil mit den Zugangsdaten zu Ihrem Webspace an.

3. Verbinden Sie sich mit Ihrem Webspace.

4. Laden Sie die Inhalte des **wordpress**-Ordners hoch.

5. Rufen Sie WordPress über die mit Ihrem Webspace verknüpfte Domain auf. Haben Sie den gesamten Ordner hochgeladen, lautet die URL *www.ihre-domain.de/wordpress/*, haben Sie nur die Inhalte des Ordners hochgeladen, lautet die URL *www.ihre-domain.de*.

6. Wenn alles richtig abläuft, begrüßt Sie WordPress mit Fragen zu Ihrer Datenbank ❶.

7. Befolgen Sie die Anweisungen des Installationsassistenten auf dem Bildschirm und geben Sie in Ruhe die erforderlichen Datenbankinformationen ein ❷. Um Ihre Installation gegen Hacker zu schützen, geben Sie ein eigenes Tabellenpräfix ein. Nutzen Sie dazu keine Leerzeichen, sondern am besten nur Kleinbuchstaben mit Unterstrich ❸.

8. Hat WordPress die Datenbank gefunden, müssen Sie Ihrer WordPress-Website im nächsten Schritt noch einen Namen geben ❹ und sich selbst ein eigenes Benutzerkonto ❺ samt Passwort ❻ zulegen. Geben Sie auch Ihre E-Mail-Adresse an ❼. Diese nutzt WordPress, um Ihnen ein neues Passwort zuzuschicken, wenn Sie Ihr altes vergessen haben. Belassen Sie den Haken bei **Sichtbarkeit für Suchmaschinen** ❽, wenn Sie mit Ihrer Website in Suchmaschinen gefunden werden wollen.

9. Klicken Sie auf die Schaltfläche **WordPress installieren** ❾, und der WordPress-Log-in-Bildschirm begrüßt Sie dann im nächsten Schritt. Geben Sie Ihren Benutzernamen und das Passwort ein ...

10. ... und herzlich willkommen im Redaktionssystem von WordPress.

Ihre WordPress-betriebene Website finden Sie jetzt unter *www.ihre-domain.de/wordpress/* oder unter *www.ihre-domain.de*.

Benutzername oder E-Mail-Adresse

Passwort

☐ Angemeldet bleiben   Anmelden

Passwort vergessen?

← Zurück zu digitalKultur.TV

In WordPress einloggen

Bereits während der Installation wurde die Datenbank mit ein paar Testdaten gefüllt. Dazu gehört auch der übliche »Hallo Welt!«-Artikel. Ansonsten präsentiert sich die Website sehr puristisch und wartet auf die Eingabe Ihrer Inhalte und eine weitere Konfiguration.

Sicherlich brennen Sie darauf, auch das Backend, also das eigentliche Redaktionssystem, von Word-Press zu sehen. Um sich einzuloggen, gibt es zwei Möglichkeiten: Entweder Sie klicken in der rechten Seitenleiste auf **Anmelden**, oder Sie rufen den Log-in-Bildschirm über die Browserzeile auf. Dazu müssen Sie lediglich wp-login.php an die Adresse anhängen. Das sieht dann so aus: *www. ihre-domain/wp-login.php*.

Geben Sie dort Ihren Benutzernamen und Ihr Passwort ein, um sich einzuloggen. Wenn Sie nicht jedes Mal erneut den Benutzernamen samt Passwort eingeben wollen, setzen Sie ein Häkchen bei **Angemeldet bleiben**. WordPress speichert dann ein Cookie in Ihrem Browser ab und lässt Sie beim nächsten Mal direkt durch.

Hinweis

Wenn Sie an irgendeiner Stelle nicht weiterkommen, wenden Sie sich an den Support oder suchen Hilfe in den Anleitungen Ihres Webhosters. Zahlreiche Webhoster bieten auch Foren für den Austausch bei Problemen an.

Kapitel 2 | Ein WordPress-Projekt planen

Wenn Sie WordPress erfolgreich installiert haben, wollen Sie sicherlich gleich loslegen und ausprobieren, wie man Inhalte publiziert. Bevor Sie das tun, müssen Sie sich aber mit ein paar Besonderheiten von WordPress vertraut machen, damit Sie Ihr Webprojekt von Anfang an auf ein solides Fundament stellen. Wie ein solches Fundament aussieht, erfahren Sie in diesem Kapitel.

Außerdem gibt es einige wichtige Fragen, mit denen Sie sich als künftiger Website-Betreiber beschäftigen sollten: Möchten Sie ein Blog oder lieber eine Website entwickeln? An wen möchten Sie sich mit Ihrem Webauftritt richten? Sind diese Fragen geklärt, wird es Ihnen später umso leichter fallen, Ihr Blog bzw. Ihre Website mit Leben zu füllen.

Logo

digital**KULTUR.TV**

Farben

Kurzbeschreibung

Die Webvideo-Sendung digitalKultur.TV interviewt Internetspezialisten, Computerexperten, Hacker, Netzaktivisten, Programmierer und Künstler zum Thema Digitalität.

Schrift – Open Sans

1. Choose the styles you want:

⊟ Open Sans
☐ Book 300
☐ Book 300 Italic
☑ Normal 400
☐ Normal 400 Italic
☐ Semi-Bold 600
☐ Semi-Bold 600 Italic
☐ Bold 700
☐ Bold 700 Italic
☐ Extra-Bold 800
☐ Extra-Bold 800 Italic

Grumpy wizards make toxic brew for the evil Queen and Jack
Grumpy wizards make toxic brew for the evil Queen and Jack
Grumpy wizards make toxic brew for the evil Queen and Jack
Grumpy wizards make toxic brew for the evil Queen and Jack
Grumpy wizards make toxic brew for the evil Queen and Jack
Grumpy wizards make toxic brew for the evil Queen and Jack
Grumpy wizards make toxic brew for the evil Queen and Jack
Grumpy wizards make toxic brew for the evil Queen and Jack
Grumpy wizards make toxic brew for the evil Queen and Jack
Grumpy wizards make toxic brew for the evil Queen and Jack

Ein Ziel und eine Zielgruppe für Ihren Webauftritt definieren

Wenn Sie dieses Buch gekauft haben, wissen Sie sicherlich bereits, wofür Sie WordPress einsetzen wollen. Vielleicht möchten Sie aber auch einfach mal ausprobieren, ob Sie Spaß an einem Blog oder einer eigenen Website haben und ob es sich für Sie lohnt.Ganz gleich, was Sie mit WordPress vorhaben – aus Erfahrung weiß ich, dass es sich immer bewährt, ein **kleines Konzept** zu entwerfen, sich ein paar **Ziele** zu setzen und zu überlegen, welches **Publikum** man ansprechen möchte. Weder Konzept noch Ziele sollten starr sein, erfahrungsgemäß verwandelt sich ein Projekt, wenn es sich weiterentwickelt. Mithilfe von Statistiken erhalten Sie außerdem wertvolle Informationen über die Besucher und die Inhalte, die besonders gut ankommen.

Konzept und Ziel helfen Ihnen aber, während der ersten Schritte wichtige Fragen zu beantworten, zum Beispiel diese: Wie könnte der **Slogan oder Titel meiner Website** lauten? Wie präsentiere ich passend meine Inhalte? Welche Wörter geben Suchende in eine Suchmaschine ein, um meine Inhalte zu finden? Welche **Farben** möchte ich für mein Projekt nutzen? Welche **Schrift** passt dazu?

So lautet der Slogan für digitalKultur.TV »Digitales Leben, Netzkultur & Internet«. Weil die ersten Computerbildschirme in Grün und Schwarz waren, haben wir uns für zwei leicht giftige Grüntöne, Schwarz und Weiß entschieden. Als Schrift nutzen wir die freie Schrift Open Sans, die modern, elegant und als serifenlose Schrift am Bildschirm sehr gut lesbar ist. Das Logo besteht aus einer sogenannten Wortmarke und ist ebenfalls in einer serifenlosen Schrift gesetzt.

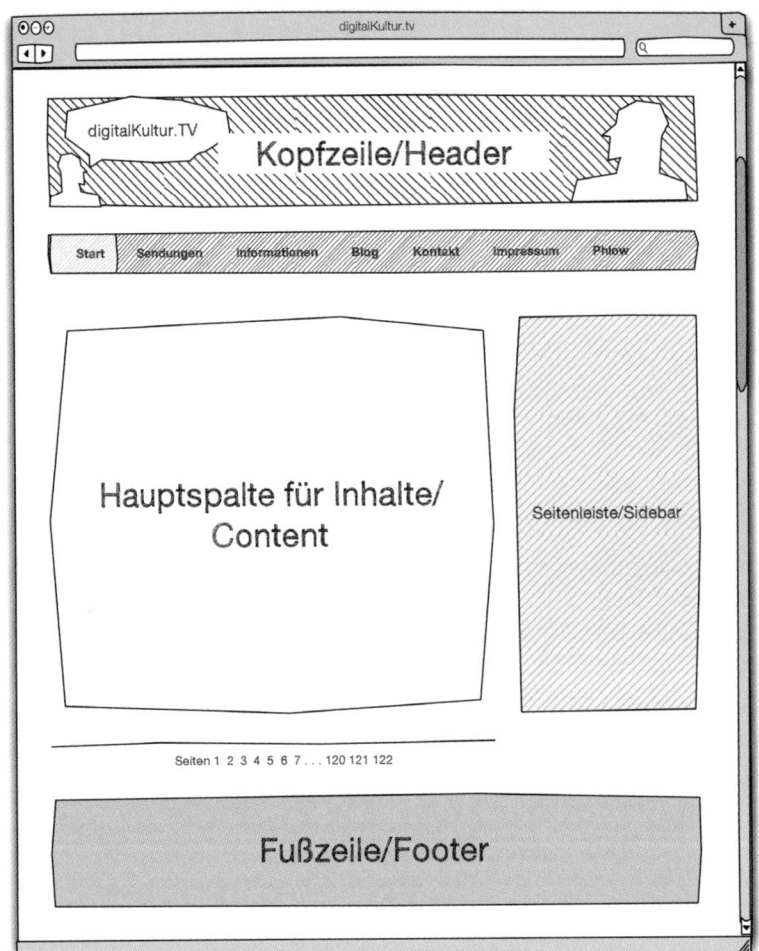

Der typische Aufbau von Websites und Blogs

Es gibt zahlreiche unterschiedliche Arten, eine Website aufzubauen. Mittlerweile erfolgen mehr als 40 % der Webseitenaufrufe über mobile Geräten wie Smartphones oder Tablets. Dadurch haben sich die Designansprüche in den letzten Jahren deutlich verändert. (Mehr über diese neuen Anforderungen ans Webdesign, die unter dem Stichwort »Responsive Webdesign« zusammengefasst werden, und WordPress' Antwort darauf können Sie auf Seite 183 nachlesen.)

Trotz aller Unterschiede in den Details hat sich in den vergangenen Jahren vor allem ein Layout durchgesetzt, das aus einer Seitenspalte und einer Hauptspalte für die Inhalte besteht.

Diese zweispaltigen Layouts kommen auch bei zahlreichen WordPress-Designs zum Einsatz. Das Design setzt sich häufig aus fünf Hauptbereichen zusammen:

- **Kopfzeile** (Header)
- **Horizontale Navigationsleiste** (Navigation Bar)
- **Hauptspalte** (Content)
- **Seitenleiste** (Sidebar)
- **Fußzeile** (Footer)

Je nach WordPress-Design – bei WordPress **Theme** genannt – lassen sich die verschiedenen Seitenbereiche mal mehr, mal weniger flexibel gestalten. In der Regel können Sie aber die Navigation anpassen und in der Seitenleiste sowie in der Fußzeile verschiedene Sonderbereiche wie z. B. eine Suche oder eine Liste mit den letzten Beiträgen einbauen. Dazu erlauben moderne Themes den Upload eines Hintergrundbilds (mehr zu Themes lesen Sie in Kapitel 6 ab Seite 175).

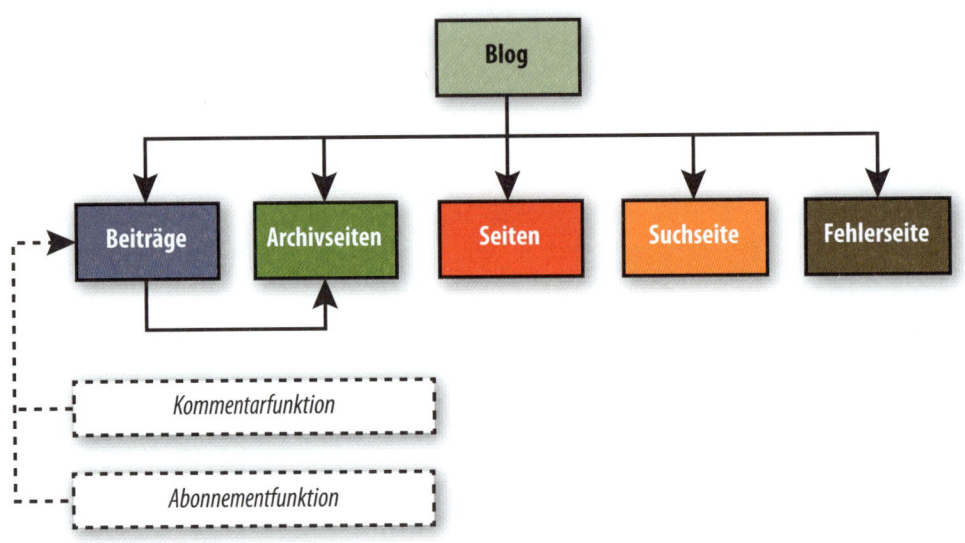

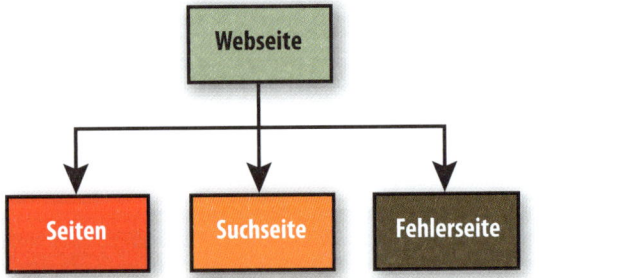

Was unterscheidet ein Blog von einer »normalen« Website?

Auf der vorherigen Seite habe ich Ihnen erklärt, wie eine einzelne Webseite in den meisten Fällen aufgebaut wird. Internetauftritte für Projekte, Produkte oder Services sowie Blogs nutzen diesen gängigen Aufbau einer Webseite und variieren ihn bei Bedarf – z. B. bei einer Fotogalerie, die mehr Platz für großformatige Bilder durch eine fehlende Seitenleiste schafft.

Was unterscheidet aber ein Blog von einem herkömmlichen Internetauftritt? Ein Blog hebt sich vor allem durch das Ziel ab, **mit dem Besucher interagieren** zu wollen. So nutzen Blogs zahlreiche interaktive Funktionen wie die Kommentarfunktion, Module, die Interaktionen anzeigen (letzte Kommentare, meistgelesene Beiträge), und Funktionen für Abonnements neuer Beiträge (per RSS-Feed oder E-Mail-Benachrichtigung).

Ein weiteres typisches Merkmal von Blogs ist die **chronologische Sortierung von Beiträgen**. Blogs listen Beiträge auf der Startseite und über verschiedenartige Archivseiten meist in chronologischer Reihenfolge auf, wobei der oberste Beitrag der zuletzt veröffentlichte ist.

Außerdem zeigen Blogs die Beiträge auf verschiedenartigen **Archivseiten**. Das können Kategorieseiten genauso wie Autorenarchive oder datumsbasierte Archive sein. Solche Archivseiten trifft man seltener auf »normalen« Webseiten an. Archivseiten erscheinen auf Websites meist nur in Form von Pressemitteilungen, Newslettern oder verwandten Inhalten.

Vier Arten von Webseiten

Index

Beitrag

Seite

Archivseiten

- Kategorienarchive
- Schlagwortarchive
- Autorenarchive
- Datumsbasierte Archive

Webseitenformate in WordPress: Beiträge, Seiten, Archive und Index

Um mit WordPress zu arbeiten, muss man das Konzept und die verschiedenen Typen von Webseiten verstehen, die WordPress baut. Generell unterscheidet WordPress vier verschiedene Webseitentypen:

- Die **Startseite** (auch Indexseite genannt) listet die aktuellen Beiträge auf oder dient als Begrüßungs- bzw. Orientierungswebseite.
- **Beiträge** sind Artikel, die kategorisiert und verschlagwortet werden.
- **Seiten** sind ein eigenständiges Webseitenformat, das man für Webseiten wie Kontakt, Impressum oder Informationen zur Website nutzt. Sie werden nicht kategorisiert.
- **Archivseiten** listen Beiträge nach einem Parameter auf – z. B. Archivseiten einer Kategorie oder nach Erscheinungsdatum sortierte Blogbeiträge.

Diese unterschiedlichen Webseitentypen baut WordPress auf verschiedene Weise. Während Beiträge und Seiten anhand der von Ihnen eingegebenen Inhalte zusammengestellt werden, werden die Startseite und die Archivseiten automatisch anhand von Vorlagen generiert und ausgegeben.

Beitrag

Seite

Archivseiten

- Kategorienarchive
- Schlagwortarchive
- Autorenarchive
- Datumsbasierte Archive

Der Unterschied zwischen Beiträgen und Seiten

Bei Anfängern sorgt das Konzept von Beiträgen und Seiten oft für Konfusion. Wichtig ist, dass Sie am Ende immer eine Webseite erstellen, egal, ob Sie einen Beitrag oder eine Seite anlegen. Was ist denn aber der Unterschied? Das ist ganz einfach: Ein **Beitrag** wird automatisch von WordPress einer Kategorie, einem Autor und einem Datum zugeordnet. Dieses einheitliche Verfahren, nach dem man Objekte klassifiziert, also ein Klassifikationsschema nutzt, nennt man **Taxonomie**. So veröffentlichen wir eine neue digitalKultur.TV-Sendung als Beitrag, der in die Kategorie *Sendungen* einsortiert wird.

Seiten besitzen dahingegen keinerlei Taxonomie (Klassifikationsschema). Sie können aber Seiten hierarchisieren und einer Seite Unterseiten (oder Unter-Unterseiten und so weiter) zuweisen. Das Webseitenformat **Seite setzt man immer dann ein, wenn eine Klassifizierung keinen Sinn ergibt**. Das ist z. B. bei einer Kontakt- oder Impressumseite der Fall. Dies sind Inhalte bzw. Webseiten jenseits von Kategorien, Autor und Zeit. So kommt das Seitenformat z. B. bei digitalKultur.TV für die Webseite, die über das Projekt informiert, zum Einsatz. Diese Seite hat wiederum drei Unterseiten – jeweils eine für eine Biografie von Lars Sobiraj und mir und eine mit Material für Presse und Blogger. Die Hierarchie sieht dann so aus:

- Über digitalKultur.TV
  - Über Moritz »mo.« Sauer
  - Über Lars Sobiraj
  - Pressematerial

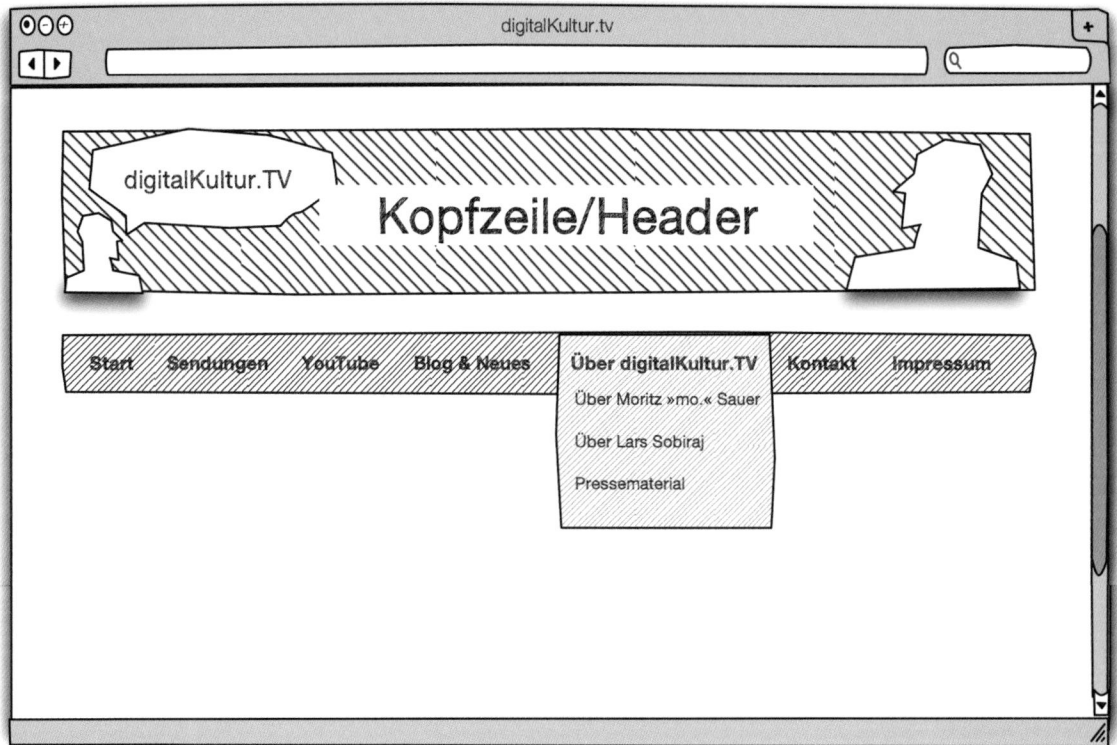

Inhalte und Navigation skizzieren

Wenn Sie eine Website mit WordPress planen, lohnt es sich, im ersten Schritt auf einem Blatt einfach mal eine Webseite zu skizzieren. Stellen Sie sich Fragen: Wie sortiere und kategorisiere ich Beiträge? Möchte ich eine blogtypische Startseite mit chronologisch sortierten Beiträgen, oder starte ich mit einer Übersichtsseite, die das Projekt vorstellt? Tendiere ich überhaupt zu einem Blog, oder möchte ich lieber auf einer klassischen Website mein Produkt oder Projekt vorstellen?

Wenn Sie sich eine Struktur erarbeitet haben, ergibt sich die Navigation oft von selbst. Als Leitlinie gilt: **Vermeiden Sie mehr als sieben Menüpunkte!** Mehr sind von Besuchern schwierig zu erfassen. Zahlreiche WordPress-Designs ermöglichen Ihnen auch Ausklappmenüs, mit deren Hilfe Sie einem Hauptmenüpunkt weitere Untermenüpunkte zuweisen können. Diese werden erst dann eingeblendet, wenn der Besucher den Menüpunkt weiter erforschen will und darauf klickt.

Die folgende Tabelle zeigt das Menü von digitalKultur.TV.

Menübeschreibung	Menütitel	Seitenformat in WordPress
Startseite	Start	Indexseite
Archivseite mit allen Sendungen	Sendungen	Kategorieseite »Sendungen«
Seite mit Informationen über das Projekt	Über digitalKultur.TV	Seite
Blog des Projekts	Blog & Neues	Kategorieseite »Neues«
Kontaktformular	Kontakt	Seite
Impressum	Impressum	Seite

Haben Sie die Planung und das Konzept abgeschlossen, können Sie sich im nächsten Kapitel an die Umsetzung begeben und erste Inhalte veröffentlichen und editieren.

Kapitel 3 | Erste Inhalte veröffentlichen

Nachdem Sie diese Vorarbeiten erledigt haben, kann es nun richtig losgehen. Auf den folgenden Seiten erfahren Sie, wie Sie Ihre ersten Beiträge veröffentlichen, Bilder hochladen und einbauen, You-Tube-Videos in Ihre Website einbetten und ein Impressum anlegen. Während dieses Kapitel eine Art Schnellstart mit grundlegenden Funktionen ist, vertiefen Sie Ihr Wissen später in Kapitel 5. Fragen, die in diesem Kapitel offenbleiben, werden dort ausführlich beantwortet.

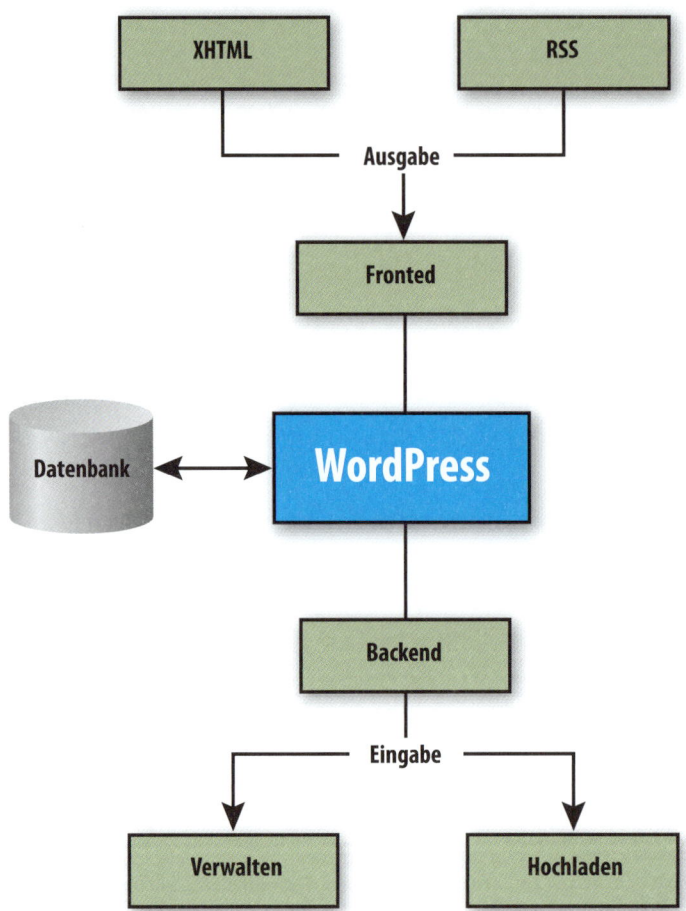

Wie funktioniert ein Redaktionssystem?

In den vorangehenden Kapiteln ist im Zusammenhang mit WordPress öfter der Begriff »Redaktionssystem« gefallen. Was verbirgt sich genau dahinter? Ein Redaktionssystem besteht aus zwei Bereichen: dem **Frontend** und dem **Backend**. Das Frontend ist der Bereich, den jeder Besucher sehen kann – die eigentliche Website. Das Backend ist der passwortgeschützte Bereich, über den Sie die Website verwalten. Um Inhalte über das Backend einzugeben, hochzuladen und zu veröffentlichen, müssen Sie sich zuerst mit einem Benutzernamen und einem Passwort anmelden, wie Sie es von Facebook, Google Mail und so weiter kennen.

In diesem und den beiden folgenden Kapiteln zeige ich Ihnen, wie Sie mit WordPress umgehen. Sie konfigurieren, verwalten und erweitern Ihre WordPress-Website im **Backend**. Hier können Sie auch neue Inhalte eingeben, die Website administrieren, Bilder und andere Dateien hochladen, das Layout verändern und Plug-ins installieren, um das WordPress-System um hilfreiche Funktionen zu erweitern. Das gesamte WordPress-System und alle hochgeladenen Dateien liegen auf einem Server, der auf das Redaktionssystem vorbereitet wurde und der es »versteht«.

Ruft ein Besucher eine Webseite im Browser auf, wird die Internetadresse der Webseite an das Redaktionssystem übergeben. WordPress »schaut« daraufhin in die Datenbank, um festzustellen, welche Inhalte mit der Internetadresse verknüpft sind. Gibt es Inhalte unter der Internetadresse, baut das Redaktionssystem die Webseite zusammen, indem es die dazu nötigen Informationen aus der Datenbank zieht. Die fertige Webseite schickt der Server dann an den Browser des Besuchers. Diese dynamische Ausgabe der Website übernimmt das sogenannte **Frontend**.

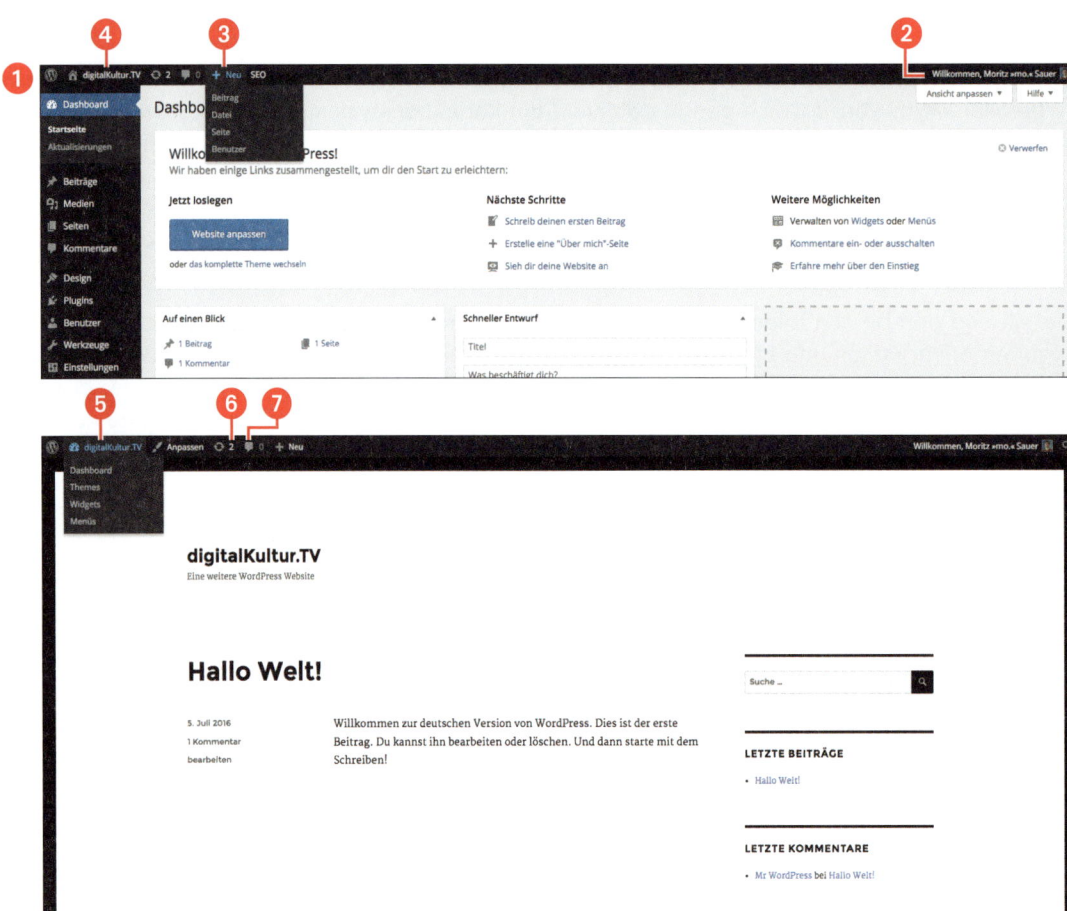

Zwischen Frontend und Backend wechseln

Wenn Sie sich bei WordPress eingeloggt haben, können Sie jederzeit zwischen Frontend und Backend über die oben angezeigte dunkelgraue Adminleiste ❶ wechseln. Diese Leiste wird nur eingeloggten Nutzern angezeigt.

Die Adminleiste ist in zwei Bereiche unterteilt. Über den rechten Bereich ❷ gelangen Sie schnell zu Ihrem WordPress-Profil oder melden sich aus dem System ab.

Über den linken Bereich springen Sie in die verschiedenen administrativen Bereiche. Legen Sie über den Menüpunkt +Neu ❸ neue Beiträge, Seiten und Benutzer an, oder Sie laden eine Datei in die Mediathek hoch.

Klicken Sie auf den Titel Ihrer Website ❹, wechseln Sie schnell zwischen Frontend und Backend hin und her. Befinden Sie sich im Frontend, blendet das Ausklappmenü verschiedene Adminbereiche ein ❺.

Gibt es Aktualisierungen von WordPress, Themes oder Plug-ins, erscheinen zwei kreisförmig angeordnete Pfeile plus Zahl ❻. Die Zahl weist darauf hin, wie viele Komponenten auf Aktualisierung warten. Die Sprechblase ❼ wiederum zeigt an, ob neue Kommentare auf die Freischaltung warten.

Tipp

Wenn Sie die Adminleiste stört, können Sie sie einfach und unkompliziert über das Menü Benutzer → Dein Profil deaktivieren. Löschen Sie dazu das Häkchen bei Werkzeugleiste für mich auf der Website anzeigen.

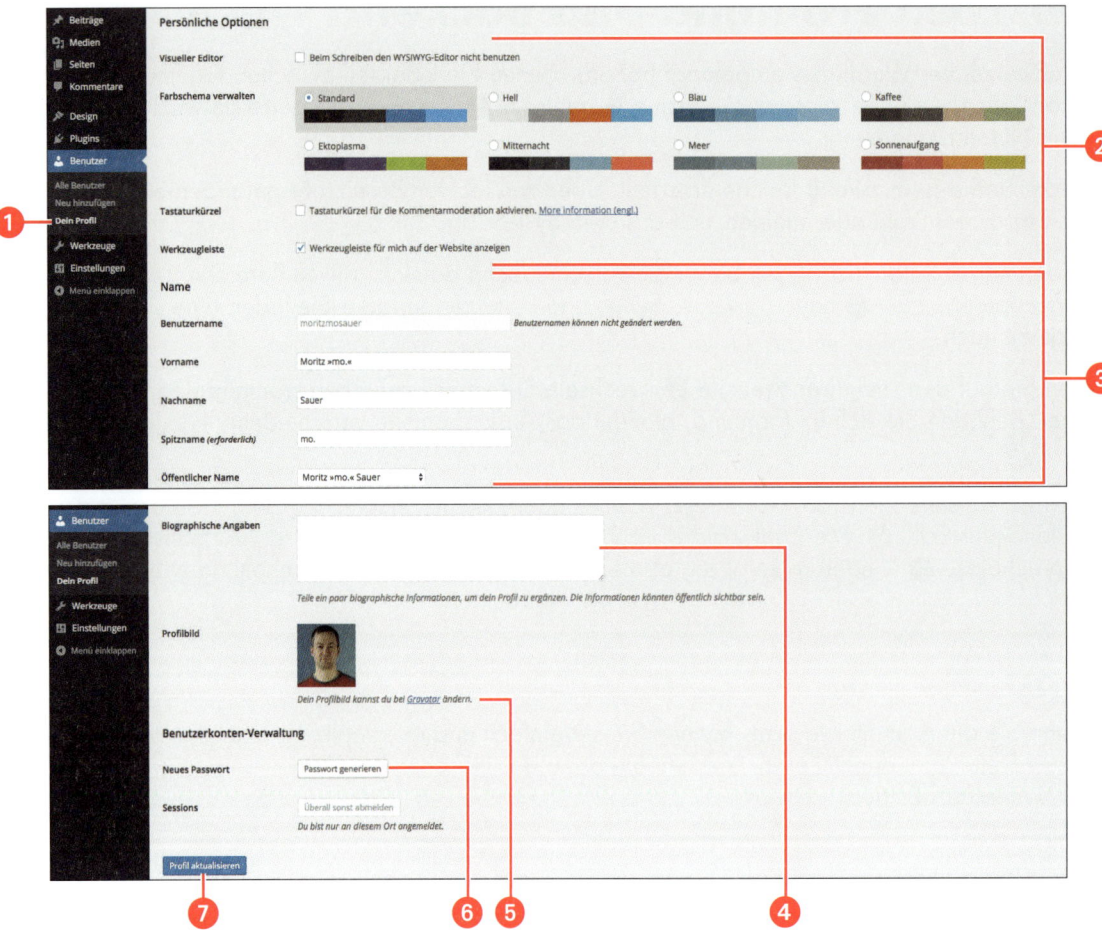

Das eigene WordPress-Profil

Jeder Benutzer verfügt über ein eigenes Profil. Für den Administrator legt WordPress automatisch bei der Installation ein Profil an. Dieses finden Sie entweder über die linke Navigation unter Benutzer → Dein Profil ❶ oder indem Sie in der oberen Adminleiste ganz rechts auf Ihren Namen klicken.

Über Ihr Profil steuern Sie Persönliche Optionen ❷ und legen z. B. fest, ob der visuelle Editor eingeblendet werden soll oder nicht (siehe dazu Seite 117). Sagt Ihnen die farbliche Gestaltung des Backends nicht zu, können Sie hier zwischen acht verschiedenen Farbschemata ein neues auswählen.

Über die Felder im Bereich Name ❸ steuern Sie, mit welchem Namen Ihre Beiträge gekennzeichnet werden. Füllen Sie dazu alle Felder aus, speichern Sie die Änderungen anschließend mit einem Klick auf Profil aktualisieren ❼ und wählen Sie erst dann über das Ausklappmenü Öffentlicher Name aus, unter welchem Namen Sie Ihre Beiträge veröffentlichen wollen. Der anschließende Bereich Kontaktinfo erklärt sich von selbst. Wichtig ist noch die Kurzbeschreibung unter Biographische Angaben ❹. Je nachdem, mit welcher Designvorlage (Theme) Sie arbeiten, wird diese Beschreibung unter Ihren Beiträgen eingeblendet. Wollen Sie auch ein Profilbild ❺, wie links zu sehen ist, einbauen, müssen Sie über den Service Gravatar ein Konto anlegen und ein Bild hochladen. Das ist aber nicht notwendig – mehr zu Gravatar auf Seite 103.

Über Neues Passwort ❻ ändern Sie unkompliziert Ihr Passwort, indem Sie auf Passwort generieren klicken. Editieren Sie bei Bedarf das Passwort und speichern Sie dann über Profil aktualisieren ❼ sämtliche Eingaben ab.

Hinweis

Nicht jedes Theme zeigt biografische Informationen an. So zeigt das Theme **Twenty Fourteen** biografische Informationen erst dann an, wenn es mindestens zwei Benutzer gibt, die jeweils mindestens einen Beitrag veröffentlicht haben.

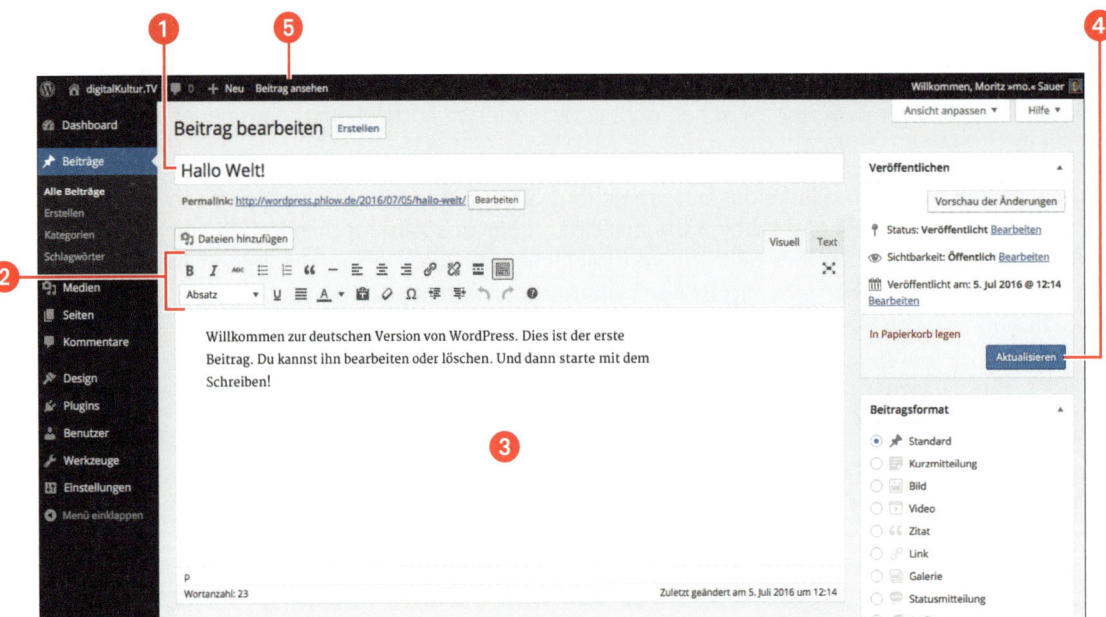

Der erste Beitrag: »Hallo Welt!«

Sicherlich haben Sie bereits den »Hallo Welt!«-Beitrag Ihrer WordPress-Installation entdeckt. Um diesen und andere Beiträge zu bearbeiten, gibt es verschiedene Wege. Der klassische Weg ist, dass Sie den Beitrag im Backend über die linke Menüleiste aufrufen, indem Sie auf Beiträge und danach auf den Titel des Beitrags – hier Hallo Welt! – klicken. Sie könnenden Beitrag aber auch über die Website im Frontend öffnen. Rufen Sie dazu einfach den zu bearbeitenden Beitrag im Browser auf und klicken Sie in der dunkelgrauen Adminleiste (direkt neben der +Neu-Schaltfläche) auf Beitrag bearbeiten. Anschließend öffnet sich der Beitragseditor, wie in der linken Abbildung zu sehen ist.

Lassen Sie sich nicht von der Vielzahl der Kästen und Funktionen irritieren. In Kapitel 5 ab Seite 113 erfahren Sie mehr über alle Funktionen. An dieser Stelle ändern wir nur die wesentlichen Bestandteile eines Beitrags: den Titel ❶ und den Text ❸. Probieren Sie ruhig auch die Editierfunktionen ❷ aus, um den Text zu gestalten.

Wenn Sie mit den Änderungen zufrieden sind, klicken Sie abschließend auf Aktualisieren ❹. Word-Press speichert den Beitrag in der Datenbank ab und informiert Sie darüber mit der Meldung Der Beitrag wurde aktualisiert. Klicken Sie in der Adminleiste auf Beitrag ansehen ❺, um das Resultat zu betrachten. Wollen Sie den Beitrag weiter editieren, klicken Sie in der Adminleiste wieder auf Beitrag bearbeiten.

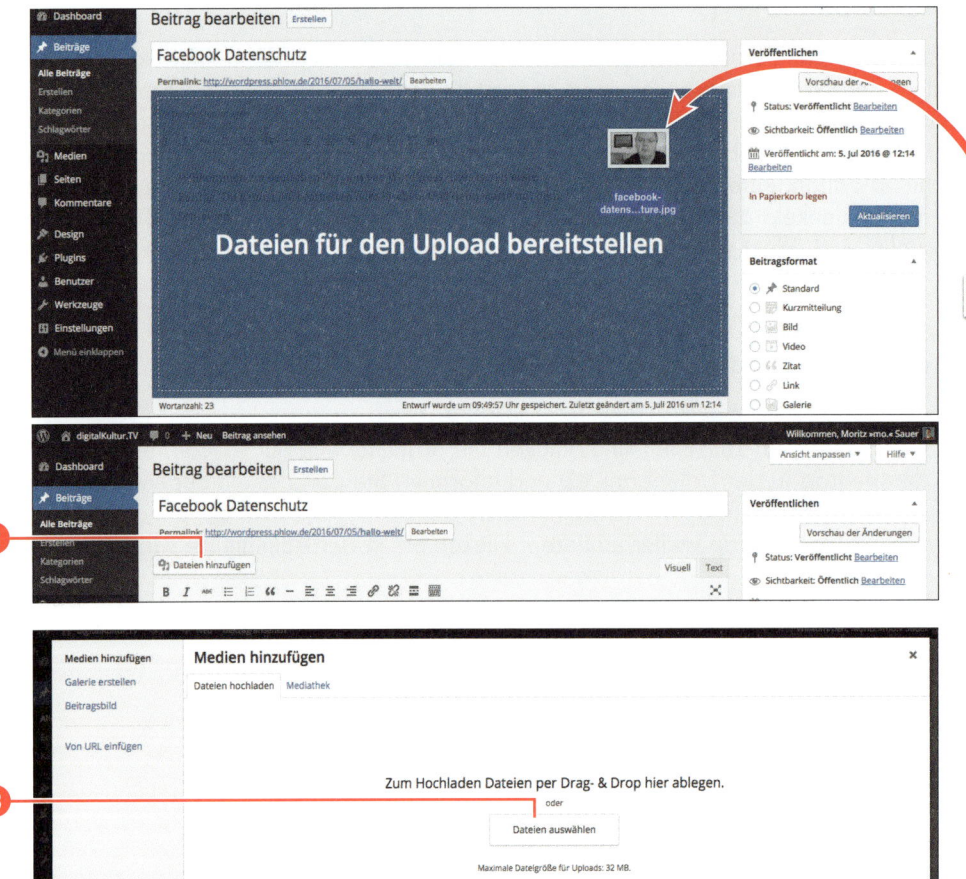

Ein Bild in einen Beitrag einfügen (1)

Die meisten Blogartikel und Webseiten zeigen neben Texten auch Fotos oder Grafiken. Dateien wie z. B. Bilder können Sie auf zwei verschiedene Arten mittels WordPress hochladen: entweder direkt bei der Eingabe eines Beitrags oder über die Mediathek. Es ist am unkompliziertesten, Dateien direkt bei der Eingabe des Beitrags hochzuladen, denn WordPress bringt sie dann auf direktem Weg zum Editor. Beachten Sie beim Upload von Bildern unbedingt das **Urheberrecht**. Laden Sie nur Fotos und Bilder hoch, deren Rechte Sie selbst besitzen. Sonst könnte es eine Abmahnung geben.

Bevor Sie ein Bild für einen Beitrag hochladen, positionieren Sie im ersten Schritt den Cursor an der Stelle, an der das Bild eingefügt werden soll. Jetzt gibt es zwei Möglichkeiten: Entweder Sie ziehen einfach per Drag-and-drop ein Bild von Ihrem Rechner in das Textfeld ❶, oder Sie klicken unterhalb des Titels auf die Schaltfläche Dateien hinzufügen ❷.

Wählen Sie die schnelle Variante, lädt WordPress automatisch das Bild hoch und blendet dann das Upload-Fenster für Dateien ein. Wählen Sie die zweite Variante und klicken auf Dateien hinzufügen, öffnet WordPress erst einmal das Upload-Fenster. Auch jetzt können Sie eine Datei per Drag-and-drop hochladen, indem Sie die Datei mit der linken Maustaste festhalten und über das Fenster ziehen. Wird das Fenster blau, lassen Sie die Maustaste los, und die Datei wird hochgeladen. Oder aber Sie klicken auf die Schaltfläche Dateien auswählen ❸ und wählen die Datei im Dateimanager Ihres Computers aus, um sie dann hochzuladen.

Tipp

Sie können auch mehrere Dateien in einem Rutsch hochladen, z. B. um eine **Galerie** zu erstellen. Markieren Sie dazu die entsprechenden Bilder und ziehen Sie sie anschließend in das Fenster.

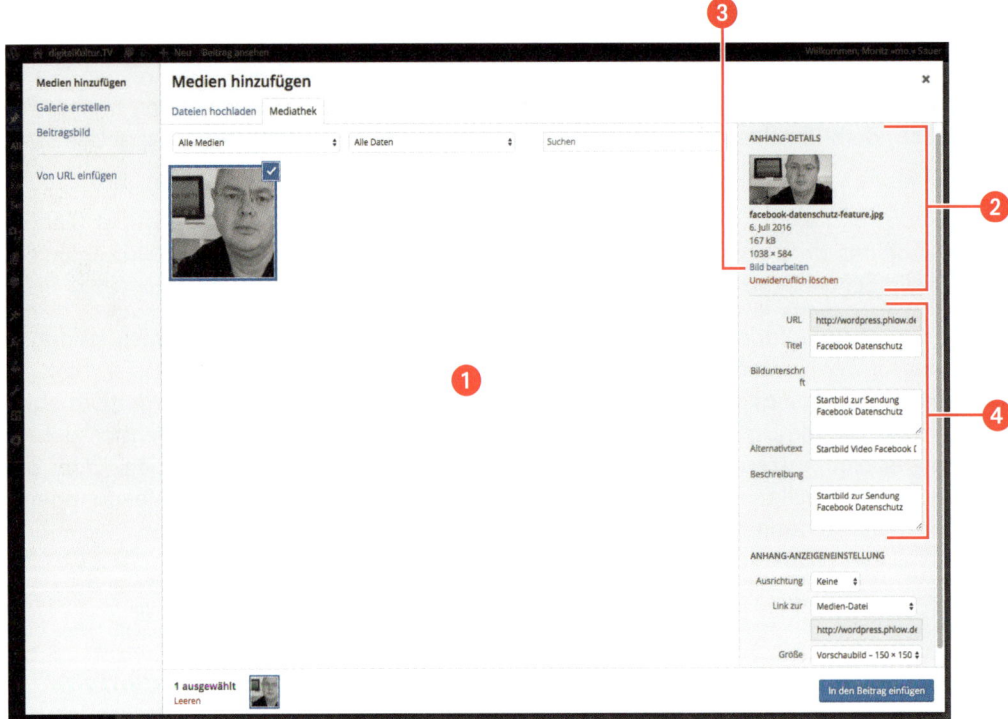

Ein Bild in einen Beitrag einfügen (2)

Nachdem Sie das Bild hochgeladen haben, öffnet sich ein neues Dialogfenster ❶. Es zeigt das hochgeladene Bild als quadratische Miniatur an. Rechts vom Bild sehen Sie Details zur Datei ❷ wie z. B. den Dateinamen, die Originalgröße und das Datum des Uploads. Über den Link Bild bearbeiten ❸ öffnen Sie den Bildeditor von WordPress (mehr dazu erfahren Sie auf den Seiten 149 bis 151). Der zweite Link macht genau das, was er in Rot »androht«: Er löscht das Bild unwiderruflich aus der Mediathek.

Im unten anschließenden Bereich können Sie die Angaben zum Bild ändern ❹. Wichtig sind die ersten drei Felder Titel, Beschriftung und Alternativtext. Geben Sie dem Bild unbedingt einen Titel. Das hilft Ihnen, Bilder in der Mediathek wiederzufinden, und außerdem ist es sinnvoll bei der Suchmaschinenoptimierung Ihrer Beiträge. Möchten Sie dem Bild eine Bildunterschrift beifügen, tippen Sie diese in das Feld Bildunterschrift. Für Sehbehinderte ist das Feld Alternativtext hilfreich. Greift ein Besucher mit einem Bildschirmlesegerät (einem sogenannten Screenreader) auf Ihre Website zu, wird der Alternativtext vorgelesen. Das Feld Beschreibung dient lediglich dazu, Ihr Bild mit zusätzlichen Informationen für die Mediathek zu füttern.

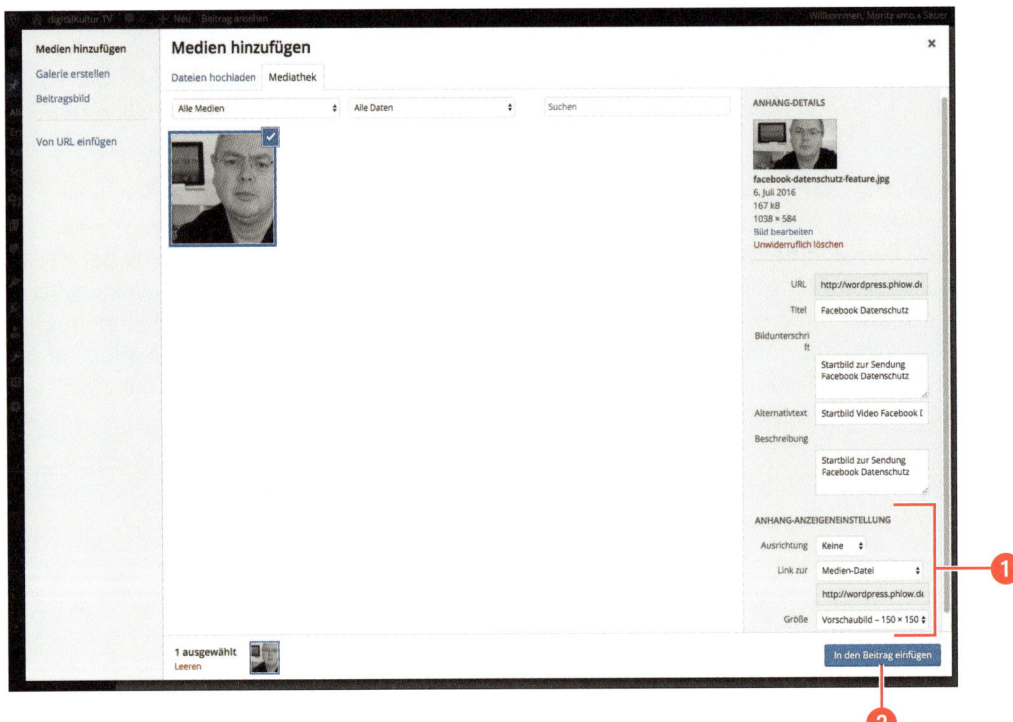

Ein Bild in einen Beitrag einfügen (3)

Im Bereich Anhang-Anzeigeneinstellung ❶ bestimmen Sie schließlich die Ausrichtung des Bilds im Text, die Verlinkung und die Größe, in der es angezeigt werden soll. Bei der Verlinkung stehen Ihnen vier verschiedene Möglichkeiten zur Verfügung, die unterschiedliche Effekte haben.

Benutzerdefinierte URL: Wählen Sie einen individuellen Link aus, auf den das Bild verweist – z. B. eine externe Website. Vergessen Sie nicht das http://.

Medien-Datei: Jede Datei erhält eine eigene Webseite. Klickt z. B. jemand auf ein kleines Bild, öffnet sich das große Bild in einer neuen Seite.

Anhang-Datei: Wenn Sie diesen Punkt auswählen, verlinkt WordPress direkt die Datei. Das ist beispielsweise dann sinnvoll, wenn Sie ein PDF hochgeladen haben, das man über einen Link herunterladen kann.

Keine: Wählen Sie diese Option, um ein Bild lediglich einzufügen und nicht zu verlinken.

Bei großen Bildern erstellt WordPress beim Upload automatisch bis zu drei verschiedene Bildgrößen: Vorschaubild, Mittelgroß, Groß. Die Pixelmaße stehen jeweils direkt daneben. Über das Ausklappmenü können Sie bestimmen, wie groß das Bild sein soll, das WordPress in den Beitrag einfügt. Sie können aber auch noch später im Editor die Bildgröße ändern. Das Originalbild wird übrigens gesondert gespeichert.

Um das Bild in den Beitrag einzufügen, klicken Sie auf In den Beitrag einfügen ❷. WordPress bringt Sie jetzt zurück zum Editor, in den das Bild bereits eingefügt wurde. Wenn Sie zufrieden sind, speichern Sie die neuen Einstellungen für den Beitrag, indem Sie auf Aktualisieren klicken.

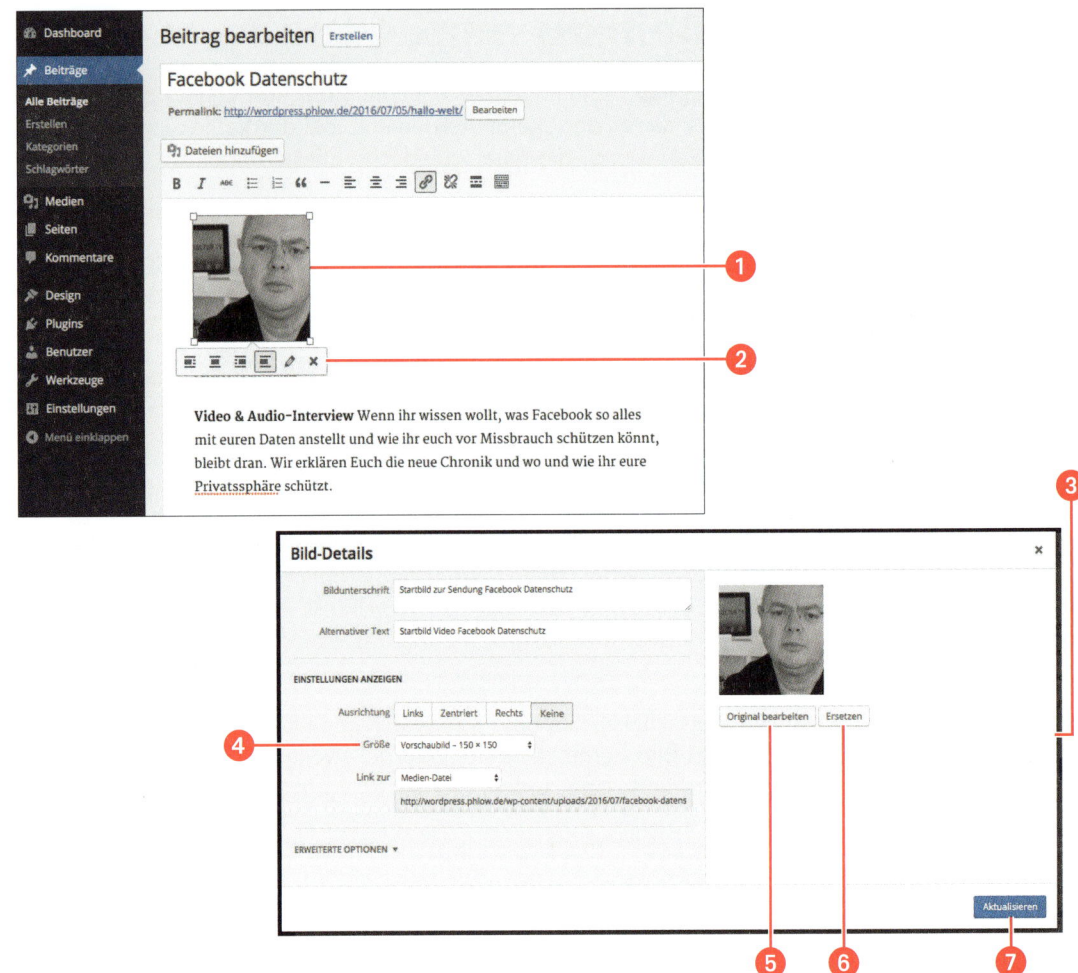

Ein Bild im Beitrag nachträglich editieren

Wenn Sie Bilder einbauen, passiert es, dass Sie diese nachträglich vergrößern, verkleinern oder anders positionieren wollen. Das funktioniert sehr komfortabel. Um ein Bild nachträglich zu editieren, klicken Sie als Erstes auf das Bild ❶. WordPress blendet dann unterhalb des Bilds eine kleine Leiste ein ❷.

Über die ersten vier Symbole positionieren Sie das Bild links, mittig, rechts oder ohne Textumfluss. Um das Bild zu editieren – z. B. um eine größere Version einzufügen –, klicken Sie auf den Stift. Anschließend öffnet sich ein Dialogfenster ❸, in dem Sie jetzt Informationen zum Bild, die Verlinkung oder eine andere Bildgröße auswählen können ❹.

Außerdem gelangen Sie über Original bearbeiten ❺ in den Bildbearbeitungseditor oder ersetzen mit einem Klick auf die Ersetzen-Schaltfläche ❻ das Bild durch ein anderes aus der Mediathek. Ein Klick auf Aktualisieren ❼ übernimmt die Einstellungen und bringt Sie zurück in den Beitragseditor.

Es geht aber auch noch schneller: Klicken Sie zuerst auf das Bild. Um die Bildgröße zu ändern, können Sie jetzt an den unteren Ecken des Bilds – die kleinen Quadrate – ziehen. Beachten Sie, dass kleinere Bilder über diese Methode unscharf werden. Wählen Sie besser ein größeres Bild aus und verkleinern Sie es auf die gewünschte Größe.

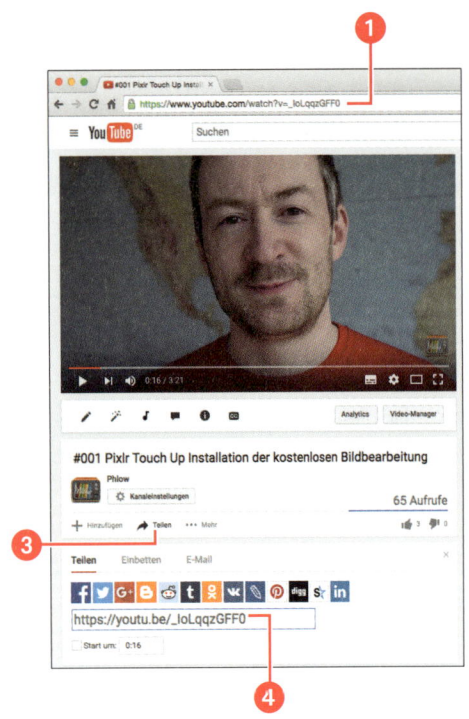

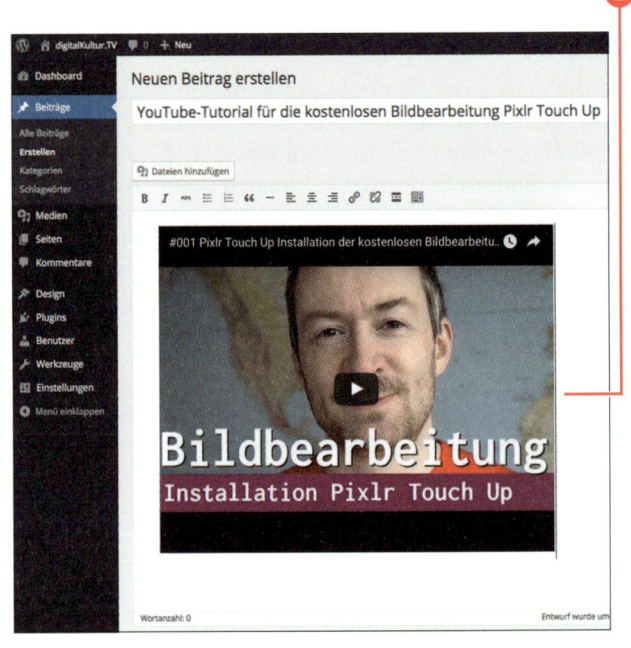

Ein YouTube-Video einbinden

Ein YouTube-Video in einen Beitrag einzufügen, ist sensationell einfach. Suchen Sie sich für Ihren Beitrag einfach ein Video auf YouTube.com aus, kopieren Sie die Internetadresse (URL) aus der Browserzeile ❶ und fügen Sie sie in eine neue eigene Zeile innerhalb Ihres Beitrags ein. WordPress baut für Sie jetzt das YouTube-Video automatisch mit der optimalen Breite in den Beitrag ein und zeigt Ihnen darüber hinaus den YouTube-Player an ❷. Somit können Sie sogar noch einmal das Video probeweise im Editor starten.

Achten Sie aber darauf, dass die URL in einer eigenen Zeile steht und sich weder vor noch hinter der URL Leerzeichen befinden. Speichern Sie Ihre Änderungen mit einem Klick auf Aktualisieren ab und schauen Sie sich das Resultat im Frontend an.

Hinweis

Damit die oben beschriebene Technik einwandfrei funktioniert, muss es sich um eine »pure« YouTube-Video-URL mit *http://* handeln, die wie folgt aussieht: *http://www.youtube.com/watch?v=ZjBsNOM-PmE*. Am besten finden Sie die optimale URL, indem Sie unter den YouTube-Videos auf Teilen ❸ klicken und die dort angegebene URL ❹ in Ihren Beitrag kopieren.

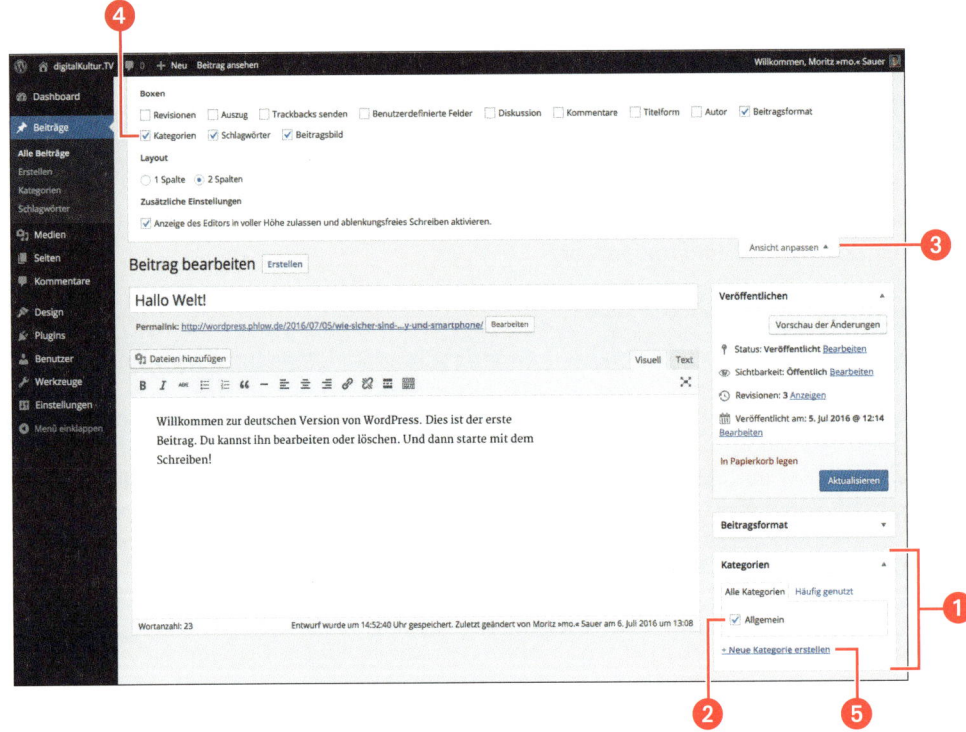

Kategorien für Beiträge erstellen

Kategorien sind dazu da, um Beiträge zu sortieren bzw. zu klassifizieren. WordPress weist jedem Beitrag automatisch eine Kategorie zu, wenn man diese nicht aktiv auswählt. Beiträge können auch in mehrere Kategorien einsortiert werden.

Nach der Installation gibt es bereits eine Kategorie, die bei der deutschen Installation mit Allgemein betitelt ist. Der »Hallo Welt!«-Beitrag wurde dieser Kategorie bereits zugewiesen.

Öffnen Sie erneut den Beitrag im Backend. In der rechten Seitenleiste sollte es einen Kasten Kategorien ❶ geben. Diesen finden Sie meist direkt unter dem Kasten Beitragsformat, den ich in der Abbildung zusammengeklappt habe.

Im Kategorien-Kasten ist bereits ein Häkchen bei Allgemein ❷ gesetzt. Können Sie den Kasten nicht finden, scrollen Sie erst mal weiter nach unten, denn WordPress sortiert manche Kästen auch in der mittleren Spalte ein. Sollten Sie immer noch nicht fündig werden, klicken Sie ganz oben rechts unterhalb Ihres Benutzernamens auf Ansicht anpassen ❸ und setzen bei Auswahlkästchen ein Häkchen bei Kategorien ❹. Jetzt sollte der Kategorien-Kasten auftauchen.

Wenn Sie bereits bei der Bearbeitung eine neue Kategorie anlegen wollen, klicken Sie im Kasten Kategorien auf + Neue Kategorie erstellen ❺. Geben Sie den Namen für die Kategorie in die eingeblendete Zeile ein. Haben Sie bereits Kategorien erstellt, können Sie die neue Kategorie einer bereits bestehenden mithilfe des Ausklappmenüs unterordnen.

Wie Sie Kategorien editieren, erfahren Sie auf Seite 135.

Kategorieseiten aufrufen

Wie gerade erwähnt, wird jeder Beitrag mindestens einer Kategorie zugeordnet. Diese Kategorieseiten erstellt WordPress automatisch. Dadurch erhalten Ihre Besucher die Möglichkeit, Inhalte anhand von Kategorien zu durchsuchen oder zu lesen.

Um eine Kategorieseite anzuzeigen, öffnen Sie einfach Ihre Website im Browser (also im Frontend) und anschließend einen Beitrag. In der Regel finden Sie einen Link zur Kategorieseite – hier Sendungen – neben, über- oder unterhalb des Beitrags. Beim Standard-Theme **Twenty Sixteen** finden Sie die Kategorieseite(n) neben dem Beitrag ❶. Dahingegen zeigt z. B. das Theme **Twenty Fourteen** die Kategorien über dem Beitragstitel an ❷. Die Kategorienamen sind mit der Kategorieseite verlinkt, die chronologisch alle einsortierten Beiträge der jeweiligen Kategorie auflistet. Beim Beispielprojekt digitalKultur.TV kommt das Twenty Fourteen-Design zum Einsatz ❸.

Tipp

Die Anzahl der Beiträge pro Kategorieseite legen Sie im Backend im Menü Einstellungen → Lesen unter Blogseiten zeigen maximal fest. In der Standardeinstellung werden zehn Beiträge pro Seite angezeigt. Findet WordPress bei dieser Einstellung mehr als zehn Beiträge in einer Kategorie, stellt es einen Link auf die nächsten zehn Beiträge der Kategorie bereit.

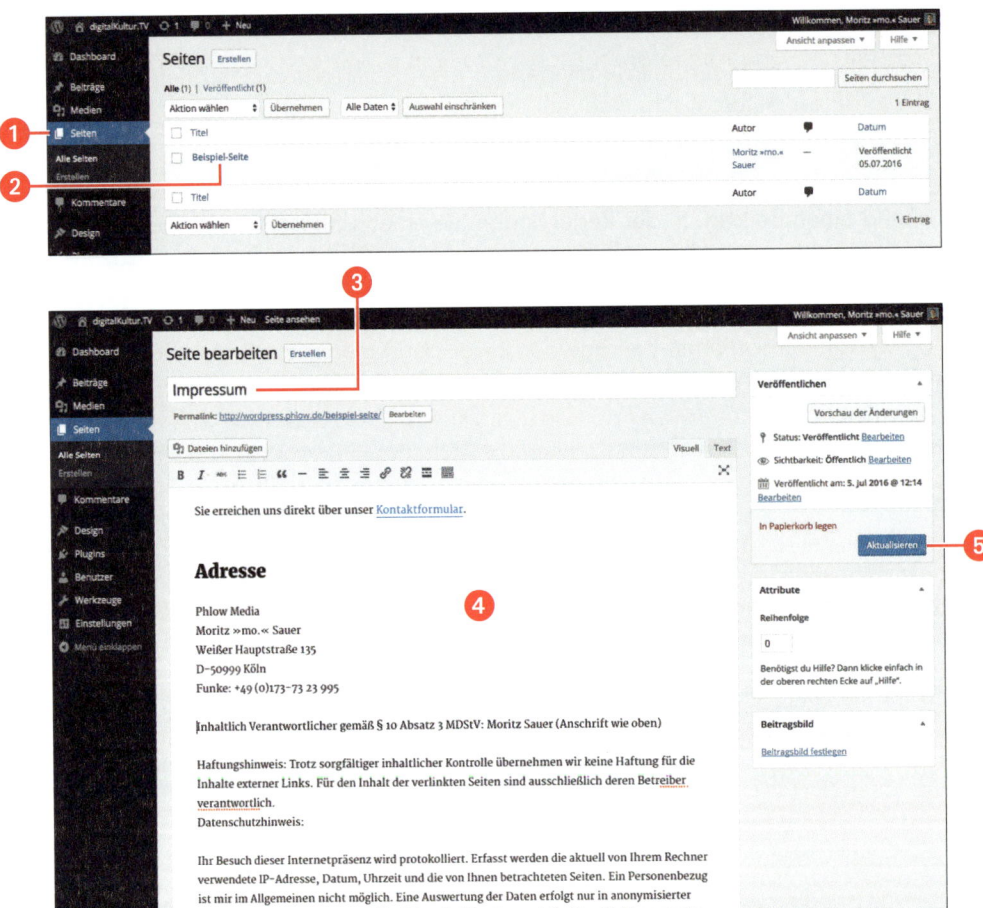

Eine Impressumseite anlegen

Laut deutschem Telemediengesetz braucht jede Website ein Impressum. Der Link zum Impressum muss leicht zu finden sein und sollte an prominenter Stelle, am besten im oberen Bereich der Website, angezeigt werden. Da es wenig Sinn ergibt, ein Impressum zu kategorisieren, sollten Sie hierfür das Webseitenformat Seiten nutzen.

Den Unterschied zwischen Seiten und Beiträgen haben Sie auf Seite 45 bereits kurz kennengelernt. Seiten unterscheiden sich von Beiträgen dadurch, dass sie keine Klassifizierung aufweisen, sprich, sie unterliegen keiner Taxonomie. Seiten rufen Sie im Backend über die linke Menüleiste und den Unterpunkt Seiten ❶ auf.

Auch an dieser Stelle hat WordPress bei der Installation bereits einen »Dummy« namens Beispiel-Seite angelegt. Klicken Sie auf den Titel Beispiel-Seite ❷, um die Seite zu editieren. Seiten bearbeiten Sie mit dem gleichen Editor wie Beiträge. Sie können nun die Seite umbenennen – z. B. in »Impressum« ❸. Löschen Sie dann den Dummy-Text und kopieren Sie den Text, den Sie mit einem Impressumgenerator – siehe Tipp – erstellt haben, in das Beitragsfeld ❹. Verfeinern Sie den Text bei Bedarf mit dem Editor und klicken Sie abschließend auf Aktualisieren ❺. Schauen Sie sich nun das Resultat im Frontend an.

Tipp

Ein juristisch einwandfreies Impressum können Sie online mit einem kostenlosen **Impressumgenerator** erstellen. Zwei gute Generatoren finden Sie unter *www.j.mp/impressum_generator* und *www.impressum-generator.de*. Beide Werkzeuge führen Sie Schritt für Schritt zu einem rechtssicheren Impressum.

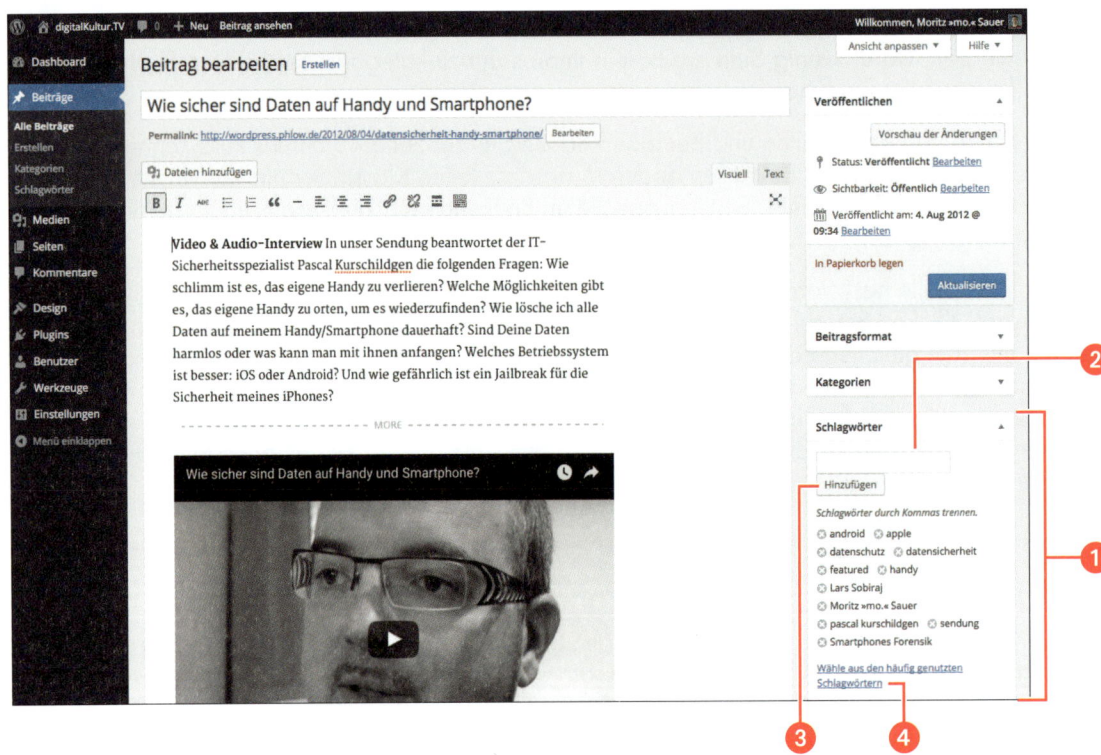

Beiträge verschlagworten

Schlagwörter bilden ein mächtiges Werkzeug, um Inhalte einer Website untereinander zu verknüpfen. Der hauptsächliche Unterschied zwischen Schlagwörtern und Kategorien ist der, dass Schlagwörter Inhalte detaillierter klassifizieren. Kategorien bilden somit eher übergeordnete Bereiche, während Schlagwörter Bereiche noch einmal genauer unterteilen.

Wie bei Kategorien erstellt WordPress auch für Schlagwörter, die sogenannten **Tags**, automatisch Archive. Setzt man Schlagwörter clever ein, bündelt man thematisch zusammenpassende Beiträge für den Nutzer. Veröffentlicht man z.B. kontinuierlich Beiträge in der Kategorie Webdesign und verschlagwortet ausgewählte Beiträge zum Unterthema Suchmaschinenoptimierung, erhalten diese Beiträge ein eigenes Schlagwortarchiv. Ganz nach dem Amazon-Prinzip »Wenn Sie dies mögen, dann mögen Sie auch das« hilft man den Lesern, für sie interessante weitere Beiträge im jeweiligen Schlagwortarchiv zu entdecken. So können Sie z.B. die Leser bereits auf einer Beitragsseite darauf hinweisen, dass es noch mehr interessante Beiträge zum Thema gibt.

Beiträge zu verschlagworten, ist leicht. Öffnen Sie dazu einfach einen Beitrag – z.B. den »Hallo Welt!«-Beitrag. In der rechten Seitenleiste finden Sie den Kasten Schlagwörter ❶. Falls er nicht angezeigt wird, können Sie ihn mithilfe von Ansicht anpassen einblenden (siehe Seite 81).

Geben Sie jetzt ein paar Schlagwörter in das Eingabefeld ❷ ein, die inhaltlich zum Beitrag passen. Trennen Sie die Schlagwörter oder Schlagwortkombinationen durch Kommata ab und bestätigen Sie die Eingabe abschließend mit der Enter-Taste oder klicken Sie auf Hinzufügen ❸. Wenn Sie bereits mehrere Beiträge verschlagwortet haben, hilft Ihnen WordPress bei der Verschlagwortung. Klicken Sie dazu einfach auf den Link Wähle aus den häufig genutzten Schlagwörtern ❹.

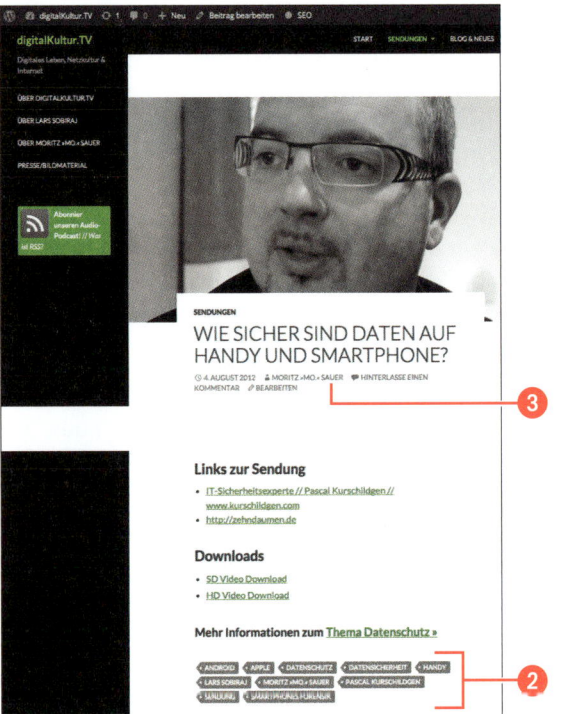

Schlagwortarchive und Autorenseiten

Neben Archivseiten für Kategorien bietet WordPress auch **Archivseiten für Schlagwörter und Autoren** an. In der Regel finden Sie einen Link zum Schlagwortarchiv ober- oder unterhalb des Beitrags.

Wie Sie in der Abbildung sehen, listet das Twenty Sixteen-Theme sowohl Autor sowie Schlagwörter neben dem Beitrag auf ❶. Das für digitalKultur.TV genutzte Theme Twenty Fourteen listet dagegen die Schlagwörter unterhalb eines Beitrags auf ❷ und gibt diesen den Look eines Etiketts. Ein Klick auf das jeweilige Schlagwort öffnet die dazugehörige Archivseite mit Beiträgen, die mit dem gleichen Schlagwort versehen wurden.

Das Autorenarchiv finden Sie bei Twenty Fourteen dagegen über die Links und Informationen unterhalb des Beitragtitels. Der Link Moritz »mo.« Sauer ❸ führt die Leser zur sogenannten Autorenseite. Diese Archivseite listet alle Beiträge des jeweiligen Autors auf, in diesem Fall meine veröffentlichten Beiträge.

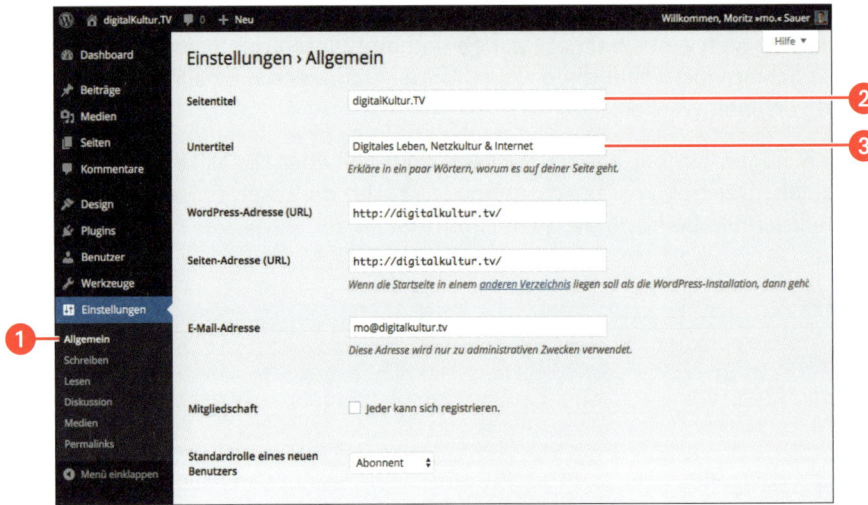

Titel und Slogan der Website ändern

Jede WordPress-Installation verfügt über einen eigenen Titel und einen eigenen Slogan. Für unser digitalKultur.TV-Projekt nutzen wir den Slogan **Digitales Leben, Internet & Technik**. Titel und Slogan tauchen in der Regel im Kopfzeilenbereich Ihrer Website auf und ersetzen das nach der Installation standardmäßig dort erscheinende »Eine weitere WordPress Website«.

Um den Slogan zu ändern, klicken Sie im Backend in der linken Menüleiste einfach auf Einstellungen und dann auf den Unterpunkt Allgemein ❶. Um Namen und Slogan zu ändern, geben Sie in die Eingabefelder Seitentitel ❷ und Untertitel ❸ Ihren Wunschnamen und -slogan ein.

Um die neuen Einstellungen wirksam werden zu lassen, klicken Sie ganz unten auf der Seite auf die Schaltfläche Änderungen übernehmen. Wenn Sie jetzt Ihre Website im Frontend erneut aufrufen, zeigt WordPress den neuen Namen und den neuen Slogan an.

Hinweis

Mehr zu den Einstellungen erfahren Sie in Kapitel 4 ab Seite 85.

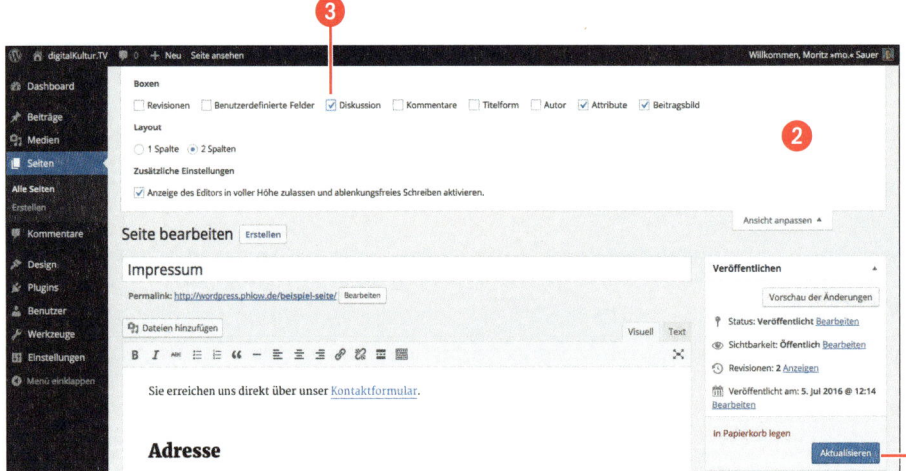

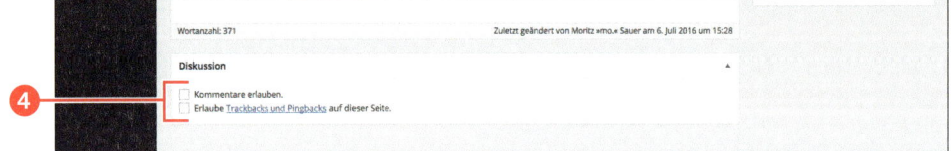

Funktionen über Ansicht anpassen ein- und ausblenden

Selbst gestandene WordPress-Nutzer suchen manchmal Funktionen, bis ihnen einfällt, dass diese vielleicht »dank« des Ansicht anpassen-Panels nicht angezeigt werden. Ansicht anpassen erlaubt Ihnen nämlich, WordPress den eigenen Vorlieben anzupassen, und blendet auf Wunsch Funktionen und die dazugehörigen Kästen ein bzw. aus.

Diese Funktionalität sorgt ab und an für Verwirrung, weil WordPress nach der Installation nicht automatisch alle Funktionen einblendet. So haben Sie vielleicht bereits gesehen, dass auf der Seite Ihres Impressums eine Kommentarbox angezeigt wird. Für ein Impressum ist eine Kommentarbox aber nicht wirklich sinnvoll.

Damit WordPress die Kommentarbox für einen Beitrag nicht anzeigt, müssen Sie im dazugehörigen Diskussionskasten das Häkchen entfernen. Diesen Kasten zeigt WordPress nach der Installation aber nicht automatisch an. Um den Diskussionskasten einzublenden, gehen Sie wie folgt vor: Klicken Sie oben rechts unter der Adminleiste auf Ansicht anpassen ❶, um das Panel ❷ zu öffnen. Setzen Sie jetzt das fehlende Häkchen bei Diskussion ❸. Wenn Sie nun weiter nach unten scrollen, sehen Sie, dass WordPress unterhalb des Textfelds den Diskussionskasten eingeblendet hat. Entfernen Sie beide Häkchen bei Kommentare erlauben sowie bei Erlaube Trackbacks [...] ❹ und speichern Sie die neuen Einstellungen mit Aktualisieren ❺ ab. Die Kommentarbox auf Ihrer Impressumseite ist jetzt verschwunden.

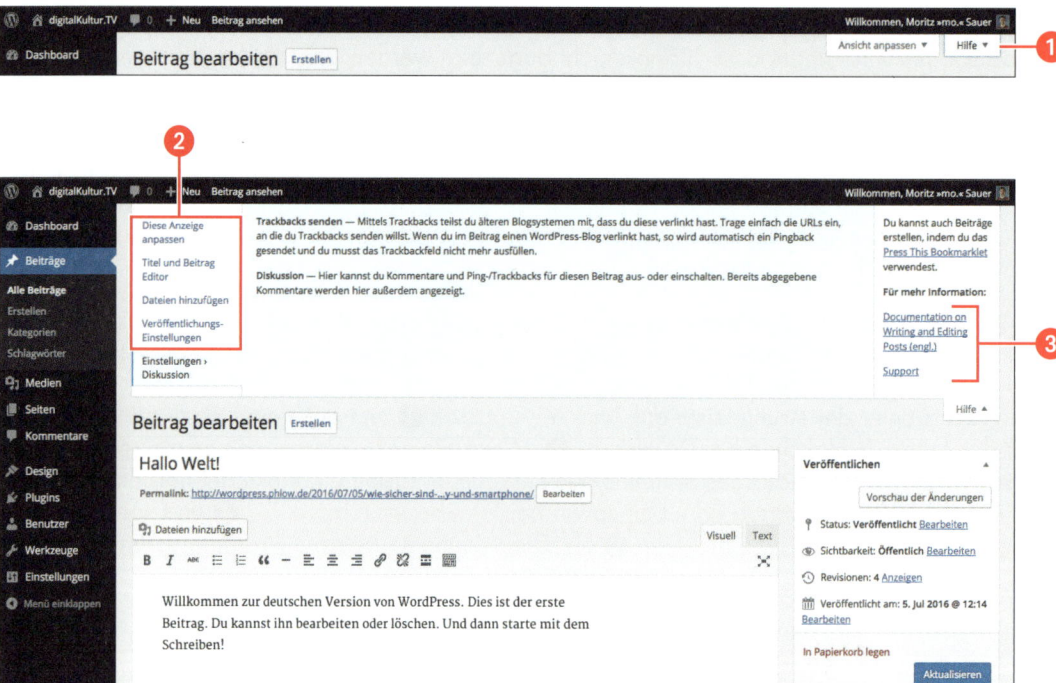

Die Hilfefunktion einblenden

Vielleicht haben Sie sich auf der vorangehenden Seite gefragt, was es mit den Begriffen **Trackback** und **Pingback** im Diskussionskasten auf sich hat. Egal, wo Sie sich im Backend des Reaktionssystems befinden: WordPress bietet über die integrierte Hilfe immer kurze, unterstützende Erklärungen und Anweisungen an. Sie können also in den meisten Fällen auf Fragen eine direkte Antwort finden, indem Sie den Hilfebereich auf der gleichen Seite aufsuchen.

Den **Hilfebereich** öffnen Sie, indem Sie auf die Schaltfläche Hilfe ❶ klicken. Nach dem Klick fährt der Hilfebereich aus. Auf der linken Seite sehen Sie eine Art Index mit den verschiedenen Hilfethemen, durch die Sie mit einem Klick blättern können ❷.

Sollten Ihnen die Informationen nicht genügen, bringen Sie die rechts angezeigten Links ❸ zu weiterführenden Informationen. Die dort hinterlegten Dokumente sind manchmal auf Englisch, manchmal auf Deutsch, oder es ist lediglich ein Link zum Supportforum von WordPress hinterlegt.

Kapitel 4 | WordPress konfigurieren

Wie jede Software oder jedes Programm können Sie auch WordPress konfigurieren, d. h. grundlegende Einstellungen für das System treffen. Die verschiedenen Möglichkeiten, WordPress zu justieren, finden Sie im Backend im linken Menü unter Einstellungen.

Hier bestimmen Sie Titel und Slogan Ihrer Website oder Ihres Blogs, und Sie nehmen wichtige Einstellungen für das Kommentarsystem oder die Medienverwaltung vor. Im Folgenden gehe ich mit Ihnen schrittweise die verschiedenen Einstellmöglichkeiten durch. Dabei lernen Sie WordPress besser kennen und konfigurieren das System genau nach Ihren Wünschen.

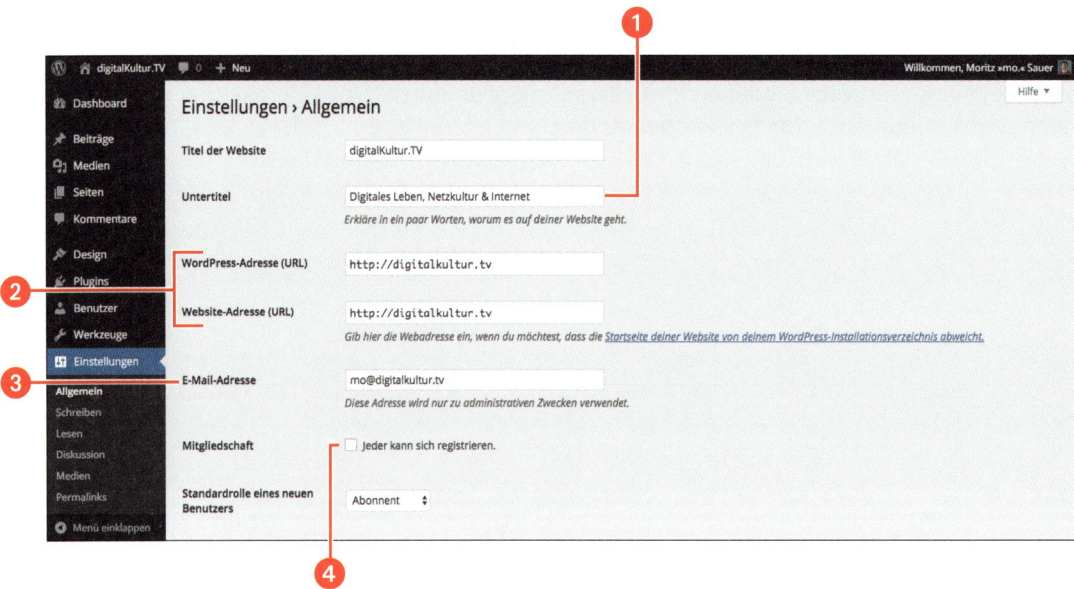

Allgemeine Einstellungen (1)

Sollten Sie den voreingestellten Slogan ❶ noch nicht angepasst haben (siehe dazu Seite 79), klicken Sie im Backend in der linken Menüleiste einfach auf Einstellungen und dann auf den Unterpunkt Allgemein. Um Namen und Slogan zu ändern, geben Sie in die Eingabefelder Titel der Website und Untertitel Ihren Wunschnamen und -slogan ein.

Die beiden Eingabefelder WordPress-Adresse (URL) und Website-Adresse (URL) ❷ können Sie unberührt lassen. Hier tragen Sie nur dann Änderungen ein, wenn Ihre Startseite in einem anderen Verzeichnis liegt als die eigentliche WordPress-Installation. Auf die im Feld E-Mail-Adresse ❸ angegebene Adresse greift WordPress zurück, wenn das System Nachrichten verschickt, z. B. über neue Kommentare, die auf die Freigabe warten. Außerdem nutzen einige Plug-ins die hier eingegebene E-Mail-Adresse, um Ihnen administrative, das System betreffende Informationen zu schicken.

WordPress verfügt über eine **Benutzerverwaltung** mit verschiedenen Rollen für Benutzer. Jeder Benutzer hat einen Namen und ein Passwort und kann sich, wie bei Facebook, Gmail oder anderen Onlineservices, einloggen.

Die selbstständige Registrierung neuer Benutzer ergibt nur dann Sinn, wenn Sie einen passwortgeschützten Bereich mit Extrainhalten für registrierte Nutzer planen. Möchten Sie, dass sich Besucher selbstständig auf Ihrer Website registrieren können, setzen Sie ein Häkchen bei Mitgliedschaft → Jeder kann sich registrieren ❹. Anschließend können Sie noch die Standardrolle auswählen, die einem neuen Benutzer zugewiesen wird. Wenn Sie gerade erst anfangen mit dem Bloggen, ist es empfehlenswert, vorerst die Registrierung auszuschalten. Erstens ist Ihr System so besser vor Hackerangriffen geschützt, und zweitens benötigen Sie für einen passwortgeschützten Bereich ein passendes Theme. Mehr zur Benutzerverwaltung erfahren Sie auf den Seiten 109 bis 111.

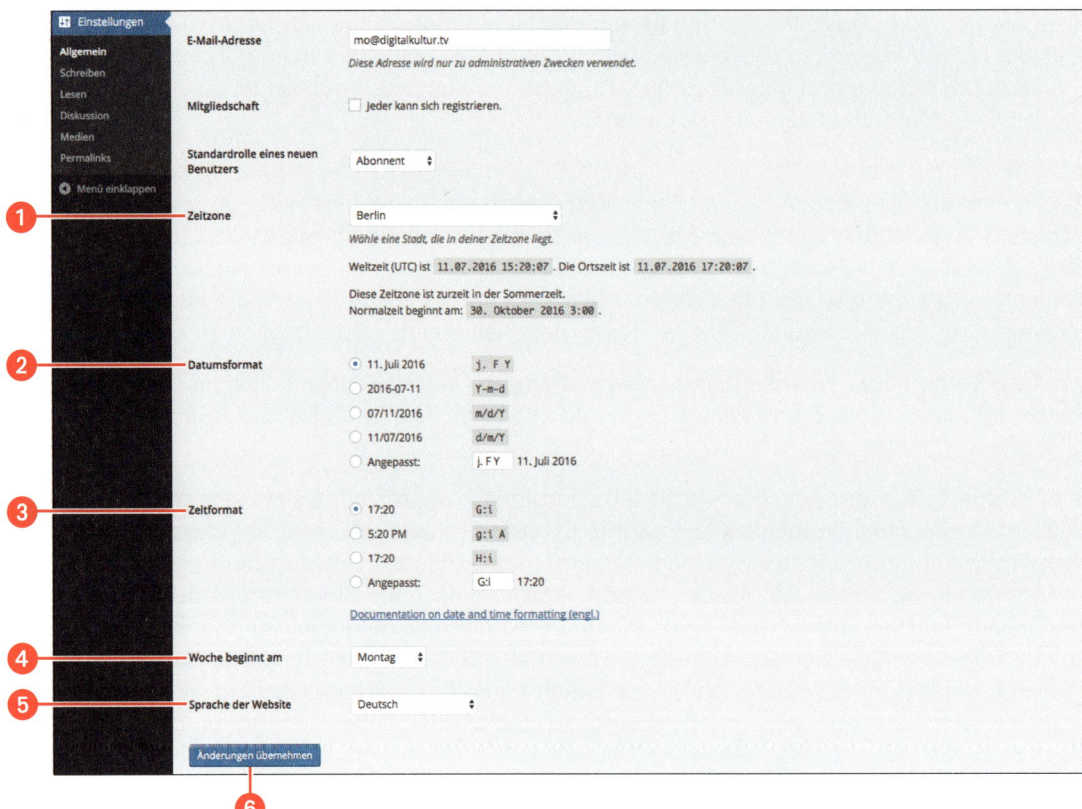

Allgemeine Einstellungen (2)

UTC bedeutet Coordinated Universal Time bzw. koordinierte Weltzeit. Die Zeitzone ❶ bekommt WordPress vom Serverrechner übermittelt. Sie können sie über das Auswahlmenü passend einstellen, damit sie Ihrer lokalen Zeit entspricht. Leben Sie in Deutschland, wählen Sie dazu einfach Berlin als Zeitzone/Stadt. Auf diese Zeitangabe greift WordPress immer dann zurück, wenn es z. B. das Erstellungsdatum eines Beitrags abspeichert oder ein Beitrag zeitgesteuert zu einem vorgegebenen Termin veröffentlicht werden soll. Mehr dazu erfahren Sie auf Seite 131.

Häufig zeigt WordPress ober- oder unterhalb der Beiträge das **Datum** und die **Zeit** an. Wie die Zeit dargestellt werden soll, können Sie über Datumsformat ❷ und Zeitformat ❸ festlegen. Wählen Sie dazu entweder eine der angezeigten Voreinstellungen oder konstruieren Sie sich die Anzeige des Datums mithilfe von Platzhaltern. Weitere Informationen finden Sie über den darunter angezeigten Link. Mit welchem Tag auf Ihrer Website die Woche beginnt ❹, legen Sie über das letzte Ausklappmenü fest.

Mit Sprache der Website ❺ schließlich bestimmen Sie die Sprache im Backend und die verwendete Sprache des Themes. Diese Einstellungen funktionieren bei Themes nur dann, wenn das jeweilige Theme auch die ausgewählte Sprache unterstützt.

Mit Änderungen übernehmen ❻ speichern Sie Ihre Einstellungen schließlich ab.

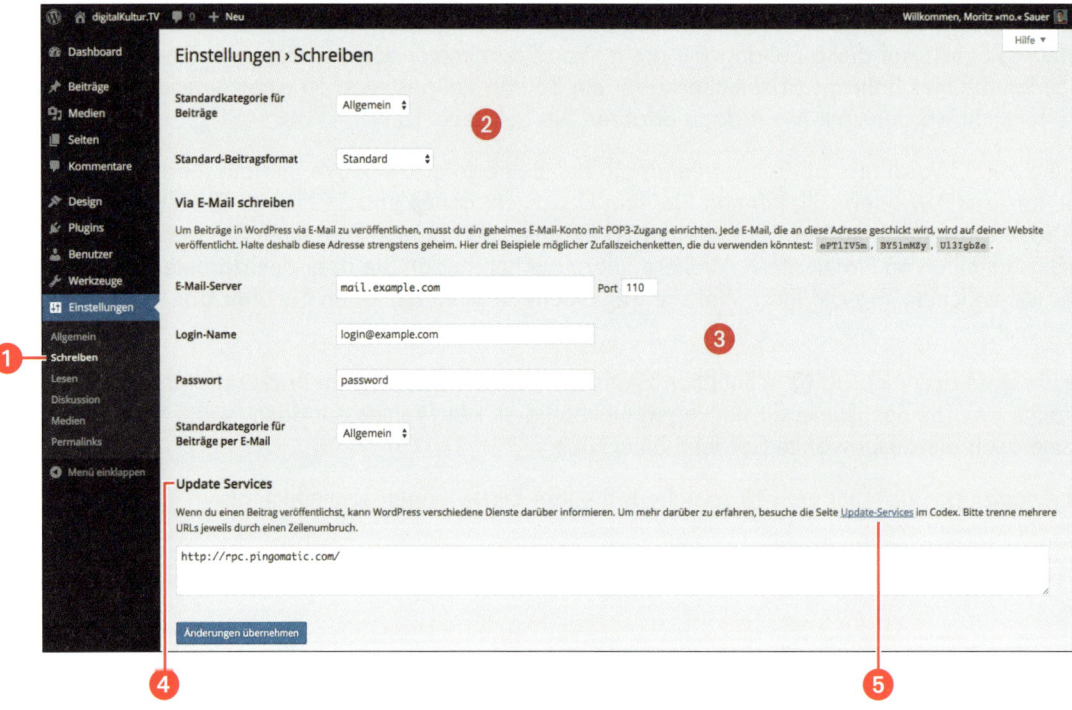

Smileys, Lesezeichen und Standardkategorie editieren

Über den Menüpunkt Einstellungen → Schreiben ❶ bestimmen Sie, wie WordPress mit Ihren Inhalten bei der Veröffentlichung umgeht. Über Standardkategorie für Beiträge und Standard-Beitragsformat ❷ legen Sie fest, welche **Kategorie bzw. Formatvorlage** für einen neuen Beitrag automatisch gewählt werden soll.

Ich kenne zwar niemanden, der Beiträge in WordPress per E-Mail veröffentlicht, aber es gibt diese Funktionalität ❸. Dazu müssen Sie sich ein E-Mail-Konto mit POP3-Zugang einrichten, das WordPress abrufen kann. Diese E-Mail-Adresse muss geheim bleiben, sonst können Fremde Inhalte auf Ihrer WordPress-Website veröffentlichen, indem sie an die Adresse eine E-Mail schicken. Mehr dazu erfahren Sie in der Beschreibung direkt unterhalb des Menüpunkts.

Die Option Update Services ❹ sollten Sie belassen wie sie ist. Hierbei handelt es sich um eine Möglichkeit, Update-Services über neue Beiträge zu informieren. Es gibt noch einige wenige spezialisierte Blogsuchmaschinen im Netz, die über den Update-Service Pingomatic informiert werden. Weiterführende Informationen bietet der Link Update-Services ❺.

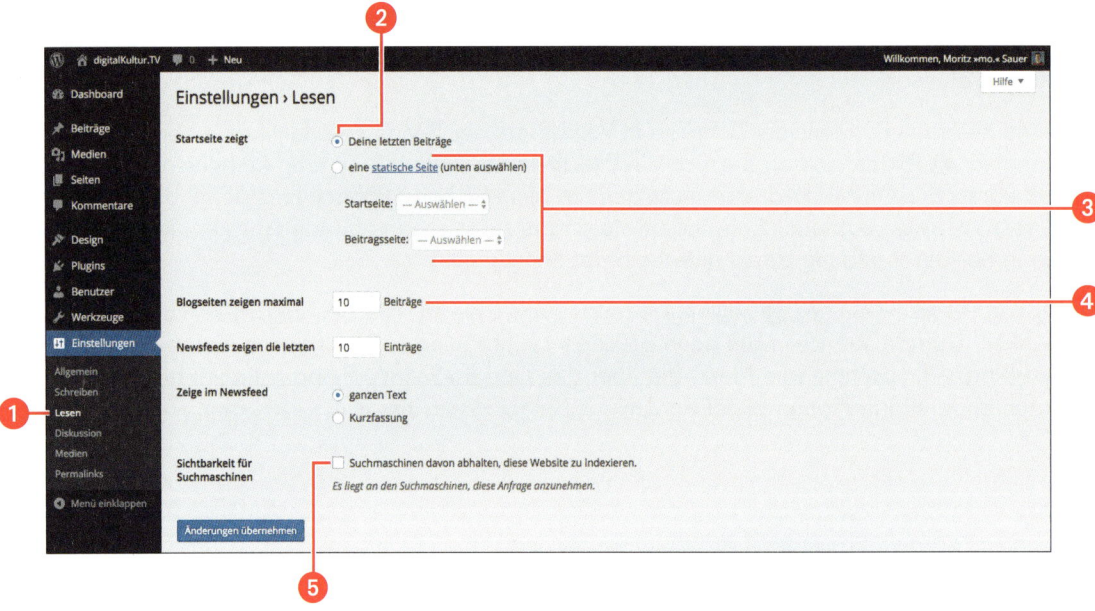

Startseite bestimmen und Anzahl der Beiträge für Start- und Archivseiten festlegen

Über Einstellungen → Lesen **❶** bestimmen Sie, welche Startseite WordPress anzeigen soll und wie viele Beiträge auf der Startseite und im RSS-Feed (dazu gleich mehr) auftauchen sollen. Nach der Installation greift WordPress auf die Standardseite zurück. Hierbei handelt es sich um eine sogenannte **Indexseite**, die die letzten Beiträge **❷** anzeigt. Alternativ können Sie aber auch eine Seite Ihrer Wahl anzeigen lassen **❸**. Welche das genau sein soll, entscheiden Sie über das Ausklappmenü. Mehr über diese Möglichkeit erfahren Sie auf Seite 161. Mit dem Auswahlmenü neben Blogseiten zeigen maximal **❹** legen Sie die Anzahl der Beiträge fest, die WordPress auf der Startseite auflistet. Beachten Sie, dass die Webseite bei Besuchern immer größer wird und sich immer langsamer aufbaut, je mehr Bilder und Inhalte Sie auf der Startseite anzeigen. Eine gute Anzahl sind fünf bis zwölf Beiträge – je nachdem, wie viele große Bilder Sie nutzen.

Mithilfe von RSS – auch **RSS-Feed** genannt – können Besucher die Inhalte Ihrer Website mit spezieller Lesesoftware (RSS-Reader) abonnieren. WordPress generiert automatisch einen RSS-Feed. Diesen können Sie über die URL *www.ihre-website.de/feed* aufrufen und z. B. mit einem Service wie *www.netvibes.com* abonnieren. Über Newsfeeds zeigen die letzten bestimmen Sie, wie viele Beiträge der RSS-Feed beinhalten soll. Ob nur ein Auszug oder der gesamte Beitrag im RSS-Feed angeboten wird, bestimmen Sie mit der Option ganzen Text oder Kurzfassung. Wenn Sie über Google & Co. gefunden werden wollen, setzen Sie besser kein Häkchen bei Suchmaschinen davon abhalten, diese Website zu indexieren **❺**. Sonst ignorieren Suchmaschinen Ihre Website.

Hinweis

Unter *www.phlow.org/rss-video* finden Sie ein Video, das Ihnen erklärt, wie Sie RSS zum Lesen von Nachrichten verwenden.

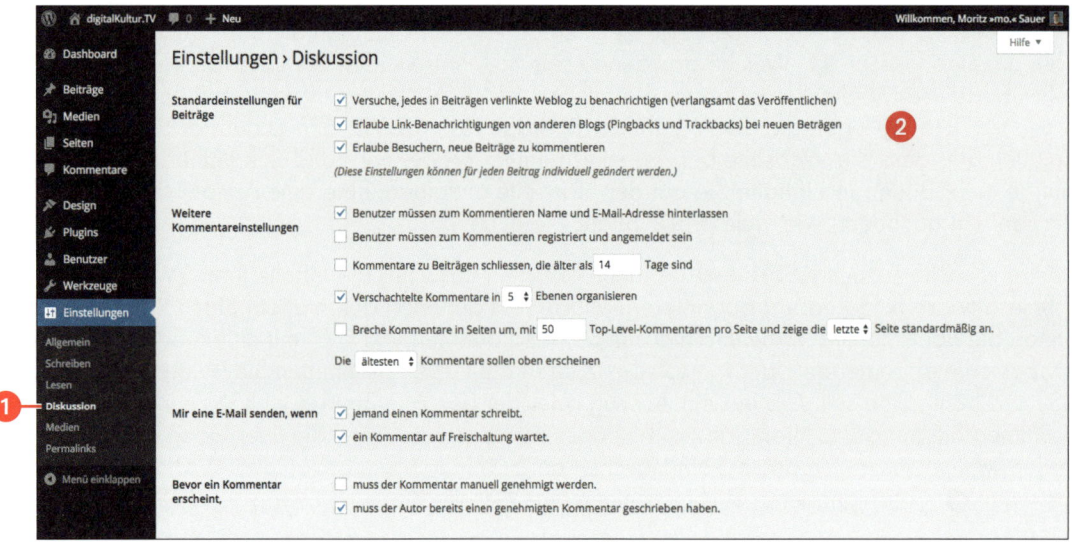

Einstellungen für Kommentare und Moderation editieren

Über Einstellungen → Diskussion ❶ konfigurieren Sie, wie WordPress mit eingegebenen Kommentaren umgeht. Dazu bietet das System zahlreiche Einstellungsmöglichkeiten, die in erster Linie darauf abzielen, **Kommentar-Spam** zu vermeiden bzw. lästigen Kommentarschreibern, die es leider fast immer gibt, einen Riegel vorzuschieben.

Über die Option Standardeinstellungen für Beiträge ❷ entscheiden Sie, ob Ihr Blog bzw. Ihre Website versuchen soll, in Beiträgen verlinkte Websites automatisch zu kontaktieren (dieses Verfahren heißt **Trackback**, siehe dazu den Hinweis unten). Außerdem legen Sie fest, ob Sie eingehende Linkbenachrichtigungen akzeptieren oder ignorieren wollen. Ich empfehle Ihnen, hier Häkchen zu setzen, weil es die Kommunikation zwischen Websites erhöht.

Wollen Sie, dass neue Beiträge automatisch für Kommentare freigegeben werden, setzen Sie einen Haken bei Erlaube Besuchern neue Beiträge zu kommentieren. Diese Einstellung können Sie für jeden Artikel einzeln aktivieren oder deaktivieren.

Hinweis

Trackback (auch **Pingback**) ist eine Benachrichtigungstechnik. Mit dieser Technik werden zusammenhängende Artikel auf verschiedenen Websites vernetzt. Veröffentlichen Sie z. B. einen Beitrag, der ähnliche Beiträge auf anderen Websites oder Blogs verlinkt, informiert WordPress deren Betreiber mittels Trackback automatisch über Ihren Artikel. Dadurch können Diskussionen zwischen Websites entstehen, und Sie bekommen im besten Fall mehr Aufmerksamkeit für Ihre Inhalte.

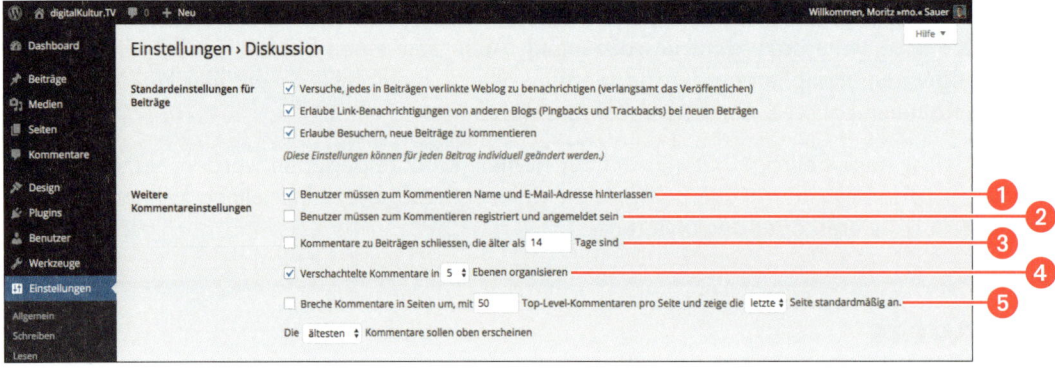

Spam in Kommentaren erschweren

Mit Weitere Kommentareinstellungen justieren Sie WordPress, um Kommentar-Spam vorzubeugen. Viele Website-Betreiber und Blogger setzen bei der Option Benutzer müssen zum Kommentieren Name und E-Mail-Adresse hinterlassen ❶ ein Häkchen. Wenn Sie möchten, können Sie mit Kommentarschreibern aber auch restriktiver umgehen, indem Sie sie auffordern, sich zu registrieren und im System anzumelden ❷. Dazu müssen Sie Nutzern aber eine Möglichkeit bieten, sich zu registrieren. Das ermöglicht z. B. ein Widget in der Seitenleiste – mehr dazu auf Seite 199.

Spammer schreiben vorwiegend **Kommentare zu älteren Artikeln**. Um die Kommentarfunktion automatisch nach einem gewissen Zeitraum zu schließen, müssen Sie ein Häkchen bei Kommentare zu Beiträgen schliessen ... ❸ setzen und den Zeitraum eingeben.

Viele Foren verschachteln Kommentare ineinander, um zu zeigen, wer auf welchen Kommentar reagiert hat. Auch WordPress bietet Ihnen diese Funktionalität. Mit Verschachtelte Kommentare in X Ebenen organisieren ❹ stellen Sie ein, ob und inwieweit Sie die Verschachtelung von Kommentaren erlauben.

Es kann vorkommen, dass ein Beitrag zahlreiche Kommentarschreiber anzieht. Mehr Kommentare bedeuten mehr Text und somit mehr Daten pro Webseite. Das verlängert dementsprechend die **Ladezeit**. Mit Breche Kommentare in Seiten um ... ❺ bestimmen Sie, ab dem wievielten Kommentar diese auf eine separate Seite ausgelagert werden. Wird die Grenze von z. B. 50 Kommentaren überschritten, werden keine weiteren Kommentare abgebildet, stattdessen wird auf eine neue Webseite, die die nächsten Kommentare enthält, verlinkt.

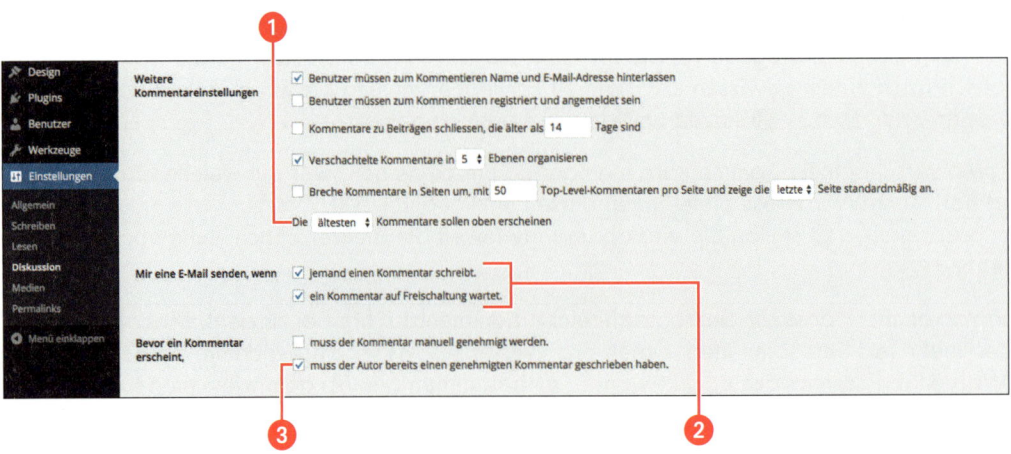

Kommentarreihenfolge und -moderation

Mit Die ältesten/neusten Kommentare sollen oben erscheinen ❶ entscheiden Sie über die Reihenfolge, in der WordPress die Kommentare anzeigt. Der Optionen bei Mir eine E-Mail senden, wenn ❷ sind selbsterklärend.

Wenn Sie sichergehen wollen, dass Ihnen kein unliebsamer Kommentar durchflutscht, setzen Sie unbedingt ein Häkchen bei Bevor ein Kommentar erscheint, muss der Kommentar manuell genehmigt werden ❸. WordPress veröffentlicht Kommentare bei dieser Einstellung erst nach Ihrer Freigabe. Ein wenig lockerer, aber sehr effektiv ist die Option Bevor ein Kommentar erscheint, muss der Autor bereits einen genehmigten Kommentar geschrieben haben. Diese Annahme geht davon aus, dass einmal abgenickte Kommentarschreiber bei weiteren Kommentaren ebenfalls die Etikette einhalten.

Hinweis

Je restriktiver Sie WordPress einstellen, desto unwahrscheinlicher wird es, dass Besucher Kommentare zu Ihren Beiträgen schreiben, aber je laxer Sie WordPress einstellen, desto mehr Spam und Arbeit kommen auf Sie zu. Am Anfang empfehle ich Ihnen erst einmal lockere Einstellungen, die Sie bei Bedarf restriktiver gestalten. Bedenken Sie stets, dass Sie für die Kommentare – also auch rechtswidrige Kommentare – auf Ihrer Website immer haftbar gemacht werden können.

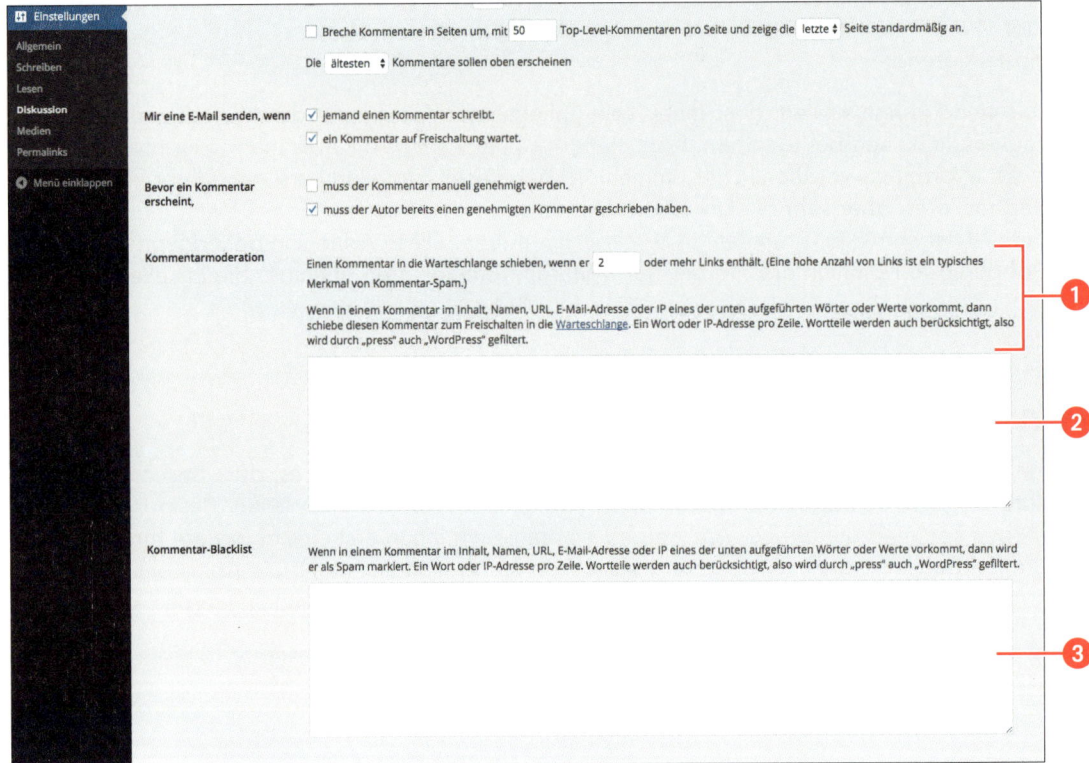

Breche Kommentare in Seiten um, mit 50 Top-Level-Kommentaren pro Seite und zeige die letzte ⬦ Seite standardmäßig an.

Die ältesten ⬦ Kommentare sollen oben erscheinen

Mir eine E-Mail senden, wenn
- ☑ jemand einen Kommentar schreibt.
- ☑ ein Kommentar auf Freischaltung wartet.

Bevor ein Kommentar erscheint,
- ☐ muss der Kommentar manuell genehmigt werden.
- ☑ muss der Autor bereits einen genehmigten Kommentar geschrieben haben.

Kommentarmoderation

Einen Kommentar in die Warteschlange schieben, wenn er 2 oder mehr Links enthält. (Eine hohe Anzahl von Links ist ein typisches Merkmal von Kommentar-Spam.)

Wenn in einem Kommentar im Inhalt, Namen, URL, E-Mail-Adresse oder IP eines der unten aufgeführten Wörter oder Werte vorkommt, dann schiebe diesen Kommentar zum Freischalten in die Warteschlange. Ein Wort oder IP-Adresse pro Zeile. Wortteile werden auch berücksichtigt, also wird durch „press" auch „WordPress" gefiltert.

Kommentar-Blacklist

Wenn in einem Kommentar im Inhalt, Namen, URL, E-Mail-Adresse oder IP eines der unten aufgeführten Wörter oder Werte vorkommt, dann wird er als Spam markiert. Ein Wort oder IP-Adresse pro Zeile. Wortteile werden auch berücksichtigt, also wird durch „press" auch „WordPress" gefiltert.

Kommentare automatisch filtern und als Spam markieren

Mithilfe der Kommentarmoderation ❶ können Sie WordPress anweisen, Kommentare in die **Warte-schleife** zu schicken, damit diese nicht automatisch veröffentlicht werden. So verschiebt WordPress bereits in den Standardeinstellungen automatisiert Kommentare mit mehr als zwei Links in die Warte-schlange. Mehr als ein Link pro Kommentar ist oft ein Indiz für Kommentarbeiträge, die nur Eigenwer-bung oder Spam in Form von Links beinhalten.

In das Eingabefeld darunter ❷ können Sie Wörter oder Werte eingeben, auf die WordPress neue Kommentare überprüfen soll. Taucht in einem Kommentar z.B. ein Name, eine Internet-, E-Mail- oder IP-Adresse aus der Liste auf, sortiert WordPress diesen automatisch in die Warteschlange ein.

Unter der Kommentarmoderation gibt es noch die **Kommentar-Blacklist** ❸. Dieser Filter funk-tioniert wie der vorherige, jedoch mit dem einzigen Unterschied, dass Kommentare mit den Wör-tern oder Werten nicht in die Warteschlange geschickt, sondern als Spam markiert und in den **Spam-Ordner** verschoben werden. Gehen Sie darum vor allem mit diesem Filter vorsichtig um.

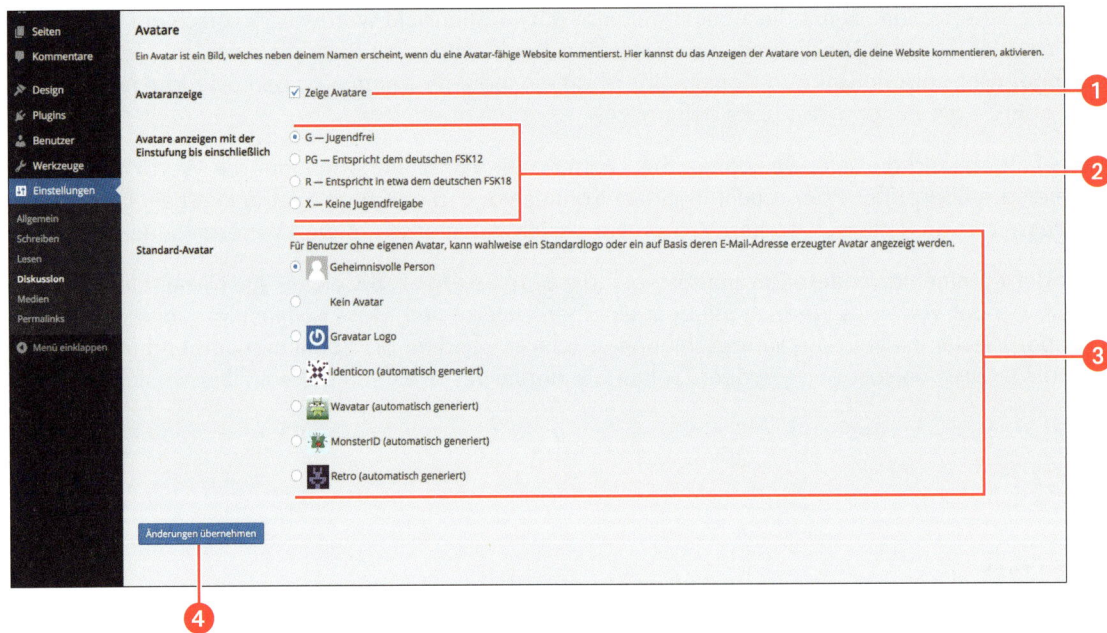

Individuelle Bilder für Kommentarschreiber mit Gravatar

Kommentare gewinnen an Wert, wenn sie individueller und persönlicher präsentiert werden. Dafür eignet sich hervorragend ein kleines, jedem Nutzer zugeordnetes Bild, das als **Avatar** bezeichnet wird. Über den Unterpunkt Avatare in Einstellungen → Diskussion konfigurieren Sie, ob WordPress Avatare anzeigen soll ❶.

Die Avatar-Bilder bezieht WordPress von *www.gravatar.com*. Über diesen Avatar-Service können Benutzer kostenlos ein Miniprofil erstellen und ein Avatarbild hochladen. Kommentiert ein Benutzer einen Beitrag auf einer Website, die den Service nutzt, erscheint neben dem Kommentar das Avatar-Bild.

Benutzer können bei Gravatar selbstständig bestimmen, ob Ihr Bild jugendfrei ist. Auf diesen Filter greifen Sie mit den Einstellungen bei Avatare anzeigen mit der Einstufung bis einschließlich ❷ zurück. Verfügt ein Kommentarschreiber über kein eigenes Gravatar-Profil, entscheiden Sie mit Standard-Avatar ❸, welches Ersatzbild angezeigt werden soll.

Vergessen Sie nicht, Ihre neuen Einstellungen mit einem abschließenden Klick auf Änderungen übernehmen ❹ zu sichern.

Tipp

Wenn Sie ein Blog betreiben, kann ich Ihnen nur herzlichst empfehlen, sich ein eigenes kostenloses Profil bei *Gravatar.com* anzulegen, denn durch das Bild werden auch Ihre Beiträge persönlicher. Achten Sie darauf, dass die E-Mail-Adresse Ihres Gravatar-Kontos mit der in Ihren WordPress-Profileinstellungen übereinstimmt. Nur dann erscheint Ihr Avatar-Bild auf Ihrer Website in den Kommentaren wie auch im Redaktionssystem.

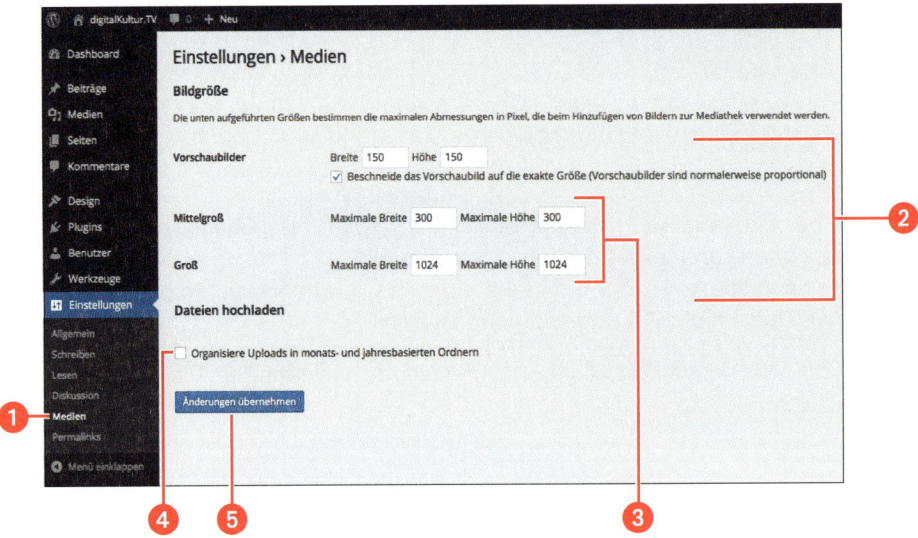

Bildmaße und Organisation von Uploads festlegen

WordPress generiert beim Upload von Bildern automatisch Bilddateien mit verschiedenen Bildgrößen und erstellt pro Bild maximal drei weitere Varianten. Wie viele Extradateien das System erstellt, hängt von der Größe der Originalbilddatei ab (WordPress generiert nie Varianten mit Pixelmaßen, die größer als das Original sind).

Die Pixelmaße für die Varianten Vorschaubilder, Mittelgroß und Groß ❷ legen Sie in den Einstellungen unter Einstellungen → Medien ❶ fest. Während Sie für die mittelgroße und große Bildgröße ❸ lediglich die maximale Breite und Höhe bestimmen können, bietet WordPress für Vorschaubilder die Option Beschneide das Vorschaubild auf die exakte Größe … Diese Einstellung ist nach der Installation aktiviert und erzeugt quadratische Vorschaubilder. Hierbei beschneidet WordPress die Bilder, indem es immer von der Mitte des Bilds ausgeht. Die Vorschaubilder können Sie nachträglich in WordPress bearbeiten. Mehr dazu in diesem YouTube-Video: *http://phlow.org/miniaturbild*.

Mit einem Häkchen bei Organisiere Uploads in monats- und jahresbasierten Ordnern ❹ entscheiden Sie sich für oder gegen die datumsbasierte Organisation Ihrer Uploads. Setzen Sie das Häkchen, legt WordPress für jeden Upload zu einem Beitrag ein Monatsverzeichnis und ein Tagesverzeichnis abhängig vom Datum des Beitrags an. Das kann auf dem Server allerdings auch unnötig verschachtelte Verzeichnisstrukturen zur Folge haben – z. B. ein Verzeichnis samt Unterverzeichnis für einen Upload (*http://digitalkultur.tv/wp-content/uploads/2013/04/logo.jpg*). Andererseits kann diese Struktur hilfreich sein, wenn man sehr viele Beiträge samt Uploads veröffentlicht. Ich persönlich bevorzuge die einfache Struktur (*http://digitalkultur.tv/wp-content/uploads/logo.jpg*).

Die neuen Einstellungen übernehmen Sie mit einem abschließenden Klick auf Änderungen übernehmen ❺.

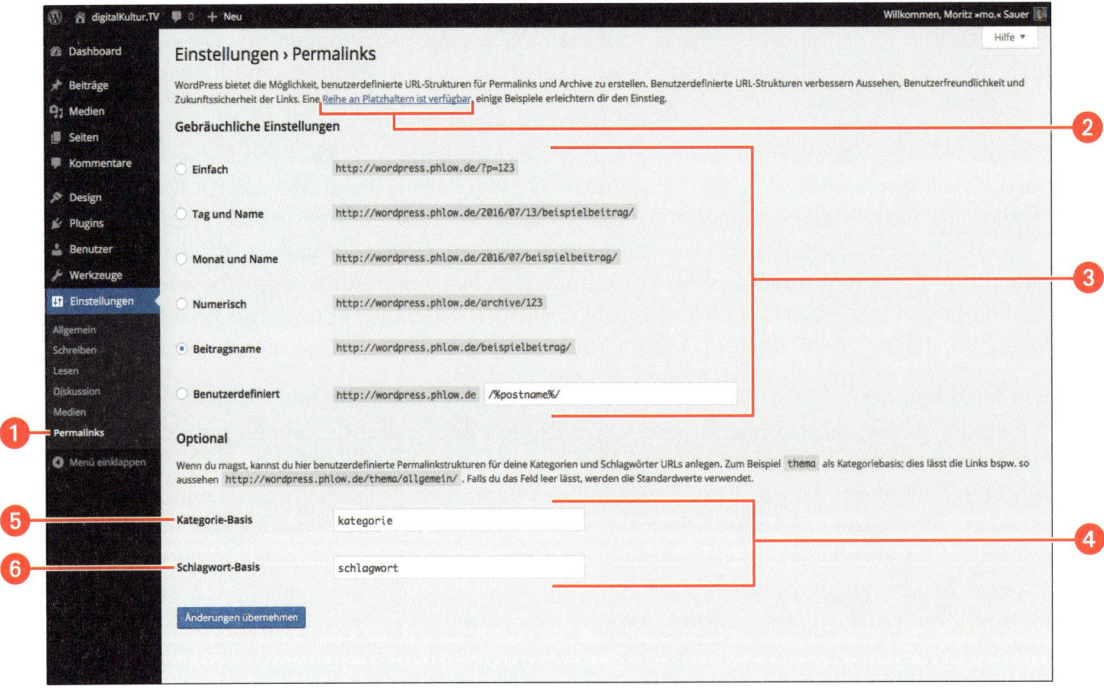

Permalinks: Linknamen ändern, Linkstrukturen bestimmen

Ein Permalink ist die Internetadresse (URL) einer Webseite, unter der ein Beitrag dauerhaft zu finden ist. Über Einstellungen → Permalinks ❶ bestimmen Sie, wie WordPress die Permalinks aufbaut.

In den Grundeinstellungen verwendet WordPress für Permalinks Zeichen, die Fragezeichen und Zahlen beinhalten und wie folgt aussehen: *http://www.digitalkultur.tv/?p=143*.

Solche Adressen sind nicht wirklich hilfreich, da sie keine wichtigen Schlagwörter enthalten und somit weder von Websitebesuchern noch von Suchmaschinen gut gelesen werden können. **Lesbare Links** können Sie mittels einer Vielzahl von Platzhaltern ❷ erzeugen und so eine eigene Permalinkstruktur aufbauen. Noch besser ist es, die Gebräuchlichen Einstellungen ❸ so einzurichten, wie in der Abbildung links gezeigt, und die Option Beitragsname zu wählen. Dadurch erhalten Beiträge Links wie z. B. *http://digitalkultur.tv/facebook-datenschutz*.

Darunter können Sie noch Optional ❹ die Begriffe in der Permalinkstruktur für Kategorien ❺ und Schlagwörter ❻ bestimmen. Auch das ist ratsam, weil sonst die beiden englischen Begriffe category und tag im Permalink auftauchen. So lautet dank der Einstellungen der Link zur Kategorie Sendungen wie folgt: *http://digitalkultur.tv/kategorie/sendungen/*.

Hinweis

Damit Sie schöne, lesbare WordPress-URLs erzeugen können, benötigt WordPress das Modul **mod_rewrite** aufseiten des Servers. Wenn Ihre Website auf einem Apache-Server liegt, sollte dieses Modul bereits aktiv sein. Ob es Ihnen zur Verfügung steht und wie Sie es gegebenenfalls aktivieren, erfahren Sie von Ihrem Webhoster.

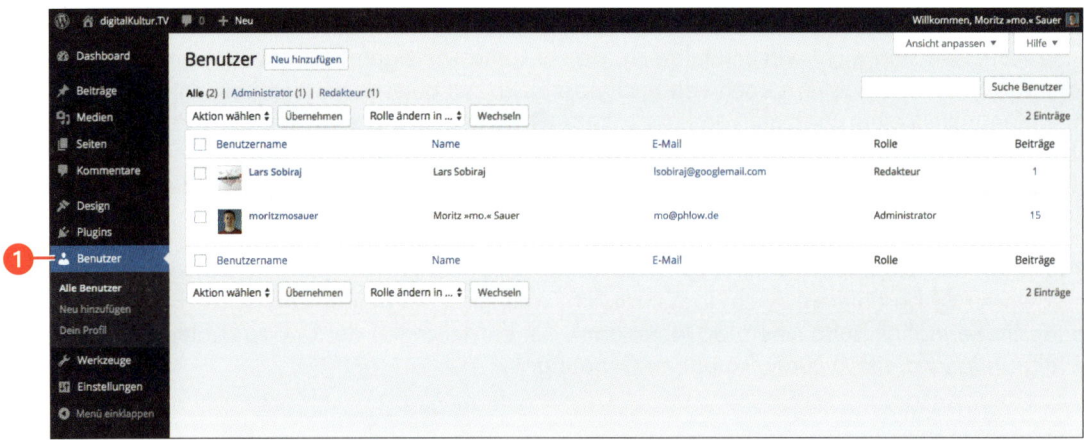

Benutzerverwaltung: die verschiedenen Rollen für Benutzer

Damit auch Freunde, Mitarbeiter und Mitstreiter Ihre Website betreuen können, stellt Ihnen WordPress eine Benutzerverwaltung mit einem Rollen- und Rechtesystem zur Verfügung. Dieses Rollensystem unterscheidet fünf Arten von Rollen bzw. Nutzern, die jeweils unterschiedliche Rechte haben, und in welcher Form sie Änderungen auf der Website vornehmen dürfen: Administrator, Redakteur, Autor, Mitarbeiter und Abonnent. Die Benutzerverwaltung finden Sie über das linke Menü unter Benutzer ❶.

Möchten Sie z. B., dass neue Autoren Beiträge in das System eingeben können, aber die eigenmächtige Veröffentlichung nicht möglich ist, weisen Sie ihnen die Rolle des Mitarbeiters zu.

WordPress kennt folgende Rollen und Rechte:

Administrator: Der Administrator – das sind Sie – darf alles. Sie dürfen Einstellungen, Themes und Erweiterungen ändern, Sie dürfen Updates einspielen und alle Inhalte editieren.

Redakteur: Der Redakteur ist der einzige Nutzer, der wie der Administrator Seiten bearbeiten kann. Keinen Zugang hat er aber zu Plug-ins, Theme-Einstellungen und den allgemeinen Einstellungen.

Autor: Der Autor darf eigene Beiträge eigenhändig veröffentlichen und kann Mediendateien in die Mediathek hochladen.

Mitarbeiter: Der Mitarbeiter darf Beiträge schreiben und zur Revision vorlegen. Veröffentlichen kann diese Beiträge nur der Redakteur oder der Administrator.

Abonnent: Abonnenten sind registrierte Besucher Ihrer Website. Die Rolle des Abonnenten dient Programmierern für die Umsetzung eines geschützten Bereichs, in dem z. B. nur eingeloggte Abonnenten Zugang zu bestimmten Informationen erhalten. Eine solche Funktionalität bieten die Standard-Themes nicht.

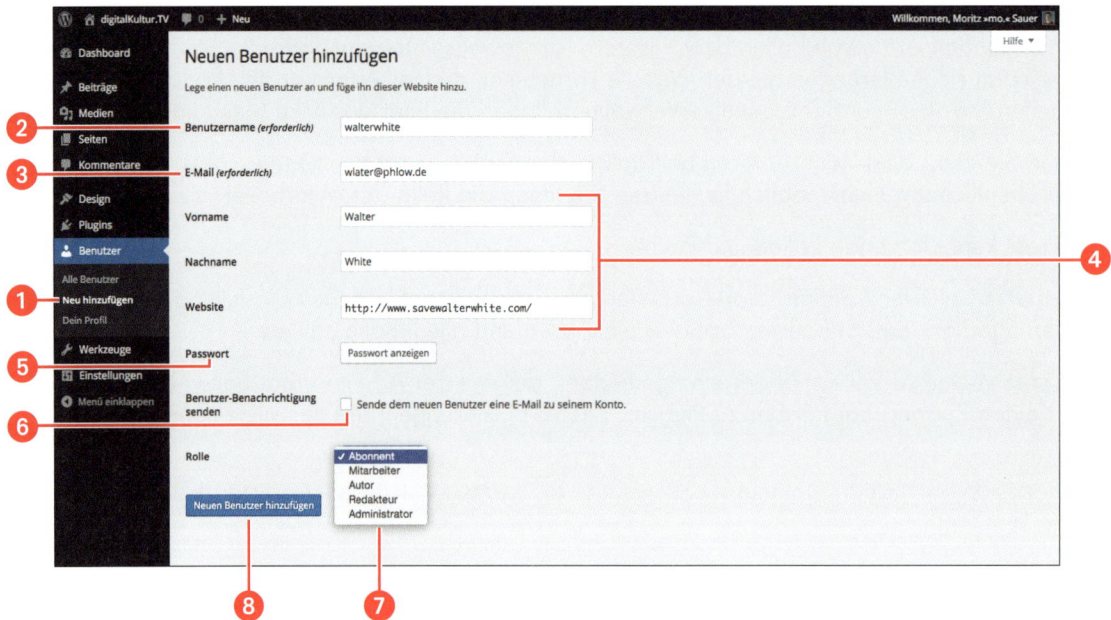

Neue Benutzer hinzufügen

Neue Benutzer für Ihr WordPress-Projekt legen Sie im linken Menü über Benutzer → Neu hinzufügen ❶ an. Neuen Benutzern können Sie eine Rolle zuweisen, damit diese z. B. bei Ihrer Website als Redakteure oder Schreiber mitwirken. Um einen neuen Benutzer anzulegen, brauchen Sie drei Dinge: einen Benutzernamen ❷, eine E-Mail-Adresse ❸ und ein Passwort ❺. Während der Benutzer später seine E-Mail-Adresse und sein Passwort ändern kann, ist das beim Benutzernamen nicht der Fall.

Wenn Sie einen neuen Benutzer anlegen, ist es nicht notwendig, die Felder Vorname, Nachname und Website ❹ auszufüllen. Diese Informationen dürfen Benutzer selbstständig über ihr individuelles Profil jederzeit bearbeiten.

Erstellen Sie in Ihrem eigenen Interesse ein **starkes Passwort** für den neuen Benutzer. Starke Passwörter schützen Ihr System vor Hackerangriffen, insbesondere wenn der neue Mitarbeiter eine Rolle mit vielen Rechten erhält. WordPress erstellt Ihnen automatisch ein starkes Passwort. Um es zu sehen, klicken Sie einfach auf Passwort anzeigen. Beachten Sie jedoch, dass Benutzer/Mitarbeiter jederzeit ihr Passwort ändern können. Leider zwingt WordPress Benutzer derzeit noch nicht, starke Passwörter einzugeben. Leiten Sie deshalb weitere WordPress-Nutzer an, um Ihr System optimal zu schützen.

Die wichtigste Entscheidung beim Anlegen eines neuen Benutzers ist die zugewiesene Rolle – siehe vorherige Seite. Diese wählen Sie über das Ausklappmenü ❼.

Mit einem finalen Klick auf Neuen Benutzer hinzufügen ❽ erstellen Sie den neuen Benutzer und schicken diesem eine E-Mail mit dem Passwort, wenn Sie ein Häkchen bei Benutzer-Benachrichtigung senden ❻ gesetzt haben.

Kapitel 5 | Inhalte hinzufügen, bearbeiten, löschen

Obwohl WordPress mit dem Ziel einer einfach zu bedienenden Benutzeroberfläche entwickelt wurde, gibt es zahlreiche Funktionen, die beim Erstkontakt mit dem System verwirrend wirken können. Dieses Kapitel hilft Ihnen, WordPress in den Griff zu bekommen, damit Sie Ihre Inhalte optimal auf Ihrer Website präsentieren können. Sie lernen, wie Sie den Editor nutzen, um Beiträge zu erstellen, wie Sie Beiträge mit Links, Bildergalerien oder Schlagwörtern verfeinern und wie Sie Kommentare moderieren und editieren. Außerdem stelle ich Ihnen die verschiedenen Beitragsformate vor, mit denen Sie Inhalte wie Zitate, Linktipps oder Videos besser in Szene setzen können. Schließlich erfahren Sie, wie Sie Kategorien und Schlagwörter anlegen und verwalten.

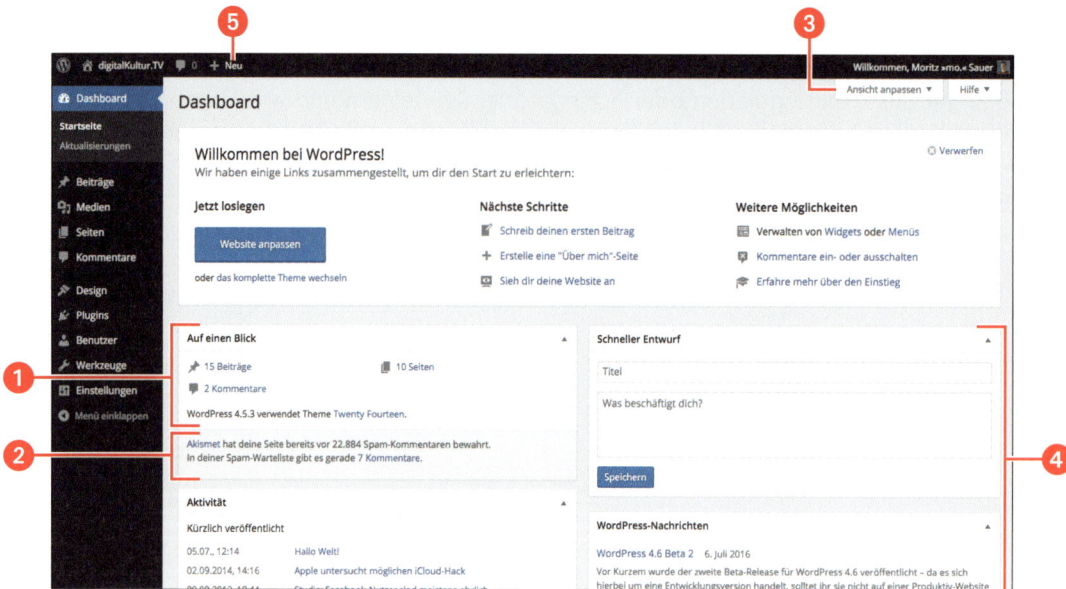

Einloggen im Dashboard

Zum Log-in-Formular von WordPress gelangen Sie, indem Sie hinter der Internetadresse Ihrer Word-Press-Startseite */wp-login.php* eingeben. So finden Sie den Log-in-Bildschirm von digitalKultur.TV z. B. unter *http://digitalkultur.tv/wp-login.php*.

Nach dem Log-in befördert WordPress Sie ins sogenannte Dashboard. **Dashboard** bedeutet so viel wie Instrumentenpult oder Armaturenbrett. Hier bekommen Sie einen generellen Überblick über das System und sehen Auf einen Blick ❶, wie viele Beiträge, Seiten, Spam und so weiter das System bereits verwaltet. Einige WordPress-Erweiterungen blenden an dieser Stelle auch zusätzliche Informationen ein, so z. B. das Akismet Plug-in ❷ – mehr dazu auf Seite 255.

Ihr Dashboard gestalten Sie mithilfe von Ansicht anpassen ❸. Blenden Sie hier unwichtige Kästen einfach aus, das erhöht die Übersicht (mehr zum Ansicht anpassen-Panel lesen Sie auf Seite 81).

Mit dem Kasten Schneller Entwurf ❹ können Sie über das Dashboard schnell Beiträge veröffentlichen. Ich möchte Ihnen allerdings davon abraten, Schneller Entwurf zu nutzen. Der richtige und umfangreiche Editor ist lediglich einen Klick entfernt. Sie rufen ihn auf, indem Sie in der grauen Adminleiste ❺ auf +Neu klicken.

Tipp

Um sich schneller in bestimmte WordPress-Bereiche einzuloggen, können Sie die entsprechende URL zum jeweiligen Menüpunkt auch in Ihrer Browser-Linkleiste ablegen. Öffnen Sie in eingeloggtem Zustand dazu den jeweiligen Menüpunkt und speichern Sie dann den Link in Ihren Favoriten ab. Um z. B. einen neuen Beitrag anzulegen, öffnen Sie die URL *http://ihre-website.de/wp-admin/post-new.php*. Wenn Sie noch nicht eingeloggt sind, führt Sie WordPress zuerst zum Log-in-Bildschirm und nach erfolgreichem Log-in direkt zur Eingabe eines Artikels.

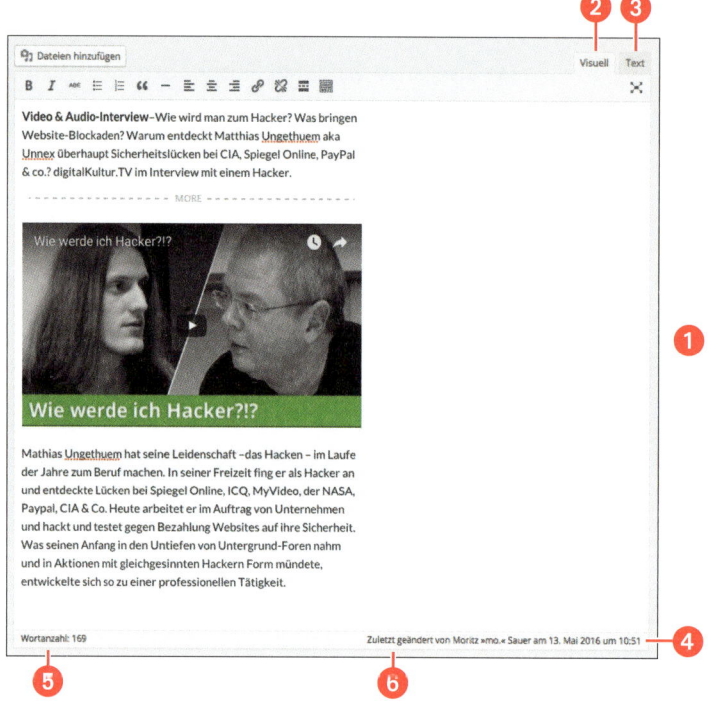

Genauer hingeschaut: die Arbeitsoberfläche des Editors

WordPress bietet für die Bearbeitung von Beiträgen gleich zwei Editoren: den Komforteditor ❶ und den HTML-Editor. Zwischen diesen beiden Editoren wechseln Sie jederzeit über die beiden Register-karten Visuell ❷ und Text ❸. In der Regel benötigen Sie nur den visuellen, sprich den Komforteditor.

Mit dem **Komforteditor** schreiben Sie unkompliziert Texte und formatieren sie. Dieser sogenannte **Rich Editor** erzeugt für Sie im Hintergrund den eigentlichen HTML-Code, der für eine Webseite benötigt wird. **HTML** steht für **Hypertext Markup Language**. Technisch betrachtet, basieren Internetseiten wie auch Blogs auf dieser Auszeichnungssprache.

Dank des Editors müssen Sie also keine HTML-Befehle lernen und können sich vollständig auf Text und Gestaltung konzentrieren. Die Optik, die Sie mit dem Editor festlegen (wie Sie Beiträge formatieren, Bilder im Textfluss positionieren und wie Sie Ihre Beiträge mit Links und Mediendateien anreichern), wird später genau so auf der Webseite umgesetzt.

Unterhalb des Editors ❹ zeigt WordPress Ihnen Zusatzinformationen zum Beitrag an. Das sind Anga-ben zur Anzahl der Wörter ❺ sowie zum Zeitpunkt der letzten Speicherung des Artikels ❻ und ob diese Version bereits veröffentlicht wurde. Sind Sie neugierig, wie der HTML-Code aussieht, den der Komforteditor für Sie produziert, wechseln Sie einfach zwischen den beiden Editoren hin und her, nachdem Sie einen Beitrag eingegeben und formatiert haben

Hinweis

Wenn Sie HTML können und auf den visuellen Editor verzichten wollen, können Sie diesen über Ihr Benutzerprofil unter Benutzer → Dein Profil → Beim Schreiben den WYSIWYG-Edi-tor nicht benutzen abschalten.

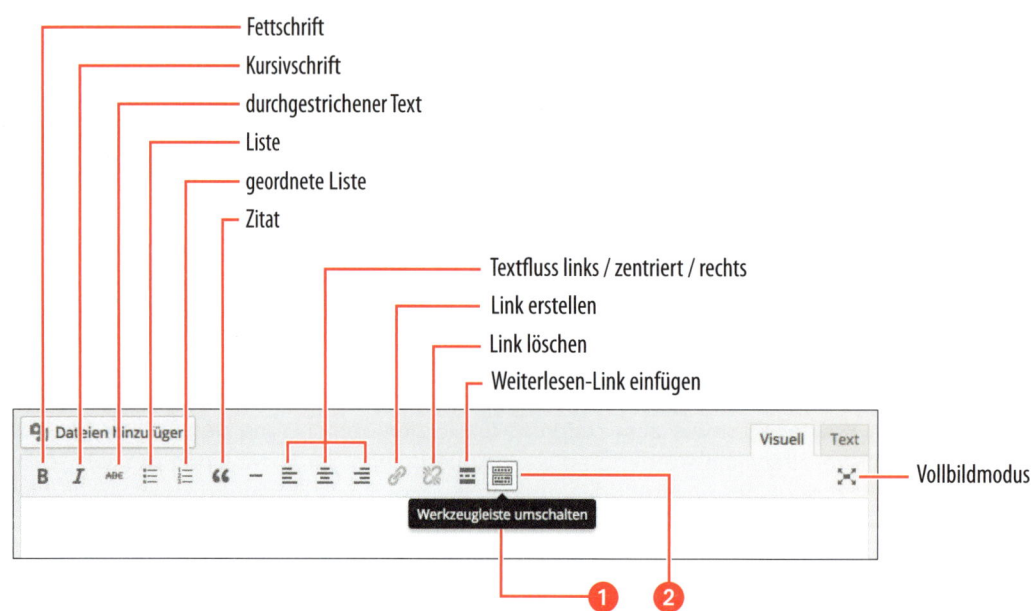

Fettschrift

Kursivschrift

durchgestrichener Text

Liste

geordnete Liste

Zitat

Textfluss links / zentriert / rechts

Link erstellen

Link löschen

Weiterlesen-Link einfügen

Vollbildmodus

Werkzeugleiste umschalten

Arbeiten mit dem Komforteditor

Generell funktioniert der Komforteditor wie eine normale Textverarbeitungssoftware. Um Text zu formatieren, muss dieser zuerst markiert werden, um anschließend mit **Zeichen- und Absatzformaten** (z. B. Fettschrift) belegt zu werden. Wenn Sie Textelemente wie Listen einfügen wollen, positionieren Sie zuerst den Cursor an der Stelle, an der Sie das Element einfügen wollen.

Um eine Funktion hinter einem Symbol kennenzulernen, bewegen Sie einfach den Mauszeiger über das Symbol. Anschließend blendet Ihr Browser einen Hinweis ❶ zum Symbol ein.

Wie Sie mit den Verkettungssymbolen Links anlegen und löschen und was es mit dem Zeichen mit der gestrichelten Linie auf sich hat, erfahren Sie auf den nächsten Seiten. An dieser Stelle sei nur noch der **Vollbildmodus** erwähnt. Sobald Sie in den Vollbildmodus wechseln, verschwindet die herkömmliche Bildschirmdarstellung komplett. Sie sehen dann eine reduzierte Oberfläche mit nur zwei Textfeldern für Überschrift und Inhalt. Den Vollbildmodus verlassen Sie wieder, indem Sie die Maus auf die Randbereiche ziehen, wo normalerweise die Seitenleiste angezeigt wird.

Klicken Sie jetzt auf das letzte Symbol in der ersten Zeile ❷. Nach dem Klick öffnet sich die zweite, versteckte Symbolleiste des Editors. Diese bietet weitere spannende Möglichkeiten, Text zu editieren und aus anderen Editoren unbeschadet einzufügen (mehr dazu auf der nächsten Seite).

Tipp

Der Komforteditor hält auch Tastaturkürzel bereit. So fügt ⌂+↵ einen Zeilenumbruch ein. Drücken Sie die Strg-Taste (Windows) oder Cmd-Taste (Mac) und z. B. den Buchstaben B, formatiert der Editor ausgewählten Text in Fettschrift um. Mehr zu den Tastaturkürzeln erfahren Sie, wenn Sie auf das Fragezeichen in der Symbolleiste des Editors klicken.

unterstrichener Text

Blocksatz

Textfarbe

Text einfügen ohne Formatierung

Formatierung entfernen

Sonderzeichen einfügen

Absatzformate
(Überschrift, Absatz,
Monospace)

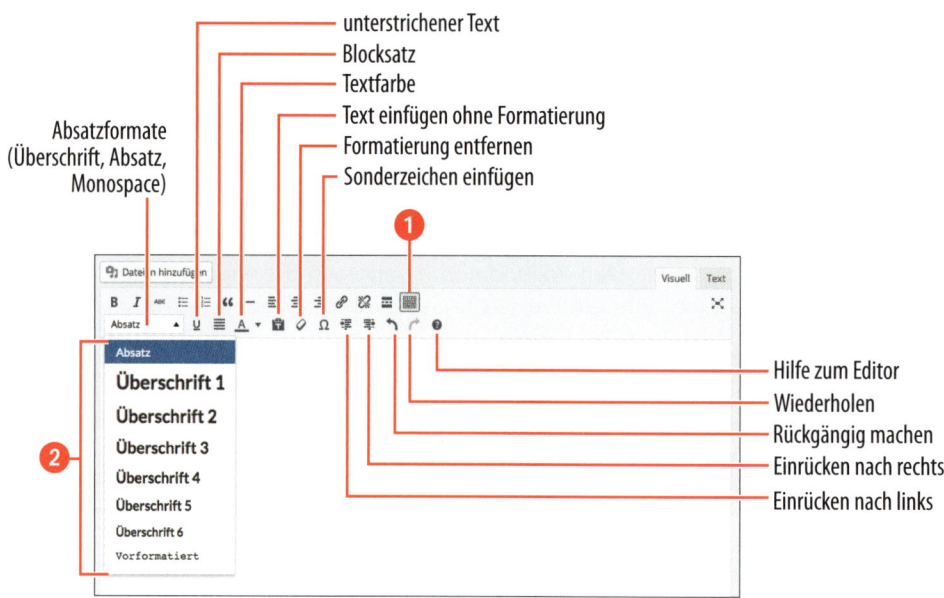

Hilfe zum Editor

Wiederholen

Rückgängig machen

Einrücken nach rechts

Einrücken nach links

Noch mehr Funktionen des Editors

Die zweite Zeile der Symbolleiste blenden Sie mit dem Symbol ganz rechts in der ersten Zeile ein **❶**. Sie bietet Ihnen weitere Möglichkeiten, den Text zu gestalten und zu strukturieren. Über das Ausklappmenü **❷** wählen Sie Formate wie **Überschriften**, **Absätze** oder über **Vorformatiert** eine Monospace-Schrift aus. **Vorformatiert** wird oft für Codeschnipsel genutzt, die Schrift eignet sich aber auch, um z. B. einen Auszug aus einer E-Mail vom restlichen Text abzuheben.

Eigentlich ist die zweite Zeile der Symbolleiste bis auf die Funktion für das **Einfügen von Text** selbsterklärend. Leider kann das Kopieren von Textauszügen aus anderen Textverarbeitungsprogrammen wie Word oder OpenOffice in WordPress zu Problemen führen. Denn im Zwischenspeicher legt ein Textverarbeitungsprogramm nicht nur den Text ab, sondern auch die dazugehörigen Formatierungen. Fügen Sie den Text in das Textfeld ein, kopieren Sie auch Formatierungen mit, die höchstwahrscheinlich das Aussehen der Webseite beeinträchtigen.

Um dieses Problem zu umgehen, klicken Sie zunächst auf das Symbol mit dem **T** für **Als Text einfügen**. Text aus dem Zwischenspeicher, den Sie in das Eingabefeld kopieren, wird jetzt ausschließlich als Text ohne jegliche Formatierung eingefügt. Um den Modus wieder abzuschalten, klicken Sie einfach erneut auf das T-Symbol.

Mit einem Klick auf das Fragezeichensymbol blenden Sie die **Editorhilfe** ein, in der Sie die Tastaturkürzel nachschlagen können.

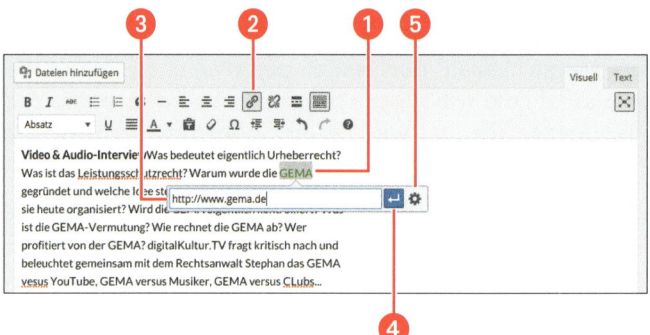

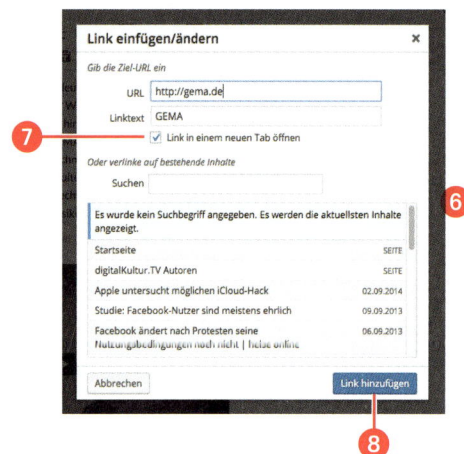

Andere Webseiten und eigene Artikel verlinken

Um mit dem Editor Links einzufügen oder zu löschen, stehen Ihnen die beiden Verkettungssymbole in der oberen Symbolleiste zur Verfügung. Möchten Sie einen neuen Link setzen, gehen Sie so vor:

1. Markieren Sie das Bild oder die Zeichen, die als Link dienen sollen ❶.

2. Klicken Sie in der oberen Zeile auf das Symbol mit der Kette ❷.

3. Wählen Sie jetzt eine externe oder interne Webseite aus, die verlinkt werden soll. Mit externen Seiten sind Webseiten gemeint, die auf einem anderen Server liegen, sprich, die nicht zu Ihrem Blog bzw. Ihrer Website zählen. Interne Seiten gehören zu Ihrem Webauftritt.

   Externe Links: Kopieren Sie den Link der zu verlinkenden Webseite samt http:// in das Eingabefeld ❸ und drücken Sie die Eingabetaste oder klicken Sie auf das Eingabetastensymbol ❹.

   Interne Links: Wenn Sie eigene Beiträge oder Seiten verlinken wollen, tippen Sie einen Suchbegriff in das Eingabefeld ❸ ein. Wählen Sie einen der angezeigten Beiträge aus und klicken Sie auf das Symbol für die Eingabetaste.

4. Möchten Sie einen ausführlicheren Dialog, um z. B. den Link in einem externen Reiter oder Fenster zu öffnen, dann klicken Sie auf das Zahnrad ❺. WordPress öffnet sodann ein weiteres Dialogfenster ❻. Wenn die verlinkte Website in einem neuen Fenster geöffnet werden soll, setzen Sie ein Häkchen bei Link in neuem Tab öffnen ❼.

5. Klicken Sie zum Schluss auf Link hinzufügen ❽, um den Link einzufügen.

Um einen bestehenden Link zu editieren oder zu löschen, klicken Sie einfach mit der Maustaste auf den Link. Anschließend editieren Sie den Link mit einem Klick auf das Stift-Symbol oder löschen den Link mit einem Klick auf das X. Alternativ können Sie auch den Link anklicken und auf das Symbol rechts neben dem Verkettungssymbol klicken. Das löscht auch den vorhandenen Link.

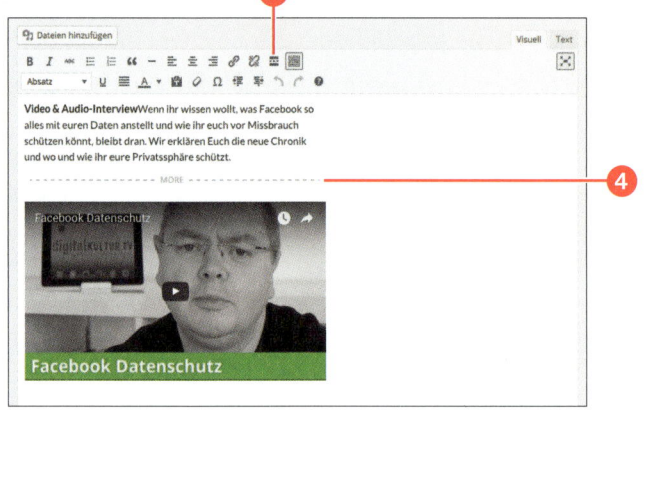

Anreißer mit Weiterlesen-Link erstellen

Ein Anreißer (auch Teaser genannt) ist ein kurzer Auszug ❶, der die wichtigsten Informationen eines Beitrags zusammenfasst. Er soll den Leser neugierig machen, damit dieser auf den Weiterlesen-Link ❷ klickt, um den restlichen Beitrag zu lesen.

Auch WordPress ermöglicht es Ihnen, solche Anreißer für einen Beitrag zu erstellen. Das ist besonders dann sinnvoll, wenn Sie eine **übersichtliche Startseite** anzeigen lassen möchten, auf der nicht alle Beiträge in voller Länge zu lesen sind. Dies hat den Vorteil, dass die **Ladezeiten** verkürzt werden, und es hilft Ihren Besuchern dabei, einen schnelleren Überblick über Ihre Inhalte zu bekommen. Einen Weiterlesen-Link fügen Sie wie folgt ein:

1. Öffnen Sie den Beitrag, dem Sie einen Weiterlesen-Link beifügen wollen.

2. Setzen Sie den Cursor an die Stelle, an der der Anreißer aufhört und der Weiterlesen-Link angezeigt werden soll.

3. Klicken Sie auf das zweite Symbol von rechts ❸, das zwei fette Balken mit einer mittleren gestrichelten Linie anzeigt.

Nach dem dritten Schritt fügt WordPress im Beitragsfeld eine gestrichelte Linie mit dem Wort More ❹ ein. Diese Linie kennzeichnet den Anreißer bzw. Umbruch. Speichern Sie das Resultat ab und öffnen Sie Ihre Startseite, um das Ergebnis zu betrachten.

Um den Umbruch zu löschen, wählen Sie ihn einfach an und drücken die ⌊Entf⌋-Taste.

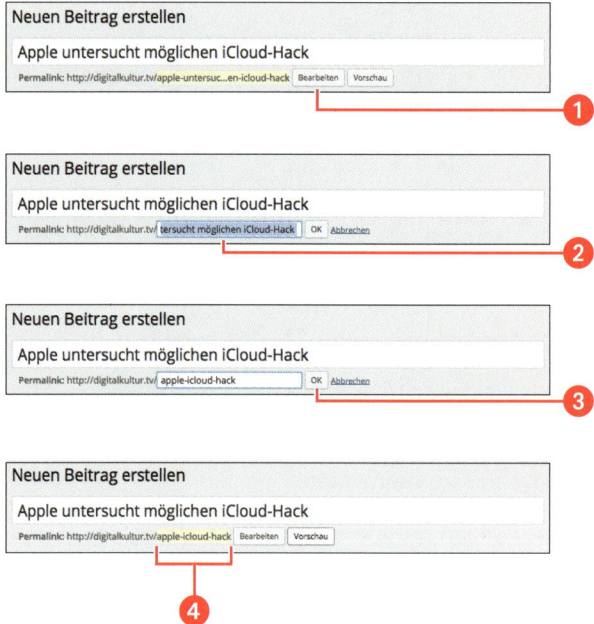

URLs für Beiträge ändern

Angesichts des immer größer werdenden Webs kommen Sie auch als Betreiber einer kleinen Website oder eines Blogs nicht umhin, Ihre Seiten für Suchmaschinen wie Google oder Bing zu optimieren. Wenn Sie einen Begriff googeln, besteht die Antwort, die die Suchmaschine ausspuckt, in der Regel aus drei Elementen: einem Titel, einem Textauszug und einer URL, hinter der sich der gesuchte Artikel verbirgt. Diese drei Elemente sind aber nicht nur für den ersten Eindruck beim Suchenden wichtig, sondern sie sind ebenso zentral, wenn es darum geht, von den **Suchmaschinen** gut gefunden zu werden. Sie sollten deshalb versuchen, die Begriffe, die Ihren Beitrag/Ihre Seite besonders gut charakterisieren (die sogenannten **Keywords**), im Titel, im Textauszug und in der URL Ihrer Beiträge bzw. Ihrer Seiten unterzubringen.

Wenn Sie die Schritte auf Seite 107 befolgt haben, bietet Ihnen WordPress die Möglichkeit, den Link jedes einzelnen Beitrags und jeder Seite direkt zu texten. Andernfalls übernimmt WordPress diese Aufgabe für Sie und erzeugt automatisch eine URL, die es aus dem Titel Ihres Beitrags/Ihrer Seite ableitet. So konvertiert WordPress z. B. einen Titel von digitalKultur.TV wie »Wie sicher sind Daten auf Handy und Smartphone?« zu *http://digitalkultur.tv/wie-sicher-sind-daten-auf-handy-und-smart-phone s01e02*. Benutzerfreundlicher wäre dagegen die URL *http://digitalkultur.tv/datensicherheit-handy smartphone*.

Und so ändern Sie eine URL:

1. Öffnen Sie den entsprechenden Beitrag oder die Seite.

2. Klicken Sie unterhalb des Titels auf die Bearbeiten-Schaltfläche ❶.

3. Ändern Sie die URL ❷ und vermeiden Sie Sonderzeichen wie z. B. ä, ö oder ü. Leerzeichen ersetzt WordPress automatisch durch einen Bindestrich, und Großbuchstaben werden automatisch in Kleinbuchstaben konvertiert.

4. Klicken Sie auf OK ❸, um die URL zu übernehmen. Das endgültige Ergebnis zeigt WordPress anschließend an ❹.

5. Speichern, Veröffentlichen oder Aktualisieren Sie den Artikel, um die Eingaben zu übernehmen.

Auzug

Urheberrecht, GEMA und YouTube: digitalKultur.TV fragt kritisch nach und beleuchtet gemeinsam mit dem Rechtsanwalt Stephan die Themen GEMA versus YouTube, GEMA versus Musiker, GEMA versus Clubs...

Auszüge sind optionale manuelle Zusammenfassungen deiner Inhalte, welche in deinem Theme verwendet werden können. Weitere Informationen über manuelle Auszüge.

GEMA versus YouTube

 Urheberrecht, GEMA und YouTube: digitalKultur.TV fragt kritisch nach und beleuchtet gemeinsam mit dem Rechtsanwalt Stephan die Themen GEMA versus YouTube, GEMA versus Musiker, GEMA versus Clubs…

Moritz »mo.« Sauer

3. April 2013

Video & Audio-Interview Was bedeutet eigentlich Urheberrecht? Was ist das Leistungsschutzrecht? Warum wurde die GEMA gegründet und welche Idee steckt hinter der Organisation? Wie ist sie heute organisiert? Wird die GEMA eigentlich kontrolliert? Was ist die GEMA-Vermutung? Wie rechnet

FACEBOOK DATENSCHUTZ

⏱ 16. MÄRZ 2012   👤 MORITZ »MO.« SAUER   💬 1 KOMMENTAR   ✎ BEARBEITEN

Video & Audio-Interview Wenn ihr wissen wollt, was Facebook so alles mit euren Daten anstellt und wie ihr euch vor Missbrauch schützen könnt, bleibt dran. Wir erklären Euch die neue Chronik und wo und wie ihr eure Privatssphäre schützt.

`ANLEITUNG` `CHRONIK` `DATENSCHUTZ` `FACEBOOK` `HILFE` `PRIVATSSPHÄRE` `WARUM DATENSCHUTZ`

SENDUNGEN

WIE SICHER SIND DATEN AUF HANDY UND SMARTPHONE?

⏱ 4. AUGUST 2012   👤 MORITZ »MO.« SAUER   💬 HINTERLASSE EINEN KOMMENTAR   ✎ BEARBEITEN

Video & Audio-Interview In unser Sendung beantwortet der IT-Sicherheitsspezialist Pascal Kurschildgen die folgenden Fragen: Wie schlimm ist es, das eigene Handy zu verlieren? Welche Möglichkeiten gibt es, das eigene Handy zu orten, um es wiederzufinden? Wie lösche ich alle Daten auf meinem Handy/Smartphone dauerhaft? Sind Deine Daten harmlos oder was kann man mit ihnen anfangen? Welches Betriebssystem [...]

Auszug: Kurzbeschreibungen für Artikel

Jeder Beitrag – nicht die Seiten – hat neben dem Inhaltsfeld auch noch ein Eingabefeld namens Auszug ❶. Dieses Feld müssen Sie über das Ansicht anpassen-Panel einblenden (siehe dazu Seite 81), es befindet sich dann direkt unterhalb des Eingabefelds. Beim Auszug handelt es sich um eine separat verfasste **Zusammenfassung zu einem Beitrag**. Auszüge sind optional. Themes greifen aber öfter auf die Informationen des Auszugs zurück. Zum Beispiel zeigen Themes auf Archivseiten meist nur einen Auszug anstelle des gesamten Beitrags an.

Zwei Beispiele: Haben Sie Text in das Auszugsfeld eingegeben, zeigt das Standard-Theme Twenty Sixteen den Auszug immer direkt unterhalb der Überschrift an ❷ – sowohl auf Archivseiten als auch beim Beitrag selbst. Im Gegensatz dazu benutzt das Theme Twenty Fourteen den Auszug lediglich für die Suchergebnisse der Suchfunktion, die in WordPress integriert ist.

Lassen Sie das Feld leer, generiert WordPress in der Regel automatisch einen Auszug **aus den ersten 55 Wörtern** Ihres Beitrags und fügt anschließend die Zeichenkette [...] an. Die Abbildung links zeigt diese Ansicht der Suchergebnisse für das Theme Twenty Fourteen. Während für den Beitrag »Wie sicher sind Daten auf Handy und Smartphone? – S01E02« kein Auszug ❸ eingegeben wurde, habe ich für den Beitrag »Facebook Datenschutz – S01E03« das Auszug-Feld ❹ ausgefüllt.

Tipp

Wenn Sie beim Theme Twenty Fourteen die Anreißerfunktion mit dem Weiterlesen-Link nutzen (siehe dazu Seite 125), zeigt das Theme in den Suchergebnissen diesen Anreißer an. Sie können sich dann die Arbeit sparen, einen eigenen Auszug zu texten oder diesen Textabschnitt in den Auszug hineinzukopieren.

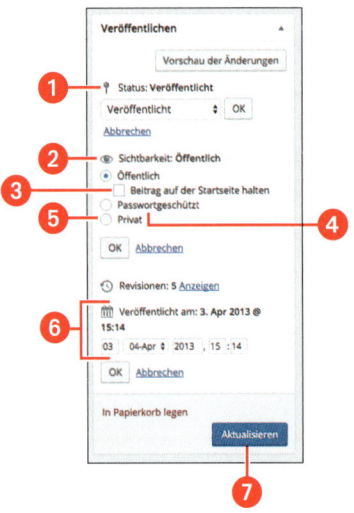

Inhalte zeitgesteuert veröffentlichen und mit Passwort schützen

Jeder Beitrag und jede Seite verfügt über einen Kasten, der mit Veröffentlichen betitelt ist und normalerweise in der rechten Seitenleiste residiert. Mit dem Veröffentlichen-Kasten bestimmen Sie, ob, wann und wie der Beitrag bzw. die Seite angezeigt wird. Außerdem legen Sie fest, wer den Beitrag bzw. die Seite zu sehen bekommt und wer nicht.

Einen Beitrag oder eine Seite veröffentlichen Sie über die Schaltfläche Veröffentlichen. Sie können den Status ❶ eines bereits veröffentlichten Beitrags bzw. einer Seite aber auch wieder zurück auf Entwurf oder Ausstehender Review setzen. Klicken Sie dazu im Veröffentlichen-Kasten direkt neben Status auf den Bearbeiten-Link. Ändern Sie den Status über das Ausklappmenü.

Die Sichtbarkeit ❷ eines Artikels bestimmen Sie, indem Sie auf den Bearbeiten-Link bei Sichtbarkeit klicken. WordPress bietet Ihnen drei Möglichkeiten, die Sichtbarkeit zu bestimmen. Mit der Option Beitrag auf der Startseite halten ❸ pinnen Sie einen Beitrag oben auf der Startseite fest. Das heißt, WordPress ignoriert die Sortierung nach Datum und fixiert den Beitrag an der obersten Position, auch wenn es bereits Beiträge neueren Datums gibt.

Beiträge und Seiten lassen sich auch mit einem Passwort schützen. Wählen Sie dazu Passwortgeschützt ❹ und geben Sie das gewünschte Passwort in das eingeblendete Feld für den Beitrag bzw. die Seite ein. Der Beitrag erscheint jetzt nur noch mit Überschrift. Damit WordPress den Beitrag/die Seite anzeigt, muss der Besucher das passende Passwort eingeben. Markieren Sie Beiträge/Seiten als Privat ❺, zeigt WordPress nur eingeloggten Administratoren und Redakteuren die jeweilige Seite an.

Über die letzte Option des Veröffentlichen-Kastens bestimmen Sie Zeit und Datum des Beitrags/der Seite ❻. Wenn Sie einen Zeitpunkt in der Zukunft wählen, veröffentlicht WordPress den Beitrag zum angegebenen Zeitpunkt. Mit dieser Funktion können Sie somit Inhalte für die Zukunft planen und nach Datum sortieren.

Vergessen Sie nicht, die neuen Einstellungen mit einem Klick auf Aktualisieren ❼ zu übernehmen.

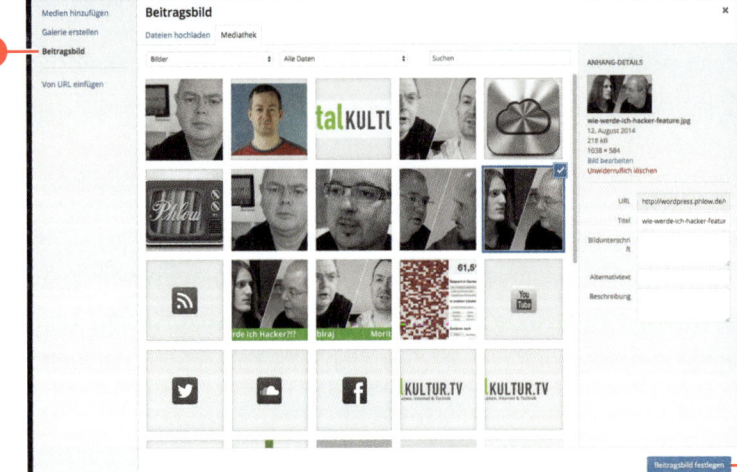

Ein Beitragsbild festlegen

Einem Beitrag oder einer Seite kann explizit ein eigenes Artikelbild zugewiesen werden. Dieses Bild steht ähnlich der Überschrift stellvertretend für den Beitrag/die Seite. Themes nutzen diese Funktionalität auf verschiedene Weise. So greift das Standard-Theme Twenty Sixteen auf die Beitragsbildfunktion zurück, um Bilder oberhalb eines Beitrags anzuzeigen ❶. Damit Beitragsbilder optimal im Theme Twenty Fourteen angezeigt werden, sollten sie mindestens 1.200 Pixel breit sein. Ein gutes Seitenverhältnis für Bilder im 16:9-Format ist somit 1.200 x 675 Pixel groß. Es gibt zwei Methoden, ein Beitragsbild festzulegen:

1. Öffnen Sie einen Beitrag oder eine Seite.

2. Laden Sie ein Bild hoch, wie es auf Seite 59 beschrieben ist.

3. Klicken Sie links im Upload-Fenster auf Beitragsbild ❷.

4. Klicken Sie auf das Bild und anschließend auf die blaue Schaltfläche Beitragsbild festlegen ❸.

5. Speichern Sie den Beitrag bzw. die Seite ab, indem Sie auf Aktualisieren klicken.

Oder Sie legen nachträglich ein Beitragsbild fest:

1. Suchen Sie im Editor auf der rechten Seite den Artikelbild-Kasten und klicken Sie auf Beitragsbild festlegen ❹.

2. Wählen Sie im neuen Fenster – der Mediathek – ein Artikelbild aus und bestätigen Sie die Auswahl mit einem Klick auf die Schaltfläche Beitragsbild festlegen.

3. WordPress bringt Sie zurück in den Editor und zeigt jetzt in der rechten Seitenleiste das ausgewählte Artikelbild ❺ an. Speichern, Aktualisieren oder Veröffentlichen Sie die Seite, um die Eingaben zu übernehmen.

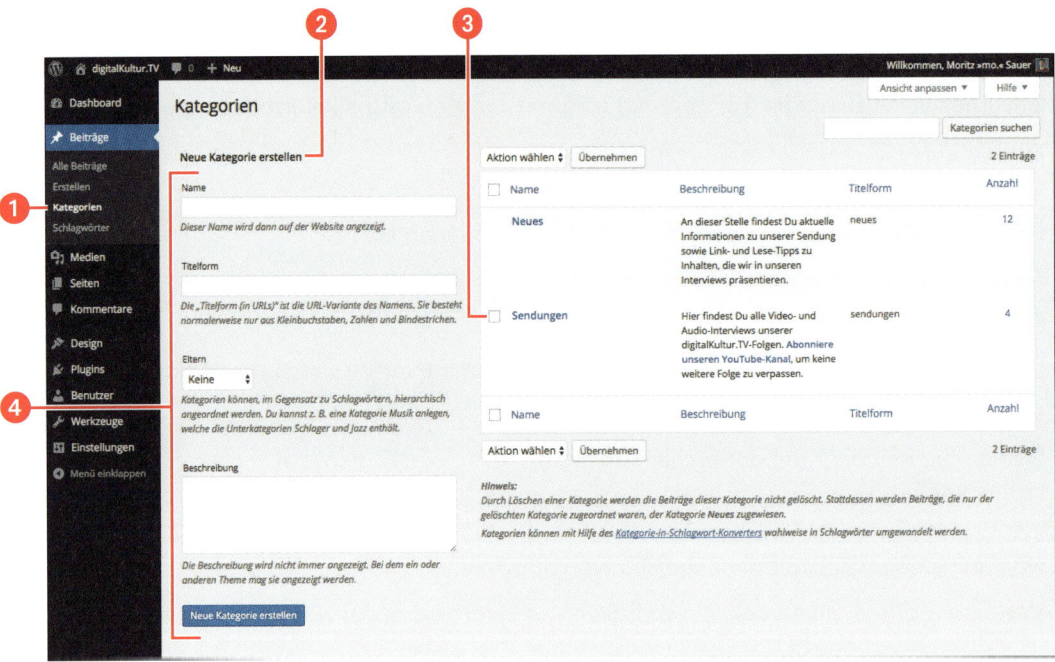

Kategorien erstellen, verwalten und beschreiben

Kategorien für Beiträge organisieren Sie über Beiträge → Kategorien ❶. Über die Kategorieverwaltung legen Sie neue Kategorien an, editieren oder löschen vorhandene Kategorien und ordnen sie hierarchisch (WordPress ermöglicht auch Subkategorien). Eine neue Kategorie legen Sie in der Übersichtsseite der Kategorien an ❷. Bei einer bestehenden Kategorie müssen Sie auf den Kategorienamen ❸ klicken, um sie zu bearbeiten. Für jede Kategorie gibt es vier Eingabefelder ❹ zum Feinjustieren:

Name: In diesem Feld legen Sie den Kategorienamen fest, den WordPress auf der Website anzeigt.

Titelform: Mit Titelform legen Sie die URL-Variante des Kategorienamens fest. Hier können Sie nur Kleinbuchstaben, Zahlen und Bindestriche nutzen. Sonderzeichen wie z. B. ä, ö und ü sind nicht erlaubt und werden von WordPress automatisch in ae, oe und ue verwandelt. Lautet ein Kategoriename beispielsweise »Übung«, benennt WordPress ihn also automatisch in »uebung« um.

Eltern: Um eine Kategorie einer anderen unterzuordnen, wählen Sie die jeweilige Elternkategorie über das Ausklappmenü aus.

Beschreibung: Zahlreiche Themes greifen für die Kategorieseiten auf die Kategoriebeschreibung zurück und zeigen diese ganz oben auf der Kategorieseite an. Über die Beschreibung der Kategorie helfen Sie vor allem neuen Besuchern, einen guten Einblick in Ihre Inhalte zu gewinnen.

Um eine neue Kategorie anzulegen, klicken Sie abschließend auf Neue Kategorie erstellen.

Hinweis

Wenn Sie eine Kategorie löschen, bleiben die dieser Kategorie zugeordneten Beiträge erhalten. Diese Beiträge werden einfach in die oberste Kategorie verschoben.

Moritz »mo.« Sauer

16. März 2012

Sendungen

anleitung, Chronik,
datenschutz, facebook,
Hilfe, privatsspähre,
sendung, warum
Datenschutz

bearbeiten

Video & Audio-Interview Wenn ihr wissen wollt, was Facebook so alles mit euren Daten anstellt und wie ihr euch vor Missbrauch schützen könnt, bleibt dran. Wir erklären Euch die neue Chronik und wo und wie ihr eure Privatssphäre schützt.

Facebook Datenschutz

ARCHIVE

- Juli 2016
- September 2014
- September 2013
- Juli 2013
- Juni 2013
- Mai 2013
- April 2013
- Februar 2013
- August 2012
- März 2012

KATEGORIEN

- Neues
- Sendungen

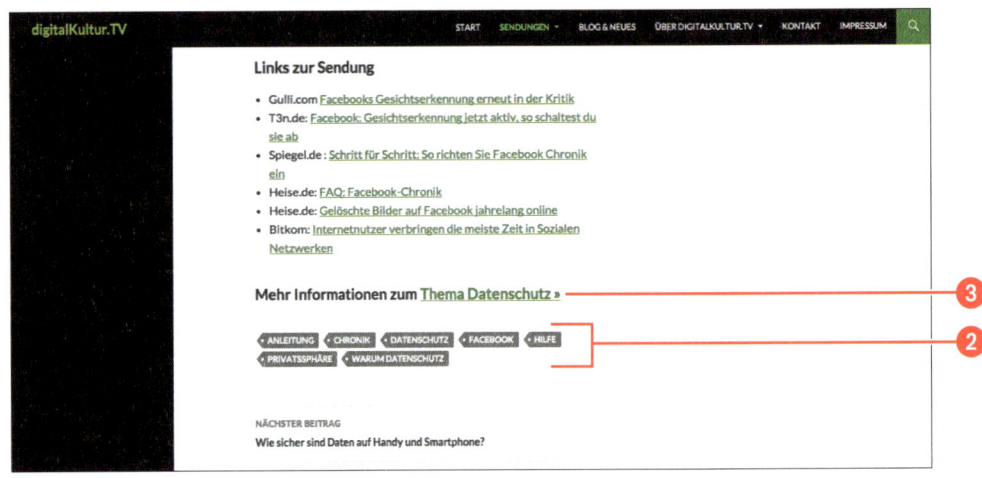

digitalKultur.TV   START   SENDUNGEN ▾   BLOG & NEUES   ÜBER DIGITALKULTUR.TV ▾   KONTAKT   IMPRESSUM

Links zur Sendung

- Gulli.com Facebooks Gesichtserkennung erneut in der Kritik
- T3n.de: Facebook: Gesichtserkennung jetzt aktiv, so schaltest du sie ab
- Spiegel.de : Schritt für Schritt: So richten Sie Facebook Chronik ein
- Heise.de: FAQ: Facebook-Chronik
- Heise.de: Gelöschte Bilder auf Facebook jahrelang online
- Bitkom: Internetnutzer verbringen die meiste Zeit in Sozialen Netzwerken

Mehr Informationen zum Thema Datenschutz »

ANLEITUNG   CHRONIK   DATENSCHUTZ   FACEBOOK   HILFE
PRIVATSSPHÄRE   WARUM DATENSCHUTZ

NÄCHSTER BEITRAG
Wie sicher sind Daten auf Handy und Smartphone?

Schlagwörter aussuchen und nutzen

Mithilfe von Schlagwörtern und den dazugehörigen Archiven helfen Sie Ihren Besuchern, **ähnliche Inhalte** zu finden, und außerdem treiben Sie damit die Aufrufe von weiteren Inhalten auf Ihrer Website bzw. Ihrem Blog in die Höhe. Zwar bieten Kategorien eine ähnliche Möglichkeit, aber in der Regel geht man mit dem Anlegen neuer Kategorien besser vorsichtig um.

Die für einen Beitrag vergebenen Schlagwörter listen Themes unterschiedlich auf. Das Theme Twenty Sixteen ordnet die Schlagwörter links neben dem Beitrag an ❶; das Theme Twenty Fourteen als Etikett unterhalb des Beitrags ❷.

Schlagwörter bieten sich für eine **feinere Strukturierung** der Inhalte an. Ganz nach dem Prinzip »Wer das mag, mag auch das!« können Sie Schlagwörter strategisch nutzen, um Besucher zu ähnlichen Inhalten zu führen. Ein Beispiel:

Für das digitalKultur.TV-Projekt gibt es derzeit lediglich zwei Kategorien: **Neues** und **Sendungen**. Während **Sendungen** alle Video- und Audiointerviews auflistet, findet man in der Kategorie **Neues** Informationen, Links und Nachrichten zu unseren Hauptthemen. Entdeckt ein Besucher das Projekt über eine Suchmaschine, weil er nach dem Thema Datenschutz gesucht hat, interessieren ihn sicherlich auch ähnliche Beiträge. Nur wie findet er heraus, ob es noch weitere Beiträge von uns zu diesem Thema gibt?

An dieser Stelle kommen **Schlagwortarchive** ins Spiel. Zum Thema Datenschutz haben wir bereits zwei Sendungen und zahlreiche Linktipps veröffentlicht. Diese Beiträge sind sowohl in der Kategorie **Sendungen** als auch in der Kategorie **Neues** zu finden. Da WordPress automatisch für das Schlagwort ein Archiv unter http://digitalkultur.tv/schlagwort/datenschutz erstellt, lässt sich dieser Link auch für andere Beiträge zum Thema nutzen, Inhalte werden so gebündelt. Über einen Hinweis im Fließtext oder ober- bzw. unterhalb des Beitrags ❸ verweise ich den Leser darauf, dass es noch mehr Artikel zum Thema Datenschutz gibt.

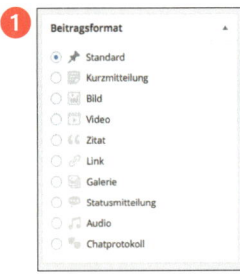

1
Beitragsformat
Standard
Kurzmitteilung
Bild
Video
Zitat
Link
Galerie
Statusmitteilung
Audio
Chatprotokoll

digitalKultur.TV
Digitales Leben, Netzkultur & Internet
Impressum
2
Ich bin für die Todesstrafe. Wer schreckliche Dinge getan hat, muss eine angemessene Strafe bekommen. So lernt er seine Lektion für das nächste Mal.
Britney Spears
3
OReilly_Verlag
@OReilly_Verlag
Als Synonym für "großartig" bietet #LibreOffice "affengeil", "atemberaubend" und "absolut irre". Daher haben Schlagersänger also ihre Texte.
4
WordPress-Tipps
Mehr Themes, Erweiterungen, Videos und Tipps & Tricks rund um WordPress erfahren Sie unter http://phlow.de/wordpress.
5
Filezilla – Anleitung: Dateien hochladen per FTP-Programm
Arbeiten mit FileZilla

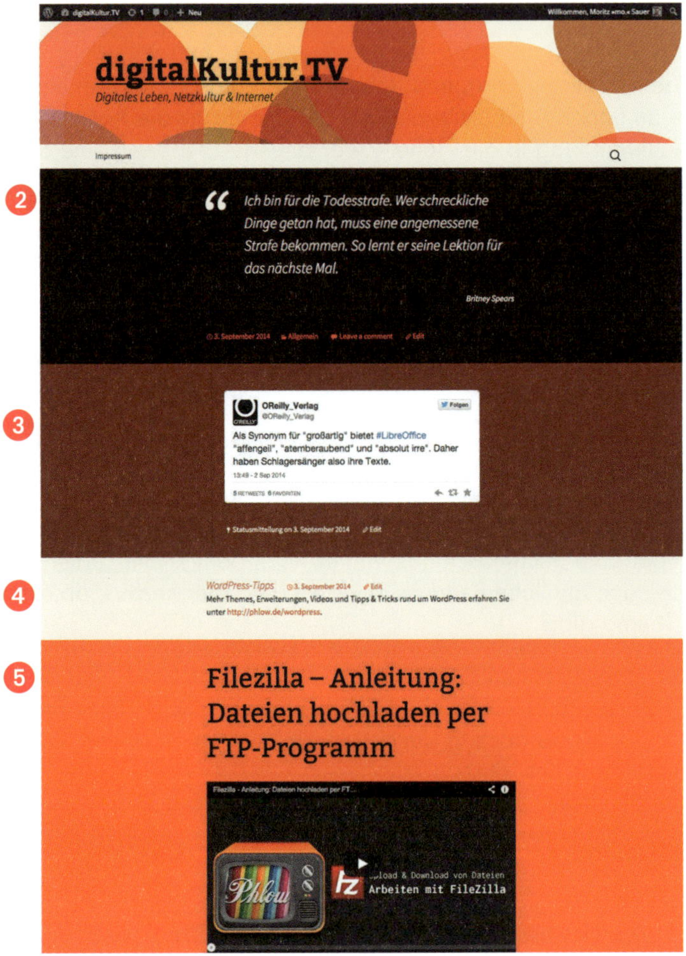

Beitragsformate: Varianten

Je nachdem, welches Theme Sie installiert haben, bietet es Ihnen verschiedene Formatvorlagen für Beiträge an. Mithilfe dieser Formatvorlagen entscheiden Sie für jeden Beitrag, wie dieser aussehen soll. So bietet das Standard-Theme Twenty Sixteen neben dem Standardaussehen eines Beitrags noch **neun weitere Beitragsformate**: Kurzmitteilung, Bild, Video, Zitat, Link, Galerie, Statusmitteilung, Audio und Chatprotokoll.

Wollen Sie für einen Beitrag ein anderes Format als das Standardformat wählen, machen Sie das über den Beitragsformat-Kasten ❶ (es kann vorkommen, dass andere Themes diesen Kasten mit Layout oder ähnlichen Begriffen betiteln). Finden Sie den Kasten nicht auf der Bearbeitungsseite, öffnen Sie das Ansicht anpassen-Panel und setzen ein Häkchen bei Beitragsformat. Wenn Sie den Beitrag jetzt speichern, aktualisieren oder veröffentlichen, können Sie das Ergebnis betrachten.

Leider unterstützt das Theme Twenty Sixteen diese Funktionalität nur mäßig. Anders verhält es sich mit dem bunten Standard-Theme Twenty Thirteen – siehe Abbildung.

1. Mit dem Zitat-Format ❷ heben Sie Aussagen/Zitate auf dunkelbraunem Hintergrund hervor.

2. Das Statusmitteilung-Format ❸ verzichtet auf den Beitragstitel und hebt z. B. Twitter-Nachrichten auf einem hellbraunen Grund hervor.

3. Beim Link-Format ❹ wird der erste Link innerhalb des Beitrags auf hellbeigen Hintergrund direkt in der Überschrift verlinkt.

4. Und mit dem Video-Format ❺ heben Sie Videos auf orangefarbenem Hintergrund samt großer Überschrift hervor.

Tipp

Gute Themes zeigen Ihnen bereits in der Theme-Dokumentation, wie die verschiedenen Formatvorlagen aussehen. Dann müssen Sie nicht erst alle Formate durchspielen.

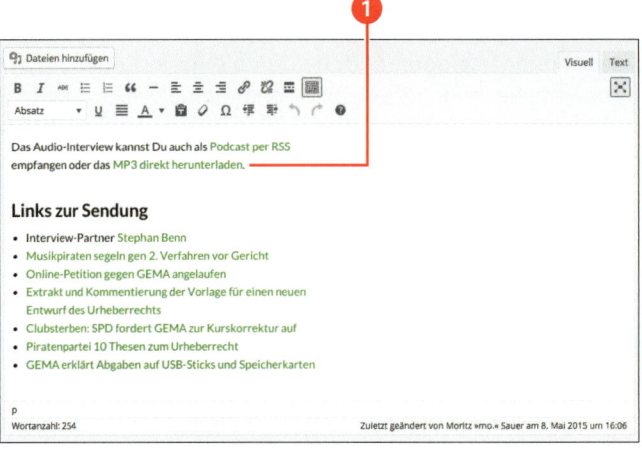

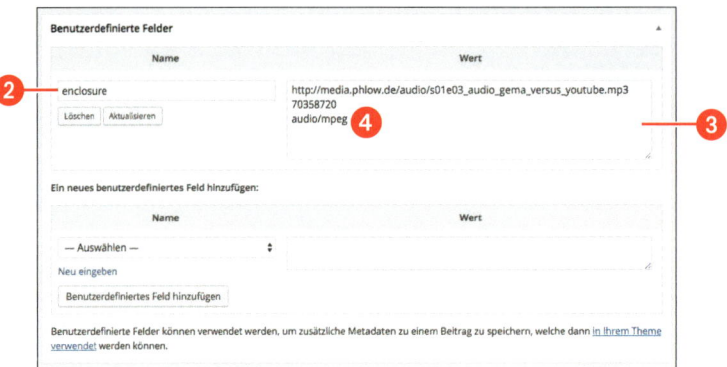

Benutzerdefinierte Felder für Mediendateien

Jeder Beitrag und jede Seite kann neben den herkömmlichen Eingabefeldern zusätzliche Inhalte abspeichern. Dafür stehen die **benutzerdefinierten Felder** zur Verfügung. Generell nutzen Ihnen die benutzerdefinierten Felder nur dann, wenn eine Erweiterung oder ein Theme diese Felder anlegt und auf sie zugreift. So speichert z. B. die Erweiterung **WordPress SEO** zusätzliche Informationen wie Metadaten in den benutzerdefinierten Feldern ab. Und das Plug-in **PowerPress** für Podcaster hinterlegt hier weitere Informationen zum MP3 zur Sendung.

In einem Fall können Sie sich darauf verlassen, dass WordPress automatisch ein neues benutzerdefiniertes Feld anlegt: Nämlich wenn Sie eine Mediendatei wie **MP3, MP4 oder ein ähnlich bekanntes Format** direkt in Ihrem Beitrag verlinken ❶.

Im Beispielbeitrag habe ich das Audiointerview als MP3 zum Download verlinkt. Das hat WordPress beim Speichern des Beitrags erkannt und automatisch ein benutzerdefiniertes Feld namens enclosure angelegt ❷. In diesem Feld speichert das System den Link zur verlinkten MP3-Datei ❸ mit der Kennung audio/mpeg ❹ ab. Die Kennung hilft, die Mediendatei als Audiodatei zu identifizieren.

Diese Informationen schreibt WordPress in den RSS-Feed (mehr zu RSS auf Seite 93) und erweitert diesen zu einem Podcast-RSS-Feed, den man z. B. in iTunes und ähnlichen Programmen abonnieren kann. iTunes kann dann für seinen Nutzer automatisch das MP3 über den Link herunterladen und abspielen.

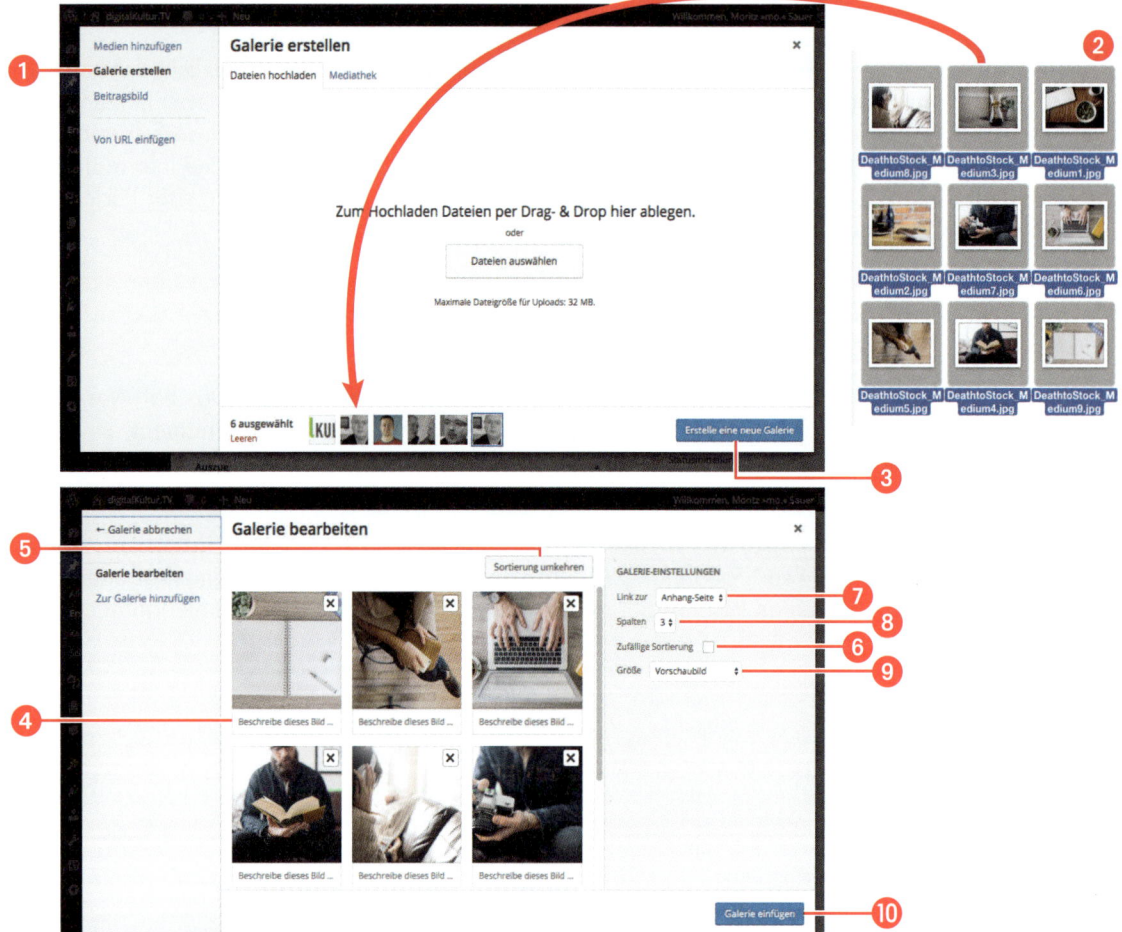

Eine Bildergalerie erstellen

Mit WordPress erstellen Sie schnell und unkompliziert Bildergalerien, die Sie in Ihre Beiträge und Seiten einfügen können. Bevor Sie eine Galerie einfügen, sollten Sie im ersten Schritt die Bilder jedoch vorbereiten, um den Einbau zu beschleunigen und zu erleichtern. Und so fügen Sie eine Galerie in einen Beitrag oder eine Seite ein:

1. Öffnen Sie einen Beitrag oder eine Seite, um die Galerie einzufügen. Wenn Sie einen neuen Beitrag oder eine neue Seite anlegen, vergeben Sie erst mal einen Titel und speichern diesen, bevor Sie die Galerie einfügen.

2. Klicken Sie jetzt auf die Schaltfläche Dateien hinzufügen. Wählen Sie links im eingeblendeten Pop-up-Menü die Option Galerie erstellen ❶.

3. Markieren Sie alle Bilder auf Ihrem Rechner, die Sie in die Bildergalerie aufnehmen möchten, und ziehen Sie sie in das Fenster ❷. Alternativ können Sie die Bilder auf Ihrem Computer über die Schaltfläche Dateien wählen auswählen und hochladen.

4. Nach dem Upload zeigt WordPress die hochgeladenen Bilder mit einem Häkchen an. Wählen Sie weitere Bilder per Klick auf das Miniaturbild aus oder entfernen Sie Bilder, indem Sie über das Häkchen mit der Maus fahren und dann auf das Minuszeichen klicken.

5. Klicken Sie jetzt auf die Schaltfläche Erstelle eine neue Galerie ❸.

6. Auf dem nächsten Bildschirm können Sie die einzelnen Bilder mit einer Beschriftung ❹ versehen, die anschließend in der Galerie als Bildunterschrift angezeigt wird.

7. Verändern Sie die Reihenfolge der Bilder per Drag-and-drop, mit einem Klick auf die Schaltfläche Sortierung umkehren ❺ oder indem Sie ein Häkchen bei Zufällige Sortierung ❻ setzen.

8. Legen Sie anschließend über das Ausklappmenü Link zur ❼ fest, ob das Bild direkt oder die dazugehörige Medienseite verlinkt werden soll, und bestimmen die Anzahl der Spalten ❽ und die Größe des Vorschaubilds ❾.

9. Fügen Sie die Galerie in den Beitrag/die Seite ein, indem Sie abschließend auf Galerie einfügen ❿ klicken und den Beitrag aktualisieren.

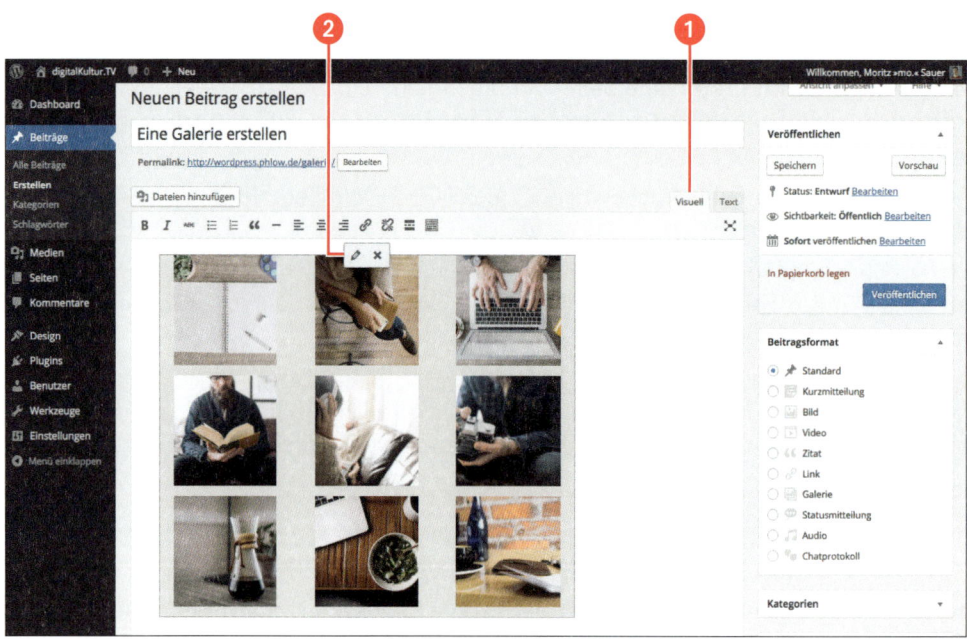

Eine existierende Bildergalerie nachträglich bearbeiten

Eingefügte Bildergalerien können Sie nachträglich erweitern und bearbeiten. Um eine Galerie und die Bilder nachträglich zu editieren, gehen Sie wie folgt vor:

1. Öffnen Sie einen Beitrag oder eine Seite mit einer Galerie und stellen Sie sicher, dass Sie den Beitrag/die Seite im visuellen Modus ❶ bearbeiten.

2. Klicken Sie auf eines der Bilder der Galerie und anschließend auf den Stift im erscheinenden Minimenü ❷. WordPress öffnet jetzt den Bearbeitungsbildschirm, den Sie bereits von der vorherigen Seite kennen.

3. Um Bilder zu bearbeiten, wählen Sie das Bild mit der Maus aus und editieren anschließend Titel, Beschriftung, alternativen Text und Beschreibung.

4. Bilder löschen Sie aus der Galerie mit einem Klick auf das X.

5. Über den Link Dateien hinzufügen können Sie der Galerie neue Bilder hinzufügen. Ziehen Sie neue Bilder einfach von Ihrem Rechner in das Fenster oder wählen Sie Dateien hochladen und dann Dateien auswählen, wie Sie es bereits kennen.

6. Aktualisieren Sie Ihre Galerie anschließend über die Schaltfläche Galerie aktualisieren.

7. Aktualisieren Sie dann Ihren Beitrag oder Ihre Seite – fertig!

digitalKultur.TV
Neu
Willkommen, Moritz »mo.« Sauer
Dashboard
Beiträge
Medien
Medienübersicht
Datei hinzufügen
Seiten
Kommentare
Design
Plugins
Benutzer
Werkzeuge
Einstellungen
Mediathek
Datei hinzufügen
Hilfe
Alle Medien
Alle Daten
Mehrfachauswahl
Suchen
1
2
8

Anhang-Details
Dateiname: DeathtoStock_Medium7.jpg
Dateiart: image/jpeg
Hochgeladen am: 14. Juli 2016
Dateigröße: 581 kB
Abmessungen: 1200 × 800
URL
http://wordpress.phlow.de/wp-content/u
Titel
Mann mit Fotokamera
Bildunterschrift
Alternativtext
Beschreibung
Hochgeladen von
Moritz »mo.« Sauer
Hochgeladen zu
Eine Galerie erstellen
Anhang-Seite ansehen | Weitere Details bearbeiten | Unwiderruflich löschen
Bild bearbeiten
3
4
5
6
7

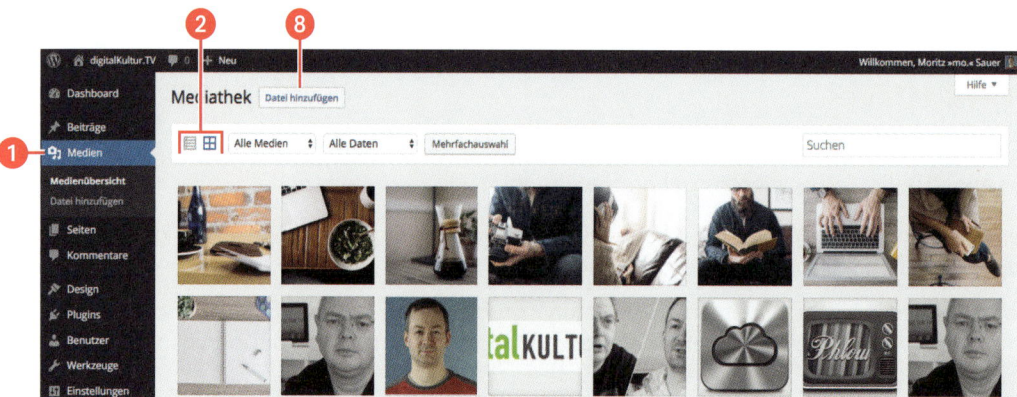

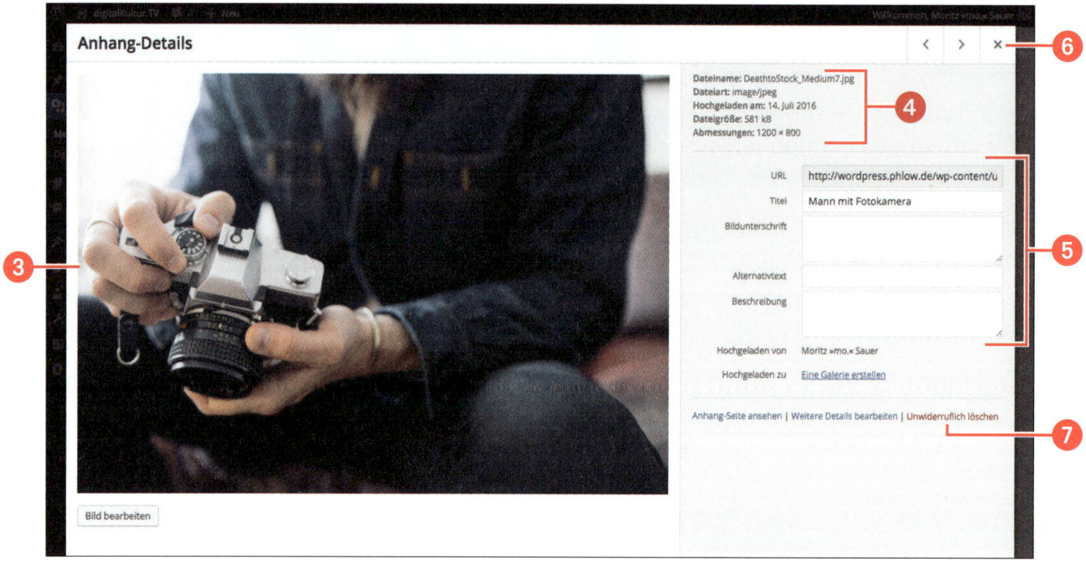

Mediathek: Bilder und hochgeladene Dateien verwalten

Über die Mediathek verwalten Sie sämtliche Ihrer hochgeladenen Dateien. Neben Bildern können Sie auch Dokumente, Audio- und Videodateien hochladen. Die **maximale Dateigröße** für Dateien, die in der Mediathek gespeichert werden, beträgt 8 MByte. Die Mediathek öffnen Sie über den Menüpunkt Medien ❶ in der linken Navigationsleiste.

WordPress bietet Ihnen zwei Varianten, Ihre Medien zu verwalten. Entweder nutzen Sie eine Übersicht mit quadratischen Vorschaubildern oder eine Auflistung mit kleineren Miniaturbildern, dafür aber mit Zusatzinformationen. Zwischen beiden Darstellungsmodi wechseln Sie mithilfe der oberen beiden Icons ❷.

Um Dateien zu bearbeiten, zu löschen oder die Zusatzinformationen der jeweiligen Datei zu pflegen, klicken Sie einfach auf die entsprechende Datei. WordPress öffnet die Datei in einem Vorschaufenster ❸. Über dieses erhalten Sie Zusatzinformationen wie Dateiname, Dateigröße und Art, Pixelmaße und Upload-Datum ❹. Gleichzeitig können Sie URL, Titel, Bildunterschrift, Alternativtext und Beschreibung der Mediendatei direkt bearbeiten ❺. Änderungen speichert WordPress, sobald Sie in ein anderes Feld klicken oder wenn Sie die Ansicht mit einem Klick auf das X rechts oben ❻ schließen.

Rechts unter den Dateiinformationen finden Sie auch einen Link Unwiderruflich löschen ❼. Bedenken Sie dabei aber, dass z. B. gelöschte Bilder weiter in Ihren Beiträgen referenziert werden. Der Besucher eines solchen Beitrags sieht dann unschöne Löcher auf der Website, da das Bild nicht mehr auf dem Server vorhanden ist.

Um das Vorschaufenster zu schließen, klicken Sie einfach oben rechts auf das X ❻.

Um neue Dateien hochzuladen, ziehen Sie sie einfach in das Fenster. Klicken Sie auf die Schaltfläche Datei hinzufügen ❽, laden Sie direkt neue Dateien in die Mediathek hoch. Den Link finden Sie in der linken Navigation und auch direkt neben dem Titel der Medienverwaltung.

1
digitalKultur.TV
Neu
Beitrag ansehen
Willkommen, Moritz »mo.« Sauer
Dashboard
Beiträge
Alle Beiträge
Erstellen
Kategorien
Schlagwörter
Medien
Seiten
Beitrag bearbeiten
Erstellen
Ansicht anpassen
Hilfe
Eine Galerie erstellen
Permalink: http://wordpress.phlow.de/eine-galerie-erstellen/
Bearbeiten
Dateien hinzufügen
Visuell
Text
Absatz
Veröffentlichen
Vorschau der Änderungen
Status: Veröffentlicht Bearbeiten
Sichtbarkeit: Öffentlich Bearbeiten
Veröffentlicht am: 14. Jul 2016 @ 15:37 Bearbeiten

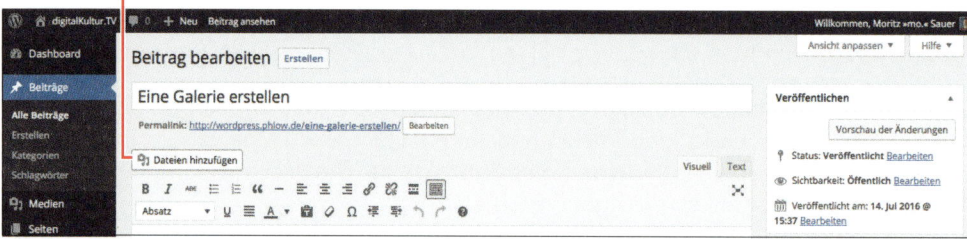

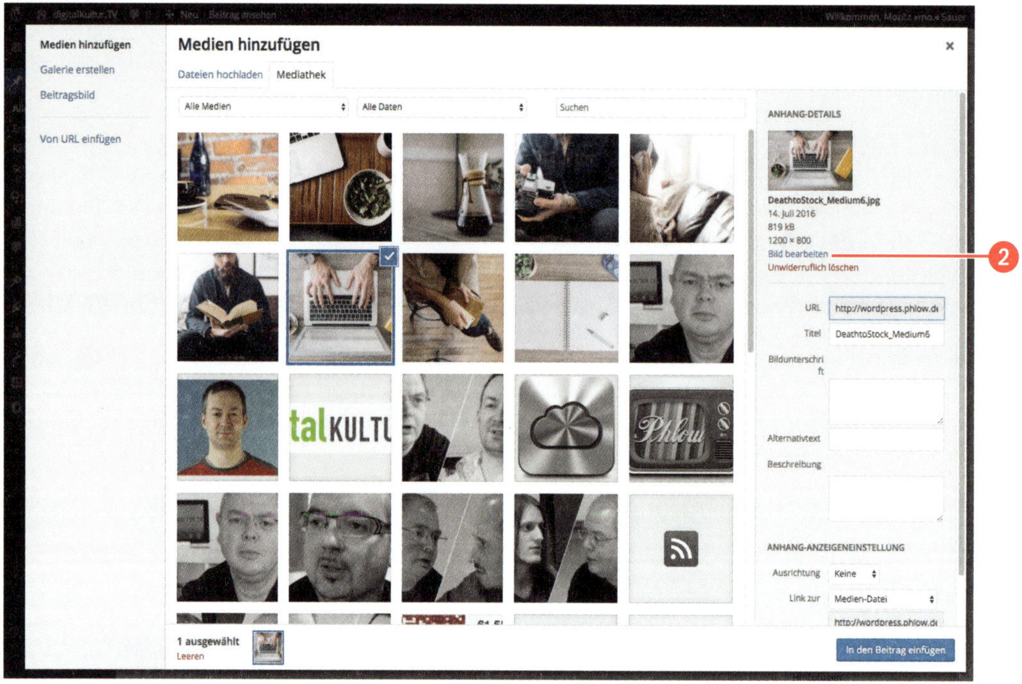
Medien hinzufügen
Galerie erstellen
Beitragsbild
Von URL einfügen
Medien hinzufügen
Dateien hochladen
Mediathek
Alle Medien
Alle Daten
Suchen
ANHANG-DETAILS
DeathtoStock_Medium6.jpg
14. Juli 2016
819 kB
1200 × 800
Bild bearbeiten
Unwiderruflich löschen
2
URL
http://wordpress.phlow.de
Titel
DeathtoStock_Medium6
Bildunterschrift
Alternativtext
Beschreibung
ANHANG-ANZEIGENEINSTELLUNG
Ausrichtung
Keine
Link zur
Medien-Datei
1 ausgewählt
Leeren
In den Beitrag einfügen

Bilder für die Bildbearbeitung öffnen

Wenn Sie keine Bildbearbeitungssoftware zur Hand haben, ermöglicht WordPress Ihnen auch die rudimentäre Bildbearbeitung. Diese funktioniert erstaunlich gut und hilft Ihnen dabei, Bilder schnell zuzuschneiden, zu drehen oder zu spiegeln. Bildausschnitte können Sie sogar pixelgenau oder in einem harmonischen Seitenverhältnis wie z. B. im 16:9-Format ausschneiden. Sie können Bilder bereits bearbeiten, während Sie einen Beitrag/eine Seite fertigstellen. Und so öffnen Sie ein Bild für die Bearbeitung:

1. Erstellen Sie einen Beitrag und klicken Sie im Editor auf die Schaltfläche Dateien hinzufügen ❶.

2. Laden Sie das zu bearbeitende Bild hoch, indem Sie es von Ihrem Computer ins Fenster ziehen, oder wählen Sie ein hochgeladenes Bild aus.

3. Klicken Sie rechts in der Seitenleiste unter dem Bild auf Bild bearbeiten ❷.

Nach dem dritten Schritt öffnet WordPress ein neues Fenster mit der Bildbearbeitung, wie in der Abbildung auf der nächsten Seite zu sehen ist. Hier können Sie nicht nur das Bild bearbeiten, sondern auch weiter unten Titel, Beschreibung und den alternativen Text editieren.

Hinweis

Bilder können Sie auch über die Mediathek bearbeiten. Öffnen Sie dazu den Menüpunkt Medien, klicken Sie auf das zu bearbeitende Bild und dann im nächsten Fenster unterhalb des Bilds auf die Schaltfläche Bild bearbeiten.

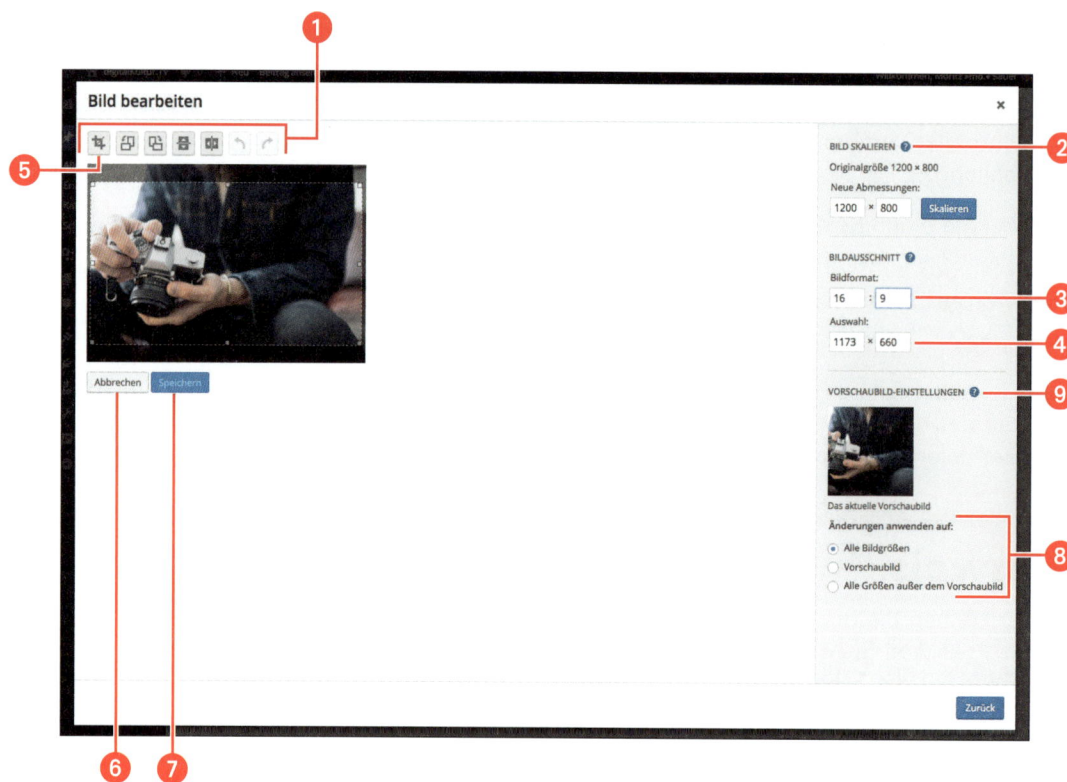

Bilder mit WordPress zuschneiden, drehen und spiegeln

Mit den Symbolen unter Bild bearbeiten ❶ können Sie Bilder zuschneiden, entgegen dem bzw. im Uhrzeigersinn drehen sowie vertikal oder horizontal spiegeln. Mit den Pfeilen nach links und rechts widerrufen Sie Arbeitsschritte oder wiederholen sie.

Über die Eingabefelder bei Bild skalieren ❷ können Sie direkt die Bildgröße verändern. Geben Sie die Wunschgröße in Pixeln ein und klicken Sie auf die Schaltfläche Skalieren. WordPress startet dann die Größenänderung.

Um einen Bildausschnitt zu wählen, haben Sie mehrere Möglichkeiten. Sie können mit dem Mauszeiger direkt in das Bild klicken und ein Rechteck um den auszuschneidenden Bereich ziehen. Alternativ können Sie ein Seitenverhältnis für den Ausschnitt über Bildformat ❸ angeben oder einen pixelgenauen Auswahlbereich über Auswahl ❹ festlegen. Den Ausschnitt selbst bewegen Sie mittels des Steuerkreuzes innerhalb des Bildbereichs.

Wenn Sie ein Seitenverhältnis oder einen pixelgenauen Auswahlbereich eingeben und den Bereich proportional vergrößern oder verkleinern wollen, müssen Sie zusätzlich die ⇧-Taste gedrückt halten. Ansonsten gehen die Einstellungen verloren. Sind Sie mit dem Auswahlbereich zufrieden, klicken Sie im letzten Schritt auf das Beschneiden-Symbol ❺, und WordPress schneidet den Bereich aus. Bevor Sie endgültig auf Speichern ❼ klicken, können Sie die Bildbearbeitung jederzeit Abbrechen ❻. Auf welche Bilder die Bearbeitung angewendet werden soll, müssen Sie vor dem Speichern noch bei Änderungen anwenden auf ❽ entscheiden. Ansonsten wendet WordPress die Bearbeitung auf alle Versionen des Bilds an. Die Hilfe zu den Funktionen klappen Sie über das Fragezeichen aus ❾.

Tipp

Populäre Bildformate/Seitenverhältnisse finden Sie unter *www.phlow.de/seitenverhaeltnis*.

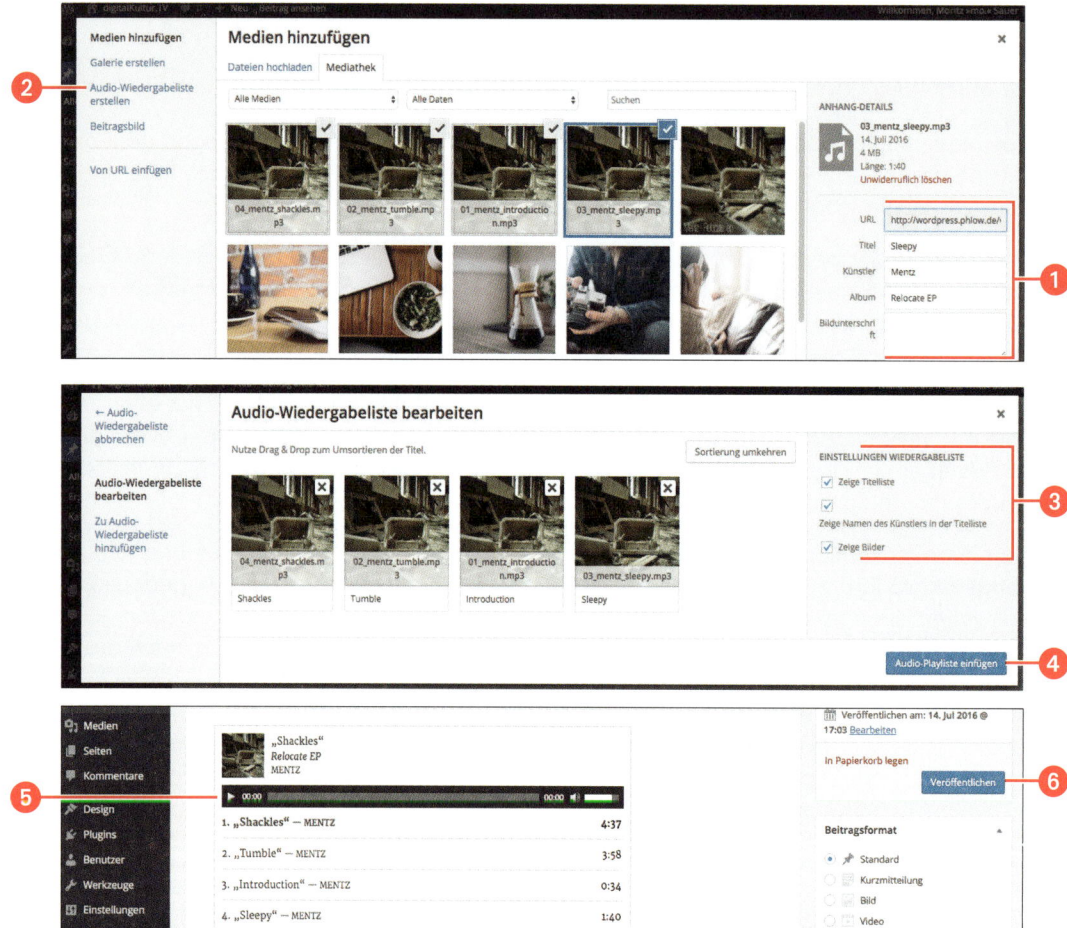

Einen MP3-Player mit Playlist einbauen

Seit Version 3.9 bietet WordPress einen integrierten MP3-Player. Das bedeutet, dass Sie keine Erweiterung benötigen, um in Ihre Beiträge eine MP3-Playlist mit Abspielfunktion einzubauen. Der Einbau von MP3s ist wirklich kinderleicht. Und so geht's:

1. Öffnen Sie das Redaktionssystem und legen Sie einen neuen Beitrag mit Titel an.
2. Im nächsten Schritt laden Sie die MP3-Dateien in die Mediathek hoch, indem Sie auf Dateien hinzufügen klicken.
3. Ziehen Sie jetzt eine oder mehrere MP3s per Drag-and-drop in das Upload-Feld oder wählen Sie über die Schaltfläche Dateien auswählen die Dateien auf Ihrem Computer aus.
4. Nach dem Upload können Sie – wie auch Bilder – die MP3s bearbeiten. Wurden die Zusatzinformationen für MP3s bereits vor dem Upload ausgefüllt, stellt WordPress sie auf der rechten Seite dar ❶.
5. Wählen Sie die gewünschten MP3s aus und klicken Sie auf Audio-Wiedergabeliste erstellen ❷.
6. Klicken Sie als Nächstes auf die Schaltfläche Erstelle eine neue Wiedergabeliste.
7. Sortieren und bearbeiten Sie die Audiowiedergabeliste per Drag-and-drop und wählen Sie die gewünschten Einstellungen Wiedergabeliste für die Darstellung aus ❸.
8. Klicken Sie auf die Schaltfläche Audio-Playliste einfügen ❹.
9. Zurück im Editor, sehen Sie bereits den Player ❺. Klicken Sie nur noch auf Veröffentlichen ❻ und …
10. … rufen Sie den Beitrag über einen Klick auf Beitrag ansehen in der oberen Navigationsleiste auf.

Hinweis

Die Standardeinstellungen erlauben Ihnen nur den Upload mit der maximalen Dateigröße von 8 MByte. Die nächste Seite gibt Ihnen Tipps dazu, wie Sie das Limit erhöhen.

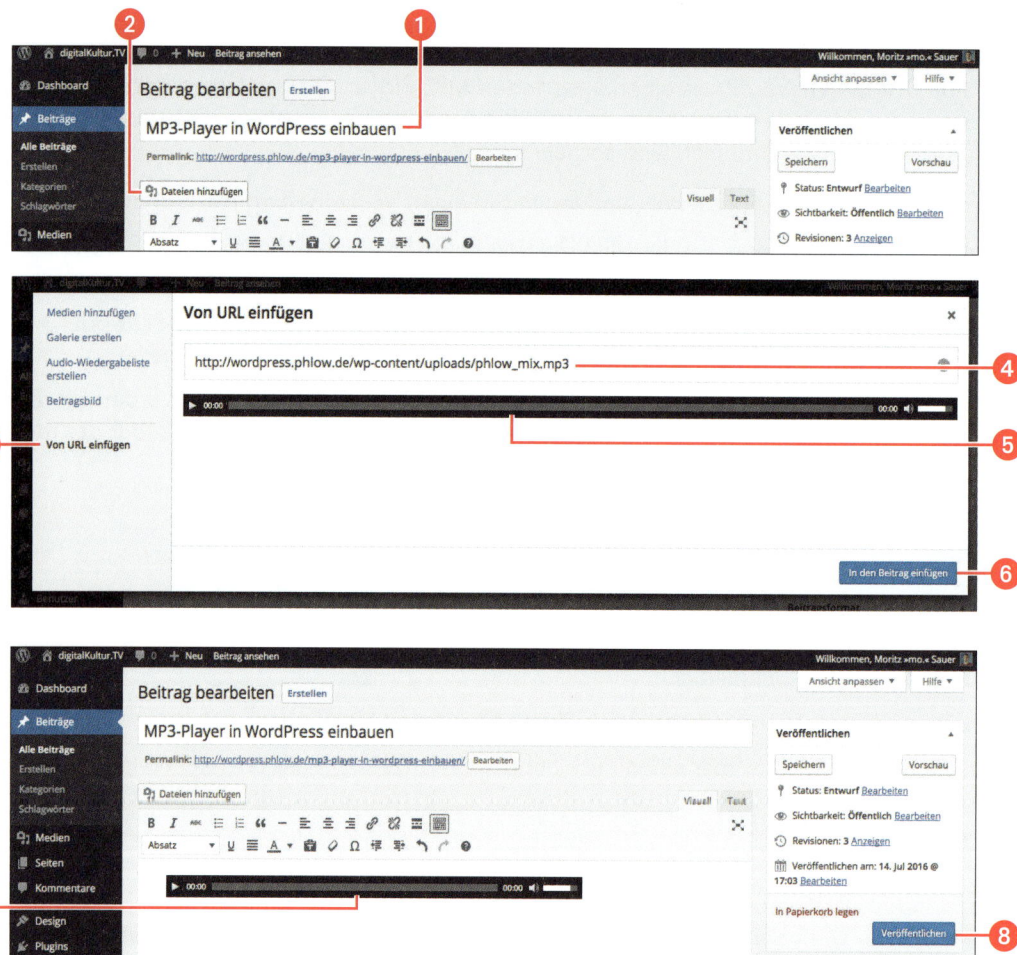

Das Upload-Limit für Mediendateien austricksen

Standardmäßig dürfen Sie Dateien mit einer maximalen Größe von 8 MByte hochladen. Das ist recht wenig, wenn ein Podcast in guter Qualität länger dauert als 20 Minuten oder eine Videodatei größer als 100 MByte ist. Diese Einstellungen können Sie auch nicht einfach ändern, denn es handelt sich hier in der Regel um Sicherheitseinstellungen Ihres Webhosters und nicht um Vorgaben von Word-Press selbst.

Es gibt aber trotzdem eine einfache Lösung: Sie laden die Datei – in diesem Beispiel phlow_mix.mp3 – zuerst per FTP-Programm hoch und fügen sie anschließend per Dateien hinzufügen ein. Das geht so:

1. Öffnen Sie Ihr FTP-Programm und loggen Sie sich auf Ihrem Server ein (mehr dazu auf Seite 29).

2. Öffnen Sie das Verzeichnis wp-content und anschließend das Verzeichnis uploads. Sollte das Verzeichnis uploads nicht existieren, erstellen Sie es.

3. Laden Sie jetzt Ihre Datei – hier phlow_mix.mp3 – in das Verzeichnis wp-content/uploads/ hoch, öffnen Sie nach dem Upload das Redaktionssystem von WordPress in Ihrem Browser und legen Sie einen neuen Beitrag an.

4. Geben Sie dem Beitrag einen Titel ❶, klicken Sie auf die Schaltfläche Dateien hinzufügen ❷ und klicken Sie links im Upload-Fenster auf Von URL einfügen ❸.

5. Geben Sie in das Eingabefeld die URL zur hochgeladenen Datei ein ❹. Diese lautet entsprechend Ihrer Domain *www.ihre-domain.de/wp-content/uploads/dateiname.mp3* oder *www.ihre-domain.de/wordpress-verzeichnis/wp-content/uploads/dateiname.mp3*.

6. Wenn die eingegebene URL korrekt ist, können Sie Ihre Mediendatei über den Player abspielen ❺ (Sie können gern auch einmal die Beispiel-URL *http://digitalkultur.tv/wp-content/uploads/phlow_mix.mp3* testen).

7. Können Sie die MP3 oder das Video abspielen, klicken Sie jetzt auf die Schaltfläche In den Beitrag einfügen ❻.

8. Im Beitrag erscheint nun der Player ❼. Zum Schluss genügt ein Klick auf Veröffentlichen ❽, und Sie können den Beitrag samt Mediendatei aufrufen und die Datei abspielen.

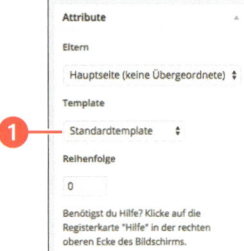

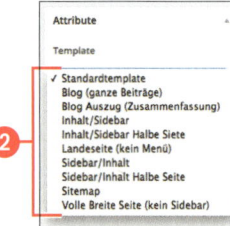

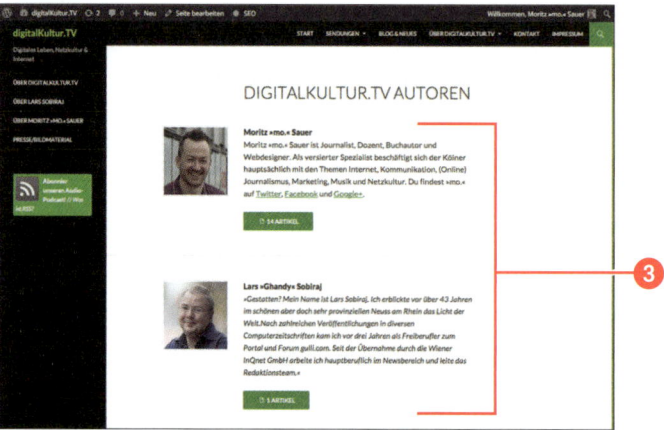

Einer Seite ein anderes Template zuweisen

Im Gegensatz zu Beiträgen können Sie Seiten verschiedene Vorlagen, sogenannte Templates, zuweisen ❶. Templates bieten Ihnen oft andersartige Layouts und Funktionen an. Welche Templates Ihnen zur Verfügung stehen, hängt komplett vom ausgewählten Gesamtdesign, dem Theme, ab. So bietet das Standard-Theme Twenty Fourteen drei verschiedene Templates, während z. B. das Responsive Theme – siehe Seite 233 – mit zehn verschiedenen Vorlagen ausgestattet ist ❷.

Da die Website von digitalKultur.TV auf dem Theme Twenty Fourteen basiert, stehen drei verschiedene Templates für eine Seite zur Verfügung:

Standard Template: Stellt die Inhalte in der normalen Ansicht dar (links Inhalt, rechts Seitenleiste).

Autorenseite Template: Listet automatisch die Autoren einer WordPress-Website auf. Für die Kurzbeschreibung greift das Template auf die Profilinformationen und für das Porträtbild auf Bilder des Gravatar.com-Services zu ❸.

Volle Breite Seitentemplate: Blendet die Seitenleiste aus und bietet über die gesamte Breite Platz für den Inhalt ❹.

Um einer Seite ein neues Template zuzuweisen, wählen Sie das jeweilige Template über den Attribute-Kasten aus. Klappen Sie dazu das Menü aus und wählen Sie das gewünschte Template aus. Um die Änderungen zu übernehmen, müssen Sie die Seite noch Aktualisieren.

Tipp

Templates unterscheiden sich in ihrer Funktionalität von Theme zu Theme. Um die Möglichkeiten voll auszuschöpfen, finden Sie oft wertvolle Informationen in den Beschreibungen und Anleitungen zu den Themes.

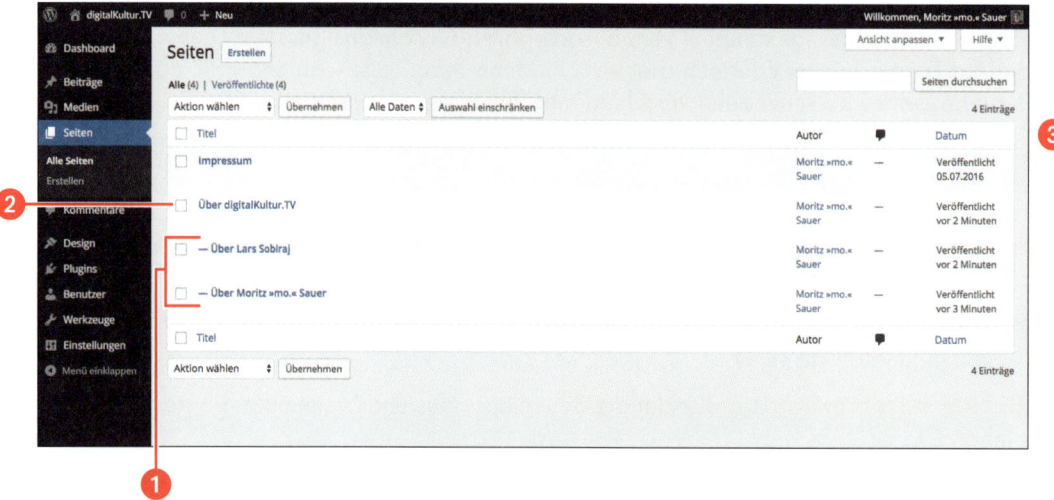

Zusammenhängende Seiten hierarchisieren

Seiten lassen sich nicht wie Beiträge archivieren, dafür kann man sie aber hierarchisieren, um verschachtelte Seitenstrukturen aufzubauen. Eine Seite kann die **Elternseite** sein, die mehrere »Kinder« hat. So stehen z. B. hinter dem digitalKultur.TV-Projekt zwei Personen: Lars Sobiraj und ich. Für jeden von uns habe ich eine eigene Seite ❶ angelegt, auf der wir uns jeweils präsentieren. Die übergeordnete Seite – also die Elternseite – ist die Seite Über digitalKultur.TV ❷. Wie WordPress die Hierarchie auf der Übersichtsseite darstellt, sehen Sie in der Abbildung ❸.

Um Seiten zu hierarchisieren, stehen Ihnen zwei Möglichkeiten zur Verfügung. Entweder Sie öffnen die Seite und wählen über das Ausklappmenü Eltern des Attribute-Kastens die Elternseite ❹, oder Sie nutzen die QuickEdit-Funktion in der Seiten-Übersicht und editieren die Parameter dort.

Um die **Reihenfolge der Seiten** innerhalb der Hierarchie zu bestimmen, steht Ihnen im Attribute-Kasten der Unterpunkt Reihenfolge ❺ zur Verfügung. Je größer die Zahl ist, desto weiter wandert die Seite in der Reihenfolge nach hinten. Für digitalKultur.TV habe ich mich für eine alphabetische Reihenfolge entschieden. Meiner Seite gab ich also den Wert 1 und der von Lars Sobiraj den Wert 2, weil Sauer vor Sobiraj kommt.

Hinweis

Es ist nicht unbedingt wichtig, die Reihenfolge der Seiten festzulegen, denn nicht alle Themes greifen bei der Darstellung auf den Parameter zurück. Hilfreich ist die Strukturierung aber, wenn Sie das benutzerdefinierte Navigationsmenü erstellen – siehe Seite 209 bis 215.

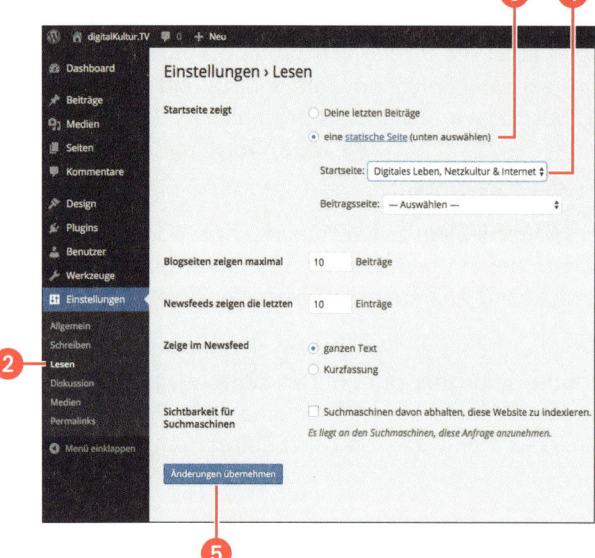

Verschiedene Startseiten: eine Seite als Startseite einstellen

In den Standardeinstellungen zeigt WordPress die jüngsten Beiträge auf der Startseite an. Diese Einstellungen können Sie ändern, indem Sie für die Startseite gezielt einen Beitrag oder eine Seite festlegen. Das ist z. B. dann sinnvoll, wenn Sie auf der Startseite nicht mit Blogbeiträgen beginnen wollen, sondern mit einer Übersichtsseite. Für digitalKultur.TV habe ich diese Strategie gewählt und eine Seite angelegt, in der ich eine YouTube-Playlist eingebaut habe samt Kurzbeschreibung der Sendung ❶.

Um anstelle der Standardstartseite eine eigene Seite einzurichten, gehen Sie wie folgt vor:

1. Erstellen Sie eine neue Seite über Seiten → Erstellen.

2. Betiteln Sie die Seite – im Beispiel ist der Titel Digitales Leben, Netzkultur & Internet!.

3. Geben Sie Inhalte für die Startseite ein.

4. Wählen Sie das gewünschte Template für die Seite aus – bei Twenty Fourteen habe ich das Standard Template ausgesucht – und veröffentlichen Sie die Seite.

5. Öffnen Sie das Menü Lesen unter Einstellungen → Lesen ❷.

6. Wählen Sie ganz oben unter Startseite zeigt den zweiten Punkt Eine statische Seite ❸.

7. Wählen Sie die in Schritt 2 angelegte Seite über das Ausklappmenü von Startseite aus ❹.

8. Speichern Sie die neuen Einstellungen mit Änderungen übernehmen ❺ ab.

Wenn Sie jetzt die Startseite öffnen, zeigt WordPress Ihnen die Seite an.

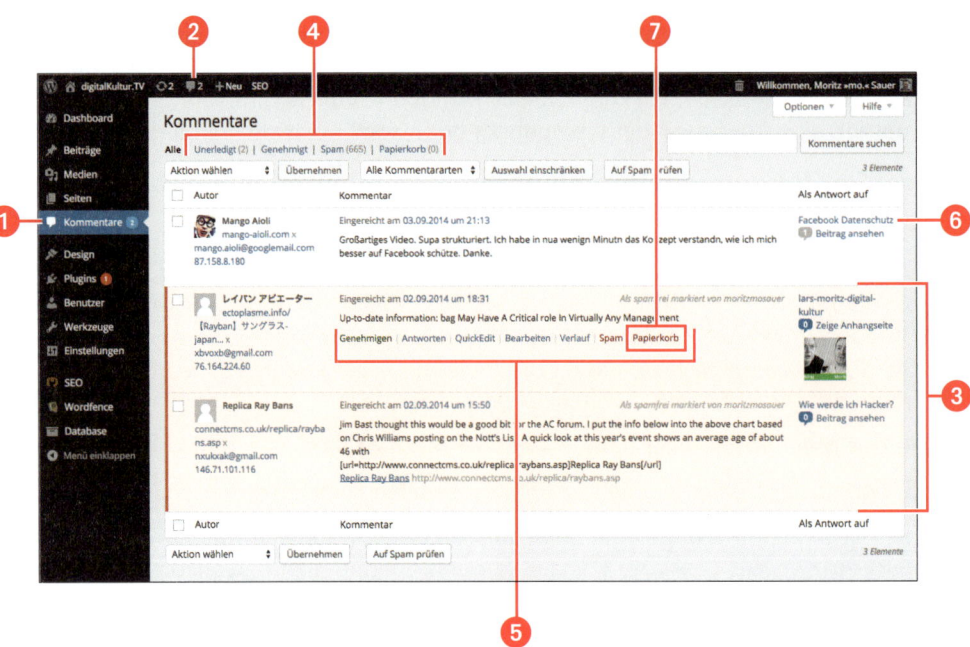

Kommentare verwalten, bearbeiten, löschen

Für die Verwaltung der Kommentare stehen Ihnen zahlreiche Möglichkeiten zur Verfügung. Einerseits bietet WordPress für Kommentare eine Übersichtsseite, wie Sie sie schon für Beiträge und Seiten kennen. Sie finden sie im Backend in der linken Navigation unter Kommentare ❶.

Aber auch die dunkelgraue Adminleiste informiert Sie darüber, ob es neue Kommentare gibt. Dazu blendet WordPress eine Sprechblase mit der Zahl der noch unveröffentlichten Kommentare ein ❷. Eine weitere Möglichkeit, sich über neue Kommentare auf dem Laufenden zu halten, bietet Word-Press über die Einstellungen. Unter Einstellungen → Diskussion können Sie bestimmen, ob WordPress Ihnen eine E-Mail-Benachrichtigung bei neuen Kommentaren schicken soll – siehe Seite 99.

Die beste Übersicht bietet Ihnen aber die Kommentarübersichtsseite. Kommentare, die auf eine Moderation warten, hebt das System mit einem roten linken Rand samt hellgelbem Hintergrund hervor ❸. Wie viele Kommentare auf eine Moderation warten, in den Spam-Ordner von Erweiterungen eingeordnet wurden oder im Papierkorb liegen, sehen Sie schnell anhand der oberen Links ❹.

Kommentare bearbeitet man, wie man Beiträge und Seiten bearbeitet. Bewegen Sie einfach den Mauszeiger über den jeweiligen Kommentar, und WordPress blendet die Links Genehmigen, Antworten, QuickEdit, Bearbeiten, Verlauf, Spam und Papierkorb ein ❺. Mit Genehmigen schalten Sie den jeweiligen Kommentar frei. Den Kommentar zeigt WordPress dann direkt unter dem Beitrag/der Seite an. Um welchen Beitrag/welche Seite es sich handelt, sehen Sie ganz rechts ❻.

Mit Antworten reagieren Sie direkt auf Kommentare und schreiben Ihre Reaktion im Backend. Ihr Kommentar erscheint dann eingerückt auf der Website direkt unter dem beantworteten Kommentar. QuickEdit öffnet die Schnellbearbeitung des Kommentars, die Sie die wichtigsten Felder Name, E-Mail, URL und Kommentar editieren lässt. Mit Bearbeiten öffnen Sie die ausführliche Ansicht des jeweiligen Kommentars. Über Spam markieren Sie den Kommentar als solchen und verschieben ihn in den Spam-Ordner. Ein Klick auf Papierkorb ❼ verschiebt den Kommentar in den Papierkorb. Um Kommentare endgültig zu löschen, müssen Sie den Papierkorb öffnen und auf Papierkorb entleeren klicken.

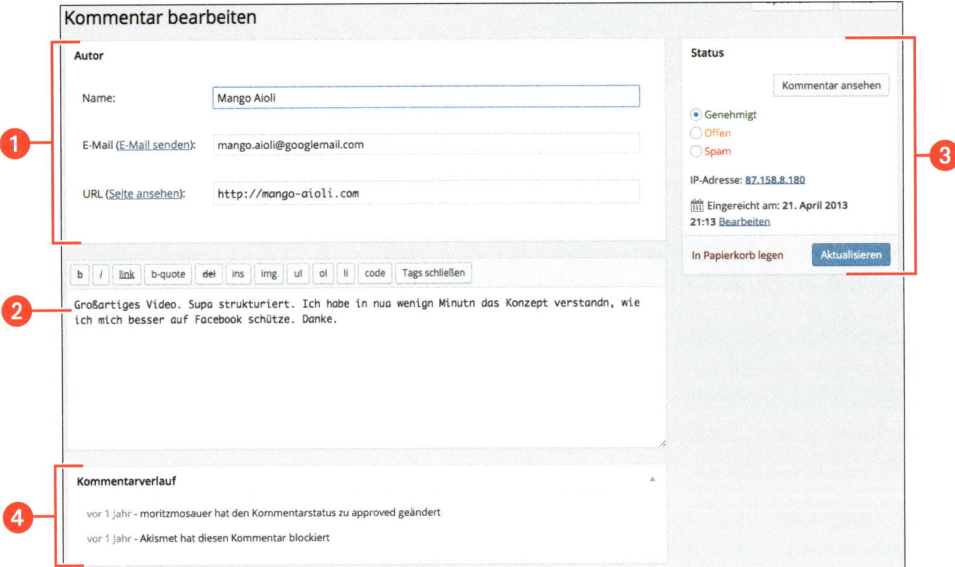

Kommentar bearbeiten

Autor

Name: Mango Aioli

E-Mail (E-Mail senden): mango.aioli@googlemail.com

URL (Seite ansehen): http://mango-aioli.com

b | i | link | b-quote | del | ins | img | ul | ol | li | code | Tags schließen

Großartiges Video. Supa strukturiert. Ich habe in nua wenign Minutn das Konzept verstandn, wie ich mich besser auf Facebook schütze. Danke.

Kommentarverlauf

vor 1 Jahr - moritzmosauer hat den Kommentarstatus zu approved geändert

vor 1 Jahr - Akismet hat diesen Kommentar blockiert

Status

Kommentar ansehen

⦿ Genehmigt
◯ Offen
◯ Spam

IP-Adresse: 87.158.8.180

Eingereicht am: 21. April 2013 21:13 Bearbeiten

In Papierkorb legen   Aktualisieren

Kommentare moderieren

Kommentare können Sie entweder per QuickEdit oder in einer eigenen Ansicht bearbeiten, um z.B. Rechtschreibfehler zu beheben oder Links zu löschen. Um einen Kommentar zu editieren, öffnen Sie zuerst die Übersichtsseite für Kommentare. Wenn Sie jetzt mit der Maus über den zu editierenden Kommentar fahren, können Sie entweder die direkte Bearbeitung per QuickEdit wählen oder die separate ausführliche Bearbeitungsseite über den Bearbeiten-Link.

Rufen Sie die ausführliche Bearbeitung auf, sehen Sie einen Bildschirm wie den in der Abbildung links. Hier können Sie Informationen zum Kommentarautor ❶, wie Name, E-Mail und URL, bearbeiten und gegebenenfalls auch den eigentlichen Kommentar ❷ editieren. Diese Art der Bearbeitung brauchen Sie nur in Ausnahmefällen, wenn z.B. ein Kommentarschreiber einen Kommentar einzig und allein aus dem Grund hinterlässt, seine eigene Website über das URL-Feld zu bewerben. In so einem Fall können Sie den Kommentar bearbeiten und beispielsweise die URL löschen.

Über den Status-Kasten ❸ entscheiden Sie, ob der Kommentar auf der Webseite erscheint (Genehmigt), ob Sie ihn noch einmal in die Moderationsschleife verschieben (Offen) oder als Spam markieren wollen.

Auch die Abfolge der Statusänderungen speichert WordPress ab. Der Kasten Kommentarverlauf ❹ informiert Sie darüber, warum ein Kommentar im Spam-Filter gelandet ist oder welcher Redakteur den Kommentar freigeschaltet hat.

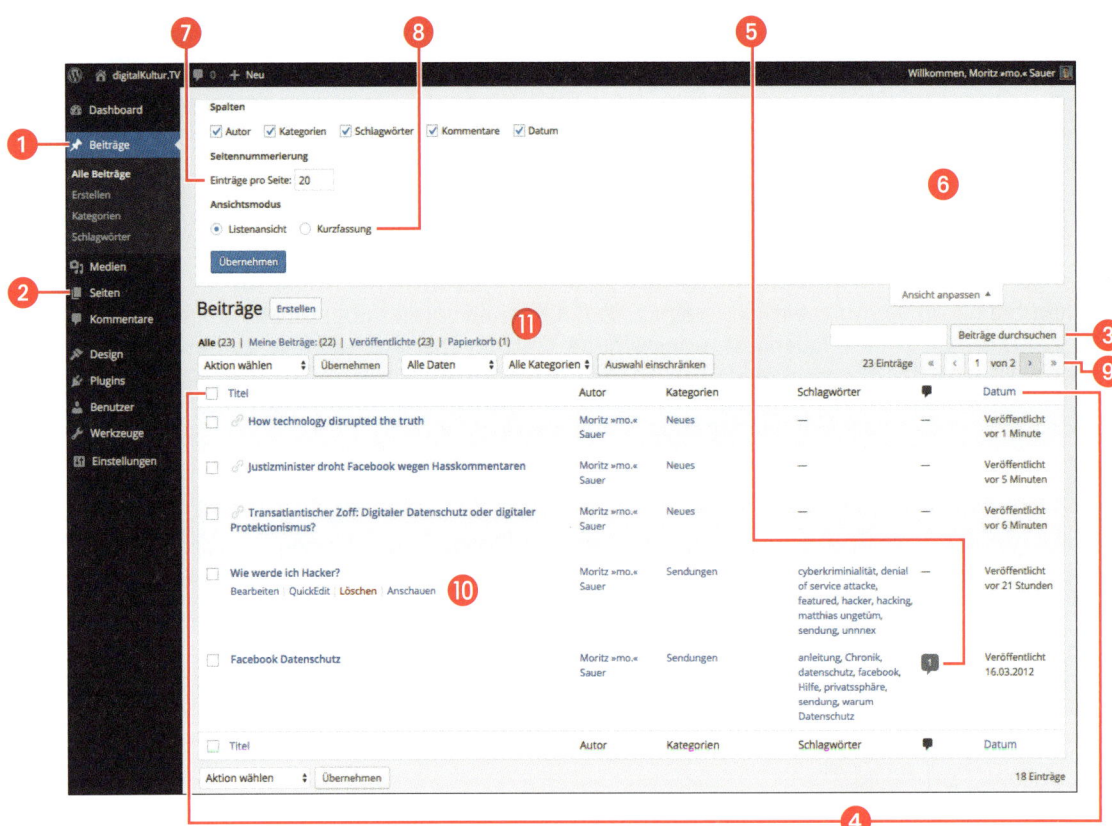

Beiträge und Seiten über die Übersicht verwalten

Wenn Ihr Webauftritt wächst, kann es auch für Sie schwierig werden, sich in der zunehmenden Anzahl an Artikeln zurechtzufinden. Sowohl für Ihre Beiträge als auch Ihre Seiten bietet WordPress jeweils eine **Übersichtsseite**. Diese finden Sie in der linken Navigationsleiste unter Beiträge ❶ bzw. Seiten ❷. Über die Übersichtsseiten finden Sie mithilfe der Suche ❸ schnell Inhalte, die Sie editieren wollen. Außerdem erhalten Sie rasch einen Überblick über die Anzahl der veröffentlichten Inhalte sowie der Inhalte, die noch auf Veröffentlichung warten.

Sie können die angezeigten Inhalte sortieren, indem Sie auf den jeweiligen Unterpunkt wie Titel, Kategorien oder Datum ❹ klicken. Kommentare zu einem Beitrag/einer Seite öffnen Sie mit einem Klick auf die Sprechblase ❺.

Standardmäßig zeigt WordPress 20 Beiträge/Seiten pro Seite an. Über das Ansicht anpassen-Panel ❻ ändern Sie die Anzahl der gezeigten Beiträge/Seiten ❼. Dort bestimmen Sie auch, welche Felder – z. B. Kategorien oder Schlagwörter – die Übersicht anzeigt. Soll WordPress zusätzlich zum Titel einen Auszug aus Ihrem Beitrag/Ihrer Seite anzeigen, wählen Sie die Option Kurzfassung ❽. Die Möglichkeit, zu älteren Artikeln zurückzublättern, finden Sie ganz rechts ❾.

Wenn Sie mit dem Mauszeiger über einen der gelisteten Beiträge fahren, blendet WordPress vier Links ein: Bearbeiten, QuickEdit, Löschen und Anschauen ❿. Um einen Artikel zu bearbeiten, klicken Sie auf Bearbeiten oder auf den Titel. Ein Klick auf QuickEdit öffnet die Schnelleditierung (dazu mehr auf der folgenden Seite). Ein Klick auf Löschen verschiebt Inhalte in den Papierkorb, löscht diese aber noch nicht final. Um Inhalte tatsächlich endgültig zu löschen, müssen Sie erst den Papierkorb ⓫ öffnen und dort auf die Schaltfläche Papierkorb leeren klicken.

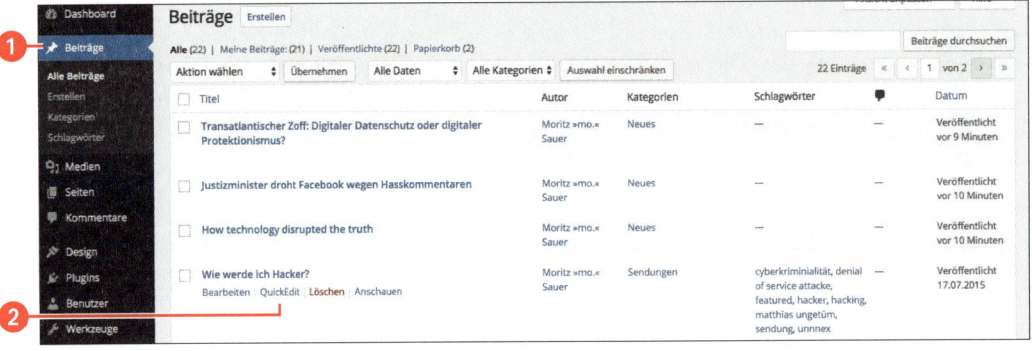

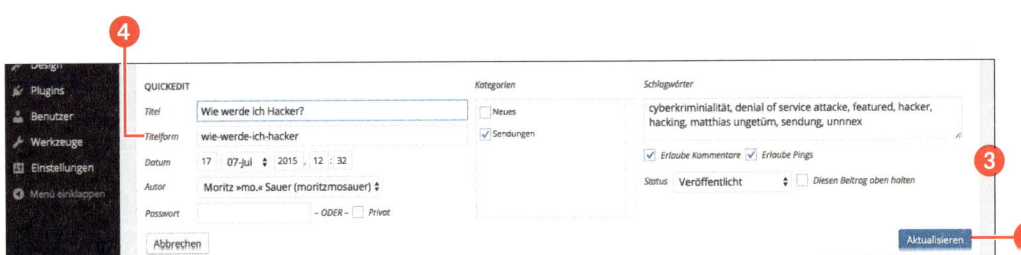

QuickEdit: Beiträge und Seiten schnell editieren

Um Kleinigkeiten eines Artikels zu ändern, z.B. Kategorie, Schlagworte oder Kommentare erlauben Ja/Nein, ist es nicht unbedingt nötig, den Beitrag/die Seite zu öffnen. Sie können auch die Quick-Edit-Funktion nutzen, um einen Beitrag schnell zu editieren. Öffnen Sie im ersten Schritt den Menüpunkt Beiträge ❶ oder Seiten. Wenn Sie jetzt mit dem Mauszeiger über die Beiträge fahren, blendet WordPress unter anderem einen Link namens QuickEdit (auch Schnellkorrektur) ❷ ein. Sobald Sie darauf klicken, öffnet sich eine Bearbeitungsfläche ❸.

Über dieses »Armaturenbrett« ändern Sie schnell die Kategorie, fügen weitere Schlagwörter hinzu oder ändern den Status der Veröffentlichung.

Die einzige Einstellung, die ein wenig irritierend betitelt wurde, ist das Feld Titelform ❹. Über das Titelform-Feld ändern Sie die eigentliche URL, unter der man den Beitrag/die Seite findet.

Sind Sie mit Ihren Änderungen zufrieden, speichern Sie sie mit einem letzten Klick auf Aktualisieren ❺ ab.

Mit QuickEdit erhalten Redakteure ein enorm praktisches Mittel, um Artikel schnell zu ergänzen, für die Zukunft zu datieren oder einfach freizuschalten.

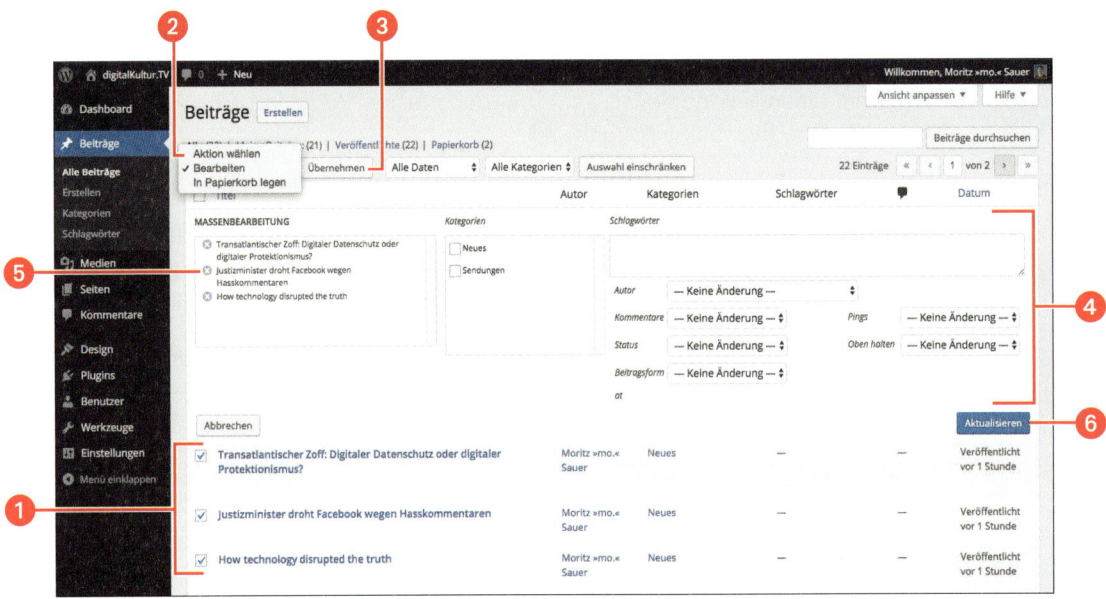

Massenbearbeitung: Beiträge und Seiten gleichzeitig editieren

Manchmal will man mehrere Beiträge gleichzeitig bearbeiten, z. B. wenn man mehrere Dokumente zeitgleich in den Papierkorb werfen oder ausgewählte Artikel einer weiteren Kategorie hinzufügen möchte. Auch für solche Massenbearbeitungen bietet WordPress zahlreiche Funktionen.

Um mehrere Beiträge oder Seiten gleichzeitig zu editieren, wählen Sie im ersten Schritt die zu ändernden Inhalte aus ❶. Als Nächstes legen Sie über das Ausklappmenü Aktion wählen ❷ fest, ob Sie die Inhalte Bearbeiten oder In den Papierkorb legen wollen. Dann bestätigen Sie Ihre Wahl mit einem Klick auf Übernehmen ❸.

Jetzt klappt WordPress ein »Armaturenbrett« ähnlich wie das von QuickEdit aus ❹, über das Sie gleichzeitig Informationen in allen ausgewählten Inhalten editieren können. Wollen Sie nachträglich einen Beitrag/eine Seite aus der Massenbearbeitung entfernen, klicken Sie einfach auf das X vor dem Titel des Beitrags/der Seite ❺.

Die Massenbearbeitung starten und schließen Sie wie immer mit einem Klick auf Aktualisieren ❻.

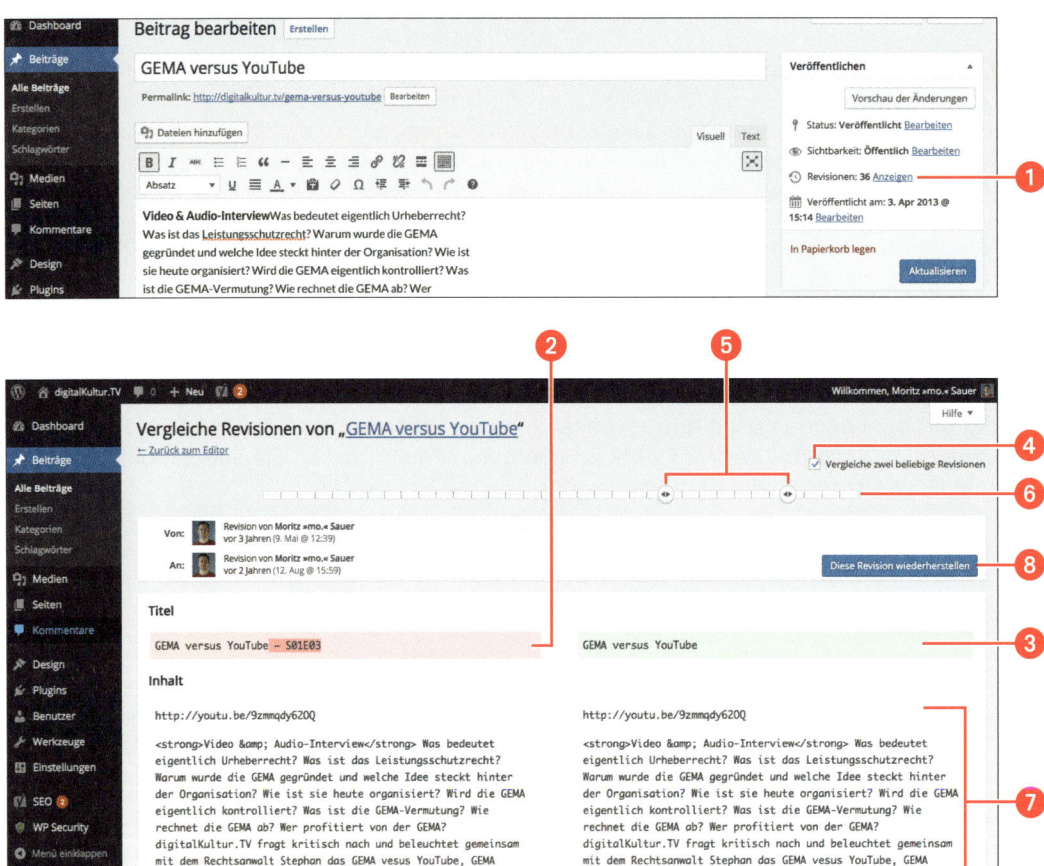

Revisionen: Inhalte wiederherstellen

Während Sie Beiträge und Seiten editieren, speichert WordPress den Zwischenstand alle 60 Sekunden als **automatische Speicherung** ab. Stürzt Ihr Browser unerwartet ab, ist die Wahrscheinlichkeit hoch, dass Sie nicht alle Eingaben verlieren.

WordPress geht sogar noch einen Schritt weiter. Jedes Mal, wenn Sie einen Artikel zwischenspeichern oder aktualisieren, speichert WordPress eine neue Version Ihres Beitrags bzw. Ihrer Seite ab. Diese verschiedenen Versionen von WordPress nennen sich **Revisionen** und können von Ihnen eingesehen und verglichen werden; alte Versionen können Sie sogar wiederherstellen.

Löschen Sie z. B. versehentlich einen Absatz in einem Beitrag, finden Sie diesen sicherlich in den Revisionen wieder. Zugriff auf die Revisionen erhalten Sie über den Editor, indem Sie im Veröffentlichen-Kasten auf Anzeigen klicken ❶.

Auf dem nächsten Bildschirm zeigt WordPress jetzt zwei Revisionen an – die vorherige links und die aktuelle rechts. Inhalte, die gelöscht wurden, werden rot ❷ und editierte bzw. neu hinzugekommene werden grün ❸ hinterlegt.

Um Revisionen zu vergleichen, setzen Sie ein Häkchen bei Vergleiche zwei beliebige Revisionen ❹. Anschließend können Sie die beiden blauen runden Pfeile nach links und rechts ❺ auf dem Zeitstrahl ❻ verschieben, um verschiedene Revisionen zu vergleichen. Details zu den Revisionen blendet WordPress direkt darunter ein ❼. Um eine Revision wiederherzustellen, klicken Sie auf die gleichnamige Schaltfläche ❽.

Kapitel 6 | Die eigene WordPress-Website gestalten

Wenn Sie WordPress für eigene Projekte nutzen möchten, brauchen Sie keinen Programmierer, der ein passendes Design entwickelt oder individuelle Zusatzfunktionalität für Sie programmiert. Denn bereits mit Standard-Themes wie z. B. Twenty Sixteen, Twenty Fifteen oder Twenty Fourteen und den in WordPress eingebauten Funktionen passen Sie Ihre WordPress-Website schnell und unkompliziert Ihren Wünschen entsprechend an. Welche Möglichkeiten und Funktionen WordPress bietet und wie Sie Ihre Vorstellungen einfach umsetzen, erfahren Sie in diesem Kapitel.

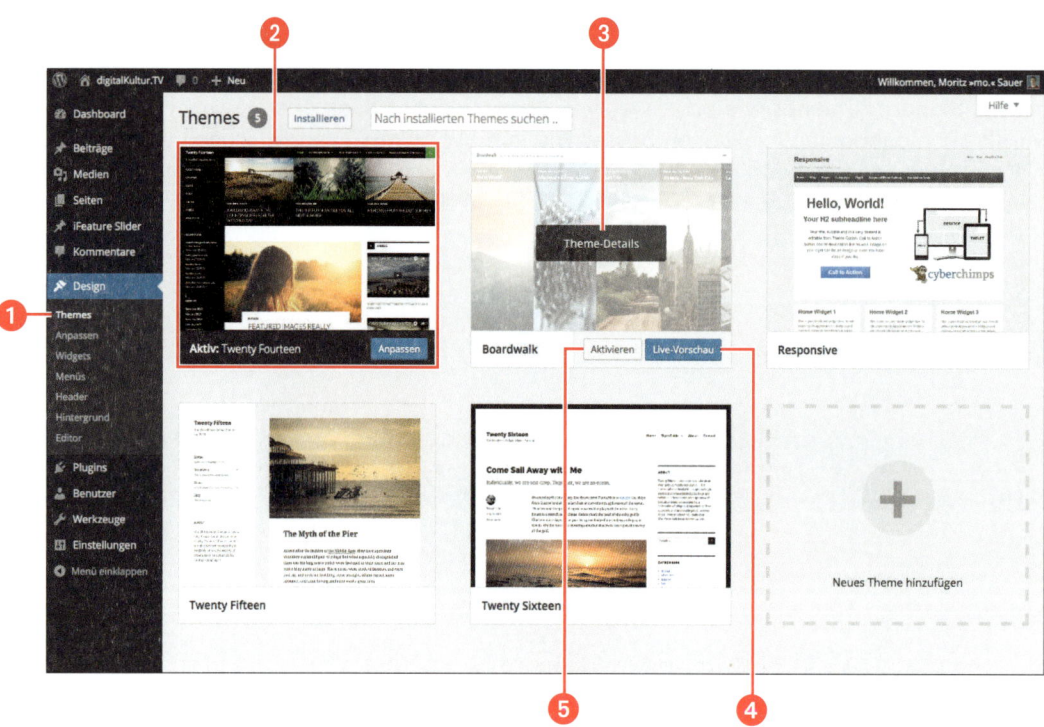

Themes: Grundlage für Layout und Funktionen

Jedes Blog und jede Website, die mit WordPress umgesetzt wurde, beruht auf einem **Design**, dem sogenannten **Theme**. Das Theme bestimmt das äußere Erscheinungsbild des Webauftritts: Neben Farben, Schrift und Grafiken steuert es auch die Darstellung der Inhalte. So legen Themes z. B. fest, an welcher Stelle ein Navigationsmenü angezeigt wird oder ob die Beiträge auf einer Kategorieseite z. B. nur mit Titel oder mit Titel, Bild und Auszug dargestellt werden.

Welche Themes eine WordPress-Installation anbietet, finden Sie im Backend über das Menü Design → Themes ❶ heraus. Dabei listet WordPress das aktive Theme immer zuerst auf ❷. Um mehr über eines der in der Liste befindlichen Themes zu erfahren, fahren Sie zuerst mit der Maus über das Vorschaubild und klicken anschließend auf Theme-Details ❸. Möchten Sie sich einen Eindruck von einem Theme verschaffen, können Sie es mit der Live-Vorschau ❹ direkt ausprobieren. WordPress wechselt jetzt in den sogenannten Customizer, über den Sie direkt das Theme ausprobieren, anpassen und bei Wunsch Aktivieren ❺ können.

Technisch gesehen, ist ein Theme ein **Paket von Dateien**, das sämtliche Grafiken des Themes (Kopfgrafiken, Hintergrundbilder, Icons und so weiter), Layouteinstellungen und Funktionen umfasst. Jedes Theme hat einen eigenen Ordner auf dem Server. Sie finden die Themes im Ordner Ihrer WordPress-Installation unter *www.ihre-domain.de/wp-content/themes/*.

Tipp

Im Web warten Tausende von Themes darauf, entdeckt zu werden. Die allererste Website für kostenlose und freie Themes ist www.wordpress.org/themes/. Nicht alle gelisteten Themes entsprechen professionellen Standards und stellen eine Dokumentation bereit. Professionelle Themes samt Support – die sogenannten **Premium-Themes** – bieten Websites wie *www.elmastudio. de*, *www.studiopress.com* oder *www.themeforest.net*. Eine Auswahl edler alternativer Themes finden Sie auch auf meiner Website unter *http://magazin.phlow.de/wordpress/themes/*.

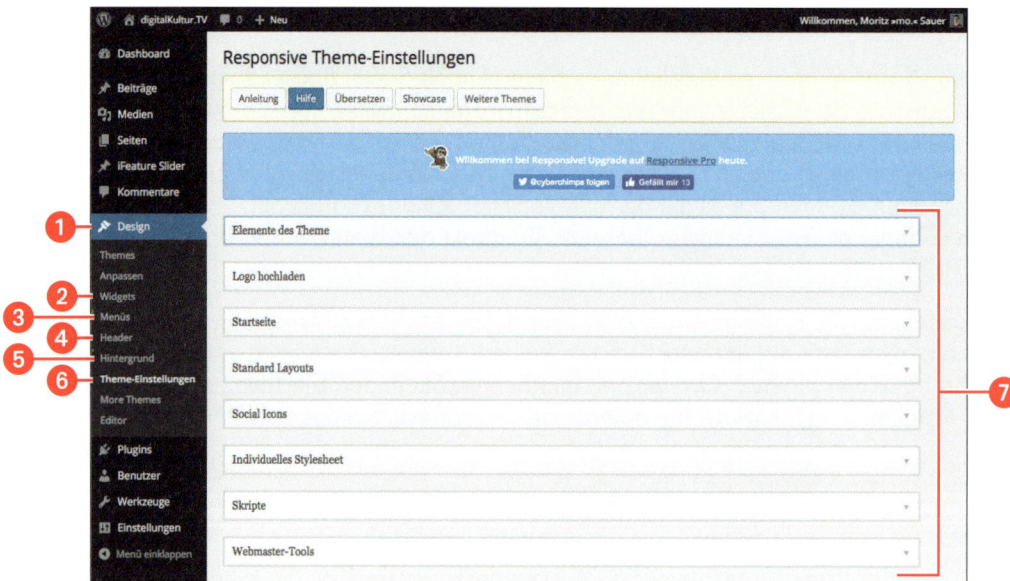

Funktionen eines Themes

Themes bestehen aus verschiedenen Grundelementen plus möglichen Erweiterungen. Die Optionen variieren hierbei von Theme zu Theme. Welche Optionen ein aktiviertes Theme bietet, finden Sie unter dem Menüpunkt Design ❶. In der Abbildung links sind das die Menüpunkte Widgets, Menüs, Header (Kopfzeile), Hintergrund, Theme-Einstellungen und More Themes. Auch die Menüpunkte Themes, Anpassen und Editor finden Sie immer über das Design-Menü.

Ein modernes Theme sollte Grundelemente wie Widgets ❷, individuelle Menüs ❸, eine gestaltbare Kopfzeile ❹ und den Upload eines Hintergrundbilds ❺ unterstützen. Diese Bestandteile ermöglichen es, eine Website schnell und unkompliziert den eigenen Wünschen anzupassen.

Darüber hinaus bieten viele Themes noch weitere Funktionen. So können Sie bei vielen neu oder weiterentwickelten Themes die Schriftart(en) mit wenigen Klicks ändern oder eine individuelle Logo-grafik hochladen. Diese Optionen finden Sie oft über einen zusätzlichen Menüpunkt. Das Responsive Theme, das Sie in der Abbildung links sehen und auf Seite 233 näher kennenlernen, betitelt diesen Menüpunkt mit Theme-Einstellungen ❻. Die zusätzlichen Möglichkeiten, die das Responsive Theme bietet, sehen Sie im rechten Bildbereich ❼.

Zahlreiche Themes erweitern darüber hinaus Templates um neue Seitenformate. Mithilfe dieser Spezial-Templates erstellen Sie z. B. im Nu eine Anfahrtsseite mit großformatig eingebautem Karten-material von Google Maps. Populär sind außerdem Bilderbühnen – auch **Slider** genannt. Sie erlau-ben Ihnen die Präsentation großformatiger Bilder auf der Startseite, um einzelne Inhalte besonders hervorzuheben. Auch die Standard-Widgets erweitern einige Themes um weitere hilfreiche Module (mehr über Widgets erfahren Sie auf Seite 197 und den folgenden).

Wenn Sie sich für ein Theme entscheiden, achten Sie darauf, dass es »responsive« ist, d. h., für mo-bile Geräte, Tablets und Desktoprechner gleichermaßen optimiert wurde – mehr zum Thema Respon-sive Webdesign lesen Sie auf Seite 183.

WordPress.org
Search WordPress.org
Showcase
Themes
Plugins
Mobile
Support
Get Involved
About
Blog
Hosting
Download WordPress
Theme Directory
Commercial Themes
Upload Your Theme
2.174
Featured
Popular
Latest
Favorites
Feature Filter
Search themes...
Twenty Sixteen
Twenty Fifteen
Twenty Fourteen
Basic
Twenty Twelve
Twenty Thirteen
Twenty Eleven
Sydney
Zerif Lite

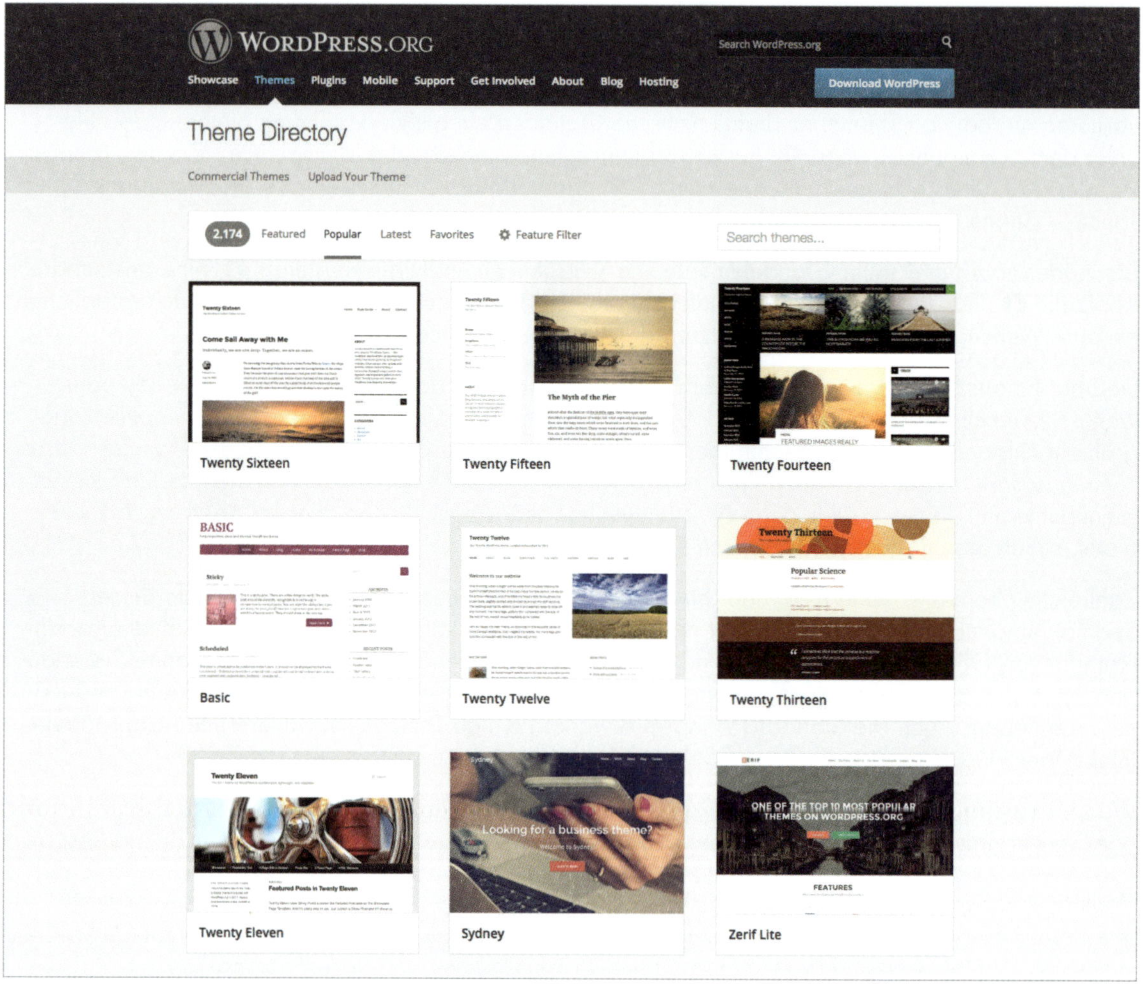

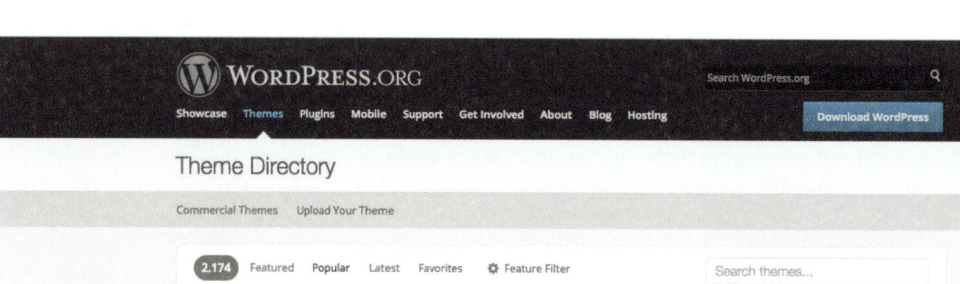

Das passende Theme für Ihr Projekt finden

Im Web warten Tausende von Themes auf den kostenlosen Download. Diese Themes unterscheiden sich in ihrer Qualität, Aktualität und Funktionalität aber oft frappierend. In diesem Überangebot bieten Ihnen die folgenden Auswahlkriterien Orientierung und helfen Ihnen, die verschiedenen Themes auf Tauglichkeit zu testen und professionelle Themes von Schnellschüssen zu unterscheiden.

Wofür setze ich das WordPress-Theme ein? Handelt es sich bei dem Projekt um ein Blog, ein Magazin, eine Veranstaltung oder ein Event, eine Dokumentation oder ein Portfolio?

Ist das Theme für Suchmaschinen optimiert? Untersuchen Sie den Quellcode im Browser und überprüfen Sie, ob das Theme die wichtigsten HTML-Tags wie <title>, <h1> und die Meta-Description für jede Seite individuell erstellt. Überprüfen Sie den Quellcode mit dem Validator unter *http://validator.w3.org* auf Fehler.

Welche Optionen bietet Ihnen das Theme für die individuelle Gestaltung? Können Sie die Navigation anpassen? Können Sie das Logo schnell ersetzen? Unterstützt das Theme Widgets? Gibt es verschiedene Layouts für Kategorie-, Schlagwort- und Autorenseiten? Können Sie verschiedene Schriftarten auswählen? Können Sie Farben für Links und Ähnliches bestimmen?

Wollen Sie Geld mit dem Theme verdienen? Dann achten Sie darauf, dass Platz im Layout für Werbung und Banner eingeplant wurde.

Ist das Theme auch in Deutsch erhältlich? Leider können Sie in der Regel erst nach der Installation des Themes überprüfen, ob es auch Deutsch unterstützt. Ob ein Theme übersetzt wurde, kontrollieren Sie am einfachsten, indem Sie den Text des Weiterlesen-Links überprüfen.

Wenn es sich um ein Premium-Theme handelt, gibt es einen Support? Erhalten Sie zusätzliche Photoshop-Dateien? Was schreiben andere Nutzer über das Theme und seinen Anbieter?

Weitere wichtige Fragen lauten: Ist das Theme mit der neuesten WordPress-Version kompatibel? Ist es responsive? Gibt es eine Dokumentation? Arbeitet der Programmierer noch an dem Theme (Changelog überprüfen)? Muss ich Erweiterungen installieren, damit das Theme funktioniert?

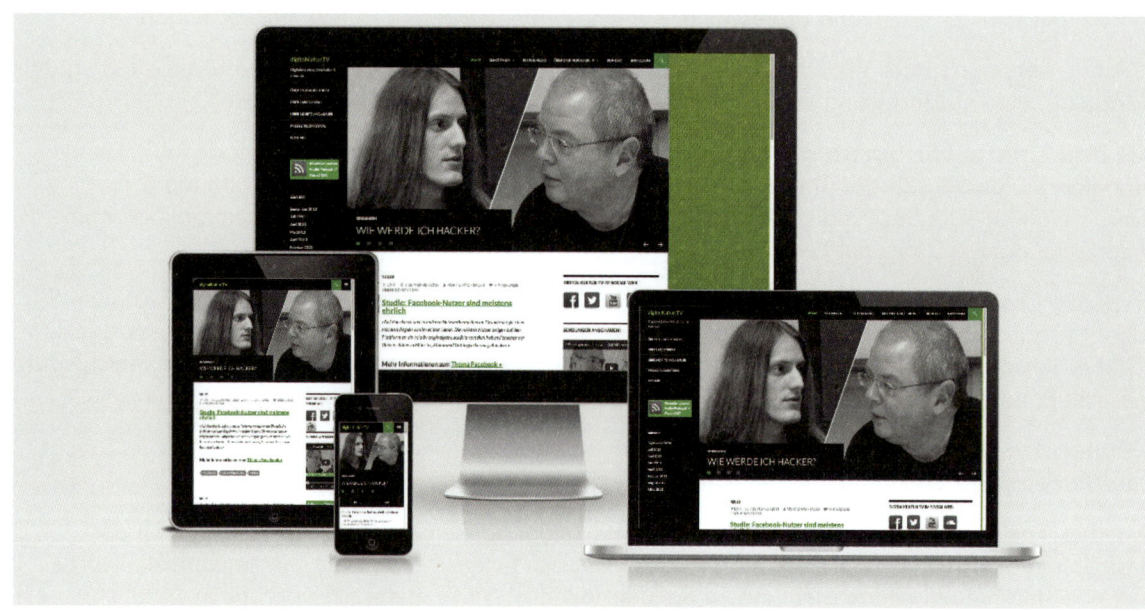

Responsive Webdesign: Themes für alle Geräte

Responsive Webdesign ist eine moderne Variante des Webdesigns, bei der sich die im Browser aufgerufene Website **automatisch an die Größe des Bildschirms anpasst**. Responsive bedeutet so viel wie »reaktionsfähig«. Richtig gute responsive Webdesigns adaptieren die Größe des Browserfensters und arrangieren die Elemente samt Inhalten neu. So sieht dieselbe Website auf einem mobilen Gerät wie einem Smartphone anders aus als im Browser eines Desktoprechners.

Wie Sie links sehen, ist das Theme **Twenty Fourteen** responsive und passt die Inhalte automatisch an die Fenstergröße an. Der Vorteil liegt auf der Hand: Egal ob jemand Ihre Website gerade mit einem Android-Smartphone oder iPhone, einem Tablet-Computer oder einem Desktoprechner besucht – die Website präsentiert sich optimal.

Eines sollten Sie aber beim Responsive Webdesign bedenken: Die Website lädt in den meisten Fällen auf allen Geräten die gleichen Grafiken, Schriften sowie den HTML-Code, um angezeigt zu werden. Achten Sie also darauf, Ihre Website nicht mit Bildern und Videos zu überladen. Denn mobile Besucher surfen generell langsamer und unter restriktiveren Bedingungen wie z. B. einem bestimmten Datenvolumen.

Tipp

Mobil-freundliche Websites bekommen von Google Pluspunkte für die Suchmaschinenergebnisse. Mit den beiden Google-Websites *www.google.de/webmasters/tools/mobile-friendly/* und *https://testmysite.thinkwithgoogle.com/* durchleuchten Sie eine Website, ob diese auf Responsive Webdesign basiert und wie mobil-freundlich sie ist. Geben Sie dazu einfach eine URL ein und sehen Sie sich das Ergebnis an.

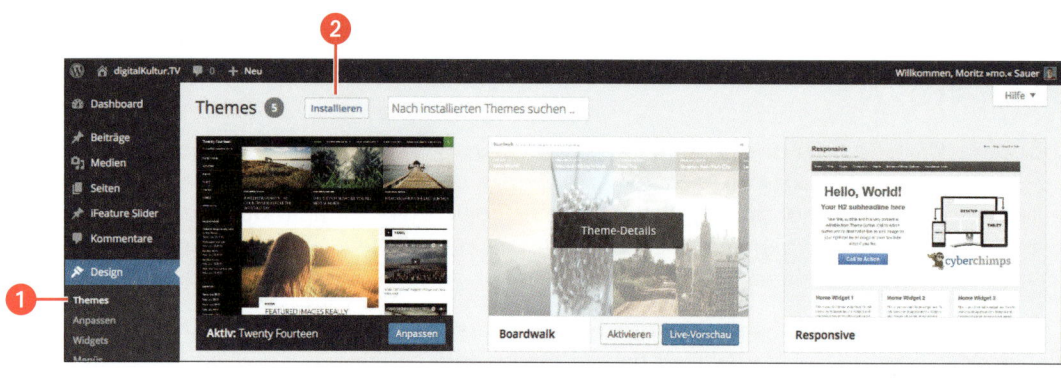

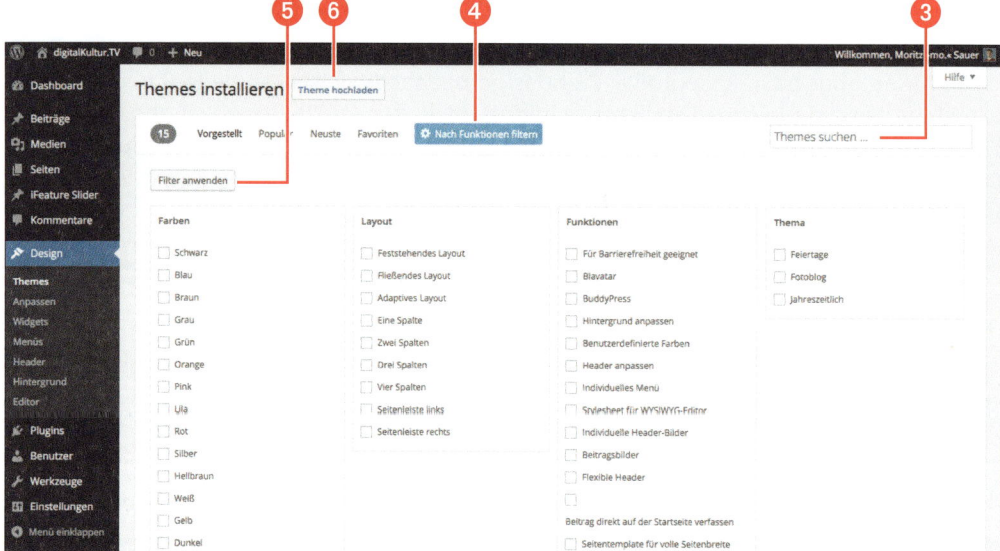

Ein neues Theme über das Backend installieren

Um ein neues Theme zu installieren, stehen Ihnen zwei verschiedene Wege zur Verfügung: der Upload per FTP-Programm oder die Installation über das Backend. Der sicherste Weg für die Installation ist der »händische« Upload per FTP-Programm. Denn bei der automatischen Installation von WordPress kann es vorkommen, dass sich WordPress verschluckt und mitten im Installationsprozess stecken bleibt.

Ein anderes häufig auftretendes Phänomen ist, dass einige Webhoster äußerst restriktive Einstellungen für ihre Server vornehmen und verhindern, dass WordPress Dateien selbstständig herunterladen, entpacken und installieren darf. Das dient zwar der Sicherheit, geht aber zulasten Ihres Komforts.

Beginnen wir mit der komfortablen Variante:

Installation über das Backend

1. Öffnen Sie den Menüpunkt Design → Themes **1**.

2. Klicken Sie auf die Schaltfläche Installieren **2**.

3. Suchen Sie über die Suche **3** oder den Filter **4** ein Theme (z. B. Stargazer) aus. Bestätigen Sie die Suche dann mit der Enter-Taste oder klicken Sie auf Filter anwenden **5**.

4. WordPress listet Ihnen jetzt Themes mit einem Vorschaubild auf. Fahren Sie mit der Maus über ein Theme, das Ihnen gefällt, und klicken Sie auf die eingeblendete Installieren-Schaltfläche.

5. Oder klicken Sie auf Theme hochladen **6**, um ein heruntergeladenes ZIP-Paket eines Themes auf Ihrem Rechner auszusuchen und hochzuladen.

6. Klicken Sie auf Aktivieren, nachdem WordPress das Theme automatisch installiert hat. Fertig!

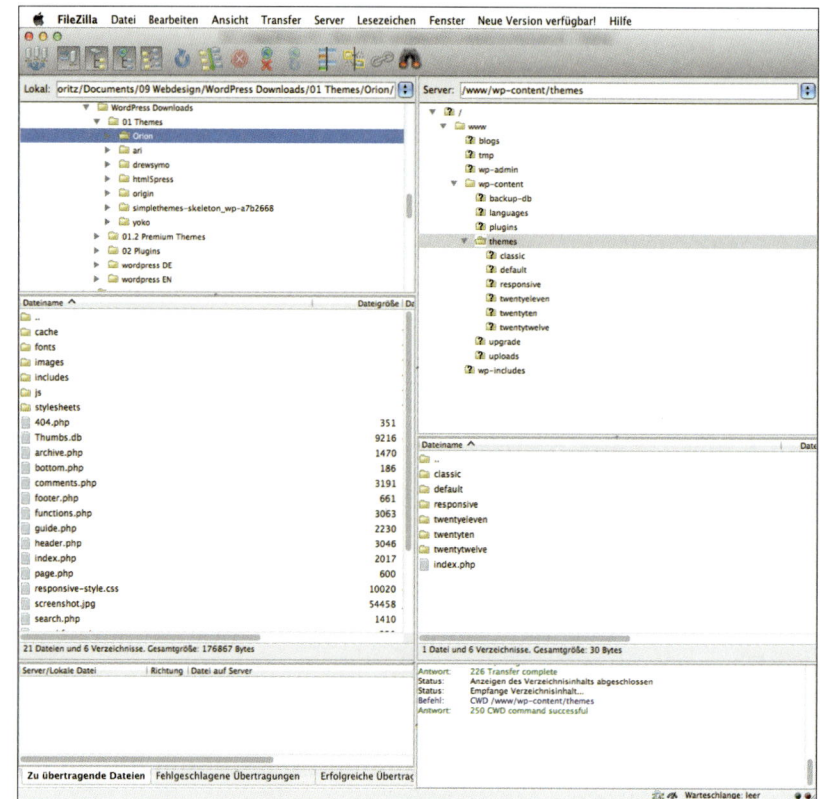

Ein neues Theme per FTP installieren

Die Installation eines Themes per FTP-Upload ist einfach, wenn Sie den Umgang mit einem FTP-Programm gewohnt sind. Diese Art der Installation ist immer die sicherste, weil Sie alles im Blick haben und Ihnen das FTP-Programm genaue Informationen darüber anzeigt, ob sämtliche Daten korrekt übertragen bzw. hochgeladen wurden.

1. Laden Sie das ZIP-Archiv des Themes herunter (z. B. unter *http://wordpress.org/themes/sydney*).

2. Entpacken Sie das ZIP-Archiv auf Ihren Desktop.

3. Öffnen Sie Ihr FTP-Programm und verbinden Sie sich mit dem Server.

4. Öffnen Sie das WordPress-Verzeichnis und wechseln Sie in das Unterverzeichnis /wp-content/ themes/.

5. Laden Sie den gesamten Theme-Ordner in das Verzeichnis /themes hoch (z. B. den Ordner sydney).

6. Öffnen Sie im WordPress-Backend den Menüpunkt Design → Themes. WordPress listet jetzt das hochgeladene Theme mit den bereits hochgeladenen anderen Themes auf.

7. Aktivieren Sie das Theme – fertig!

Hinweis

Unter *www.phlow.org/ftp* finden Sie eine Videoanleitung, die Ihnen zeigt, wie Sie das kostenlose FTP-Programm FileZilla konfigurieren und damit arbeiten.

Themes direkt in der Vorschau anpassen

Um neue Themes zu testen und gegebenenfalls direkt im Browser anzupassen, bietet WordPress eine großartige Funktion: die **Live-Vorschau**. Wenn Sie WordPress selbst installiert haben, finden Sie unter Design → Themes bereits weitere Themes neben dem voreingestellten Standard-Theme. Möchten Sie das aktuelle Theme testen und gestalten, klicken Sie auf Anpassen. Wollen Sie einfach mal ein anderes Theme, z. B. Twenty Fifteen, testen, fahren Sie mit der Maus über das Vorschaubild und klicken auf Live-Vorschau.

Wenn Sie die Live-Vorschau-Funktion für das Theme Twenty Fifteen ausprobieren, können Sie diese Änderungen sehen, die Besucher Ihres Webauftritts jedoch nicht. Sämtliche Änderungen, die Sie jetzt vornehmen, treten erst dann in Kraft, wenn Sie die Schaltfläche Speichern & Aktivieren ❶ anklicken. Verwerfen können Sie Ihre Einstellungen dagegen mit einem Klick auf das schwarze X ❷, damit belassen Sie es dann beim aktuellen Theme.

Welche Einstellungsmöglichkeiten Ihnen ein Theme zur Verfügung stellt, sehen Sie in der linken Seitenleiste ❸. Ein Klick auf den jeweiligen Menüpunkt öffnet die dazugehörigen Einstellungen. So bietet z. B. das Theme Twenty Fifteen Einstellungsmöglichkeiten für Website-Informationen, Farben, Header-Bild, Hintergrundbild, Menüs, Widgets und Statische Startseite. Änderungen, die Sie über die linke Leiste vornehmen, wirken sich direkt auf die Live-Vorschau ❹ rechts aus. Mit den drei Symbolen am unteren Rand ❺ testen Sie, wie das Theme auf Desktoprechnern, Tablets und mobilen Geräten aussieht.

Hinweis

Nicht alle Themes bieten die Möglichkeit, sämtliche Optionen und Funktionen in der Live-Vorschau zu testen. Auskunft darüber gibt die Dokumentation zum Theme. Alternativ können Sie das Theme aktivieren und es anschließend richtig im Live-Betrieb ausprobieren.

Design
Themes
Anpassen
Widgets
Menüs
Header
Hintergrund
Editor
Aktiv: Twenty Sixteen
Anpassen
Boardwalk
Responsive
cyberchimps
1

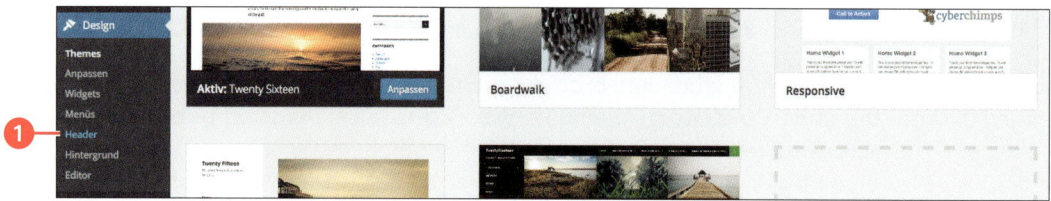

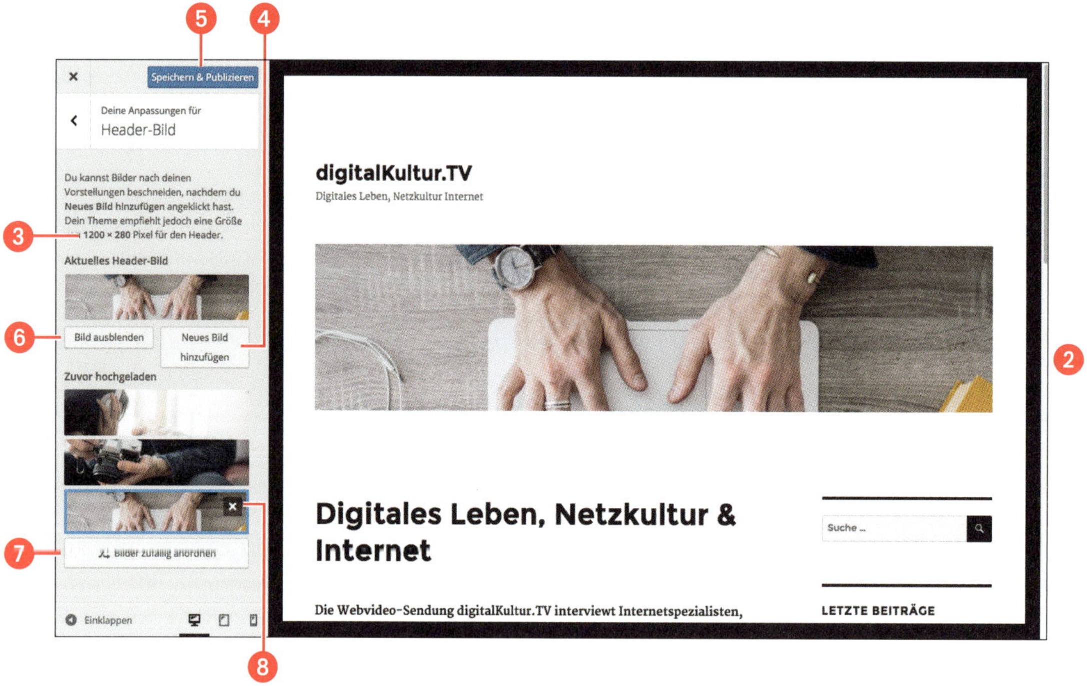
Speichern & Publizieren
Deine Anpassungen für
Header-Bild
Du kannst Bilder nach deinen Vorstellungen beschneiden, nachdem du Neues Bild hinzufügen angeklickt hast. Dein Theme empfiehlt jedoch eine Größe 1200 × 280 Pixel für den Header.
Aktuelles Header-Bild
Bild ausblenden
Neues Bild hinzufügen
Zuvor hochgeladen
Bilder zufällig anordnen
Einklappen
digitalKultur.TV
Digitales Leben, Netzkultur Internet
Digitales Leben, Netzkultur & Internet
Suche ...
Die Webvideo-Sendung digitalKultur.TV interviewt Internetspezialisten,
LETZTE BEITRÄGE
2
3
4
5
6
7
8

Bilder in die Kopfzeile einfügen

Ein einprägsames Logo oder ein erklärendes Bild im Kopfbereich der Website vermittelt dem Besucher schnell, worum es auf der Website geht. Zahlreiche Themes bieten deshalb einen schnellen und unkomplizierten Weg, über den Menüpunkt Design → Header (Kopfzeile) oder die Live-Vorschau Design → Anpassen eine Kopfgrafik hochzuladen und zu aktivieren. Und das geht so:

1. Klicken Sie auf den Menüpunkt Design → Header ❶. Jetzt gelangen Sie in den Unterpunkt Header-Bild ❷ der Live-Vorschau. Gute Themes geben
Ihnen in einer Kurzbeschreibung die optimale Bildgröße an. Beim Twenty Sixteen-Theme sind es 1.200 × 280 Pixel ❸.

2. Laden Sie über Neues Bild hinzufügen ❹ ein Bild in die Mediathek hoch oder wählen Sie ein bereits hochgeladenes aus und klicken Sie auf Auswählen und zuschneiden.

3. Wählen Sie einen Bereich des Bilds aus, der in der Kopfzeile angezeigt werden soll, indem Sie den Bereich über die kleinen Quadrate an den Ecken verkleinern oder vergrößern. Den Ausschnitt können Sie bewegen, wenn Sie den Mauszeiger in die Mitte des Ausschnitts setzen. Erscheint das Steuerkreuz, können Sie den Ausschnitt verschieben.

4. Wenn Sie mit dem Ausschnitt zufrieden sind, klicken Sie auf Bild zuschneiden. WordPress schneidet das Bild jetzt zu und präsentiert in der Live-Vorschau das Ergebnis.

5. Klicken Sie abschließend auf Speichern & Publizieren ❺. Sollten Sie nicht zufrieden sein, klicken Sie auf Bild ausblenden ❻ und fangen einfach noch einmal bei Schritt 3 an.

Tipp

Sie können auch mehrere Kopfgrafiken hochladen und diese zufällig rotieren lassen. Laden Sie dazu einfach mehrere Bilder über Neues Bild hinzufügen hoch. Mit einem Klick auf Bilder zufällig anordnen ❼ testen Sie das Ergebnis. Bilder entfernen Sie, indem Sie über das jeweilige Bild mit der Maus fahren und auf das X ❽ klicken.

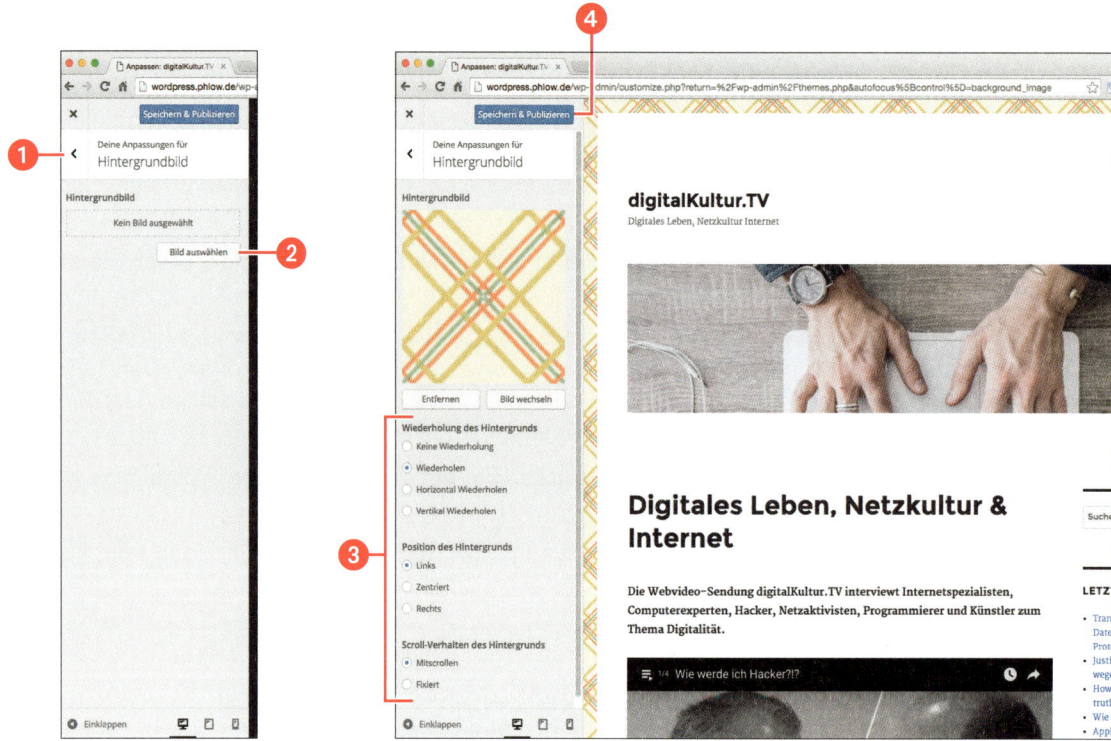

Ein Hintergrundbild für die Website einbinden

Mit einem Hintergrundbild oder einer Hintergrundfarbe können Sie eine Website maßgeblich gestalten. Ob Sie ein Muster im Hintergrund »kacheln« (es also neben- und übereinander wiederholen), ob Sie ein Hintergrundbild nutzen oder einen Farbverlauf einbauen: Die Möglichkeiten sind vielfältiger, als man zunächst denkt. Die meisten Themes bieten dafür einen eigenen Menüpunkt an: Design → Hintergrund.

Um ein Hintergrundbild im Theme Twenty Sixteen (und in vielen anderen Themes auch) hochzuladen, gehen Sie wie beim Einsetzen einer Kopfgrafik vor. Zuerst klicken Sie auf Design → Hintergrund, und WordPress bringt Sie wieder zur Live-Vorschau und dort direkt zum Unterpunkt Hintergrundbild ❶. Über Bild auswählen ❷ öffnet sich die Mediathek. Laden Sie ein neues Bild hoch oder wählen Sie ein passendes aus der Mediathek aus. Klicken Sie auf Bild wählen.

WordPress öffnet jetzt wieder die Live-Vorschau und blendet Ihnen zahlreiche Möglichkeiten ein, das Bild zu wiederholen, im Hintergrund zu positionieren und/oder das Scroll-Verhalten des Hintergrunds festzulegen ❸. Um die Einstellungen zu übernehmen, klicken Sie wie immer auf Speichern & Publizieren ❹.

Tipp

Bedenken Sie, dass große Bilder eine Website verlangsamen. Gekachelte Muster oder eine Hintergrundfarbe reduzieren hingegen das zu übertragende Datenvolumen. Mobile Surfer wird das freuen.

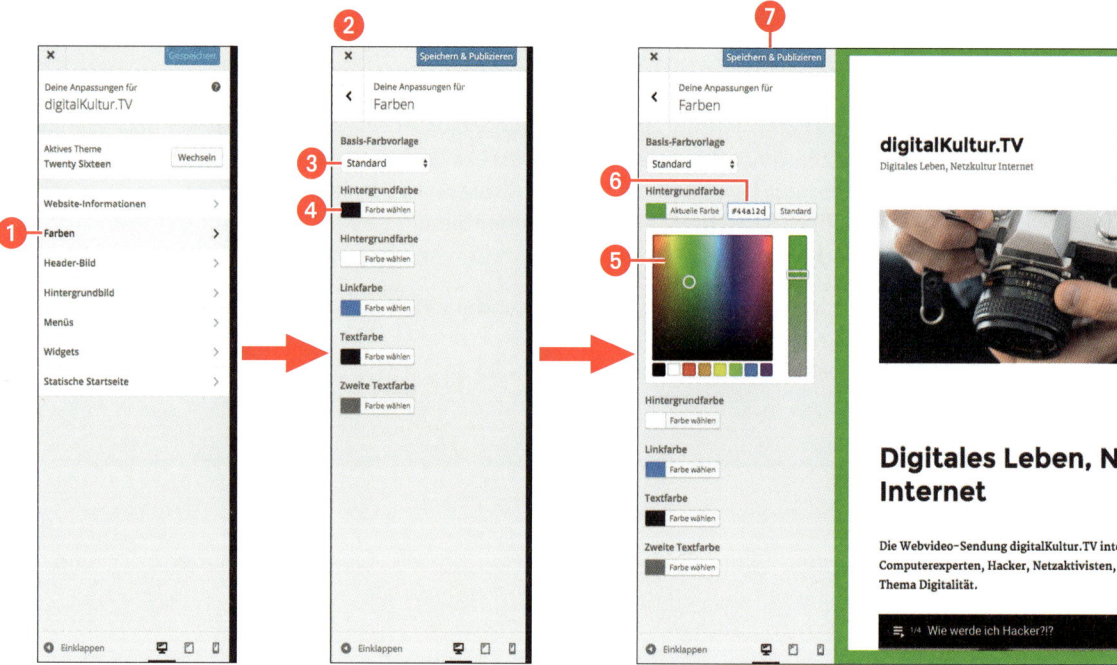

Farbgestaltung: Farben für Links, Text und Hintergrund

Themes bieten oft die Möglichkeit, die im Design genutzten Farben anzupassen. Welche Farben Sie editieren können, finden Sie heraus, indem Sie über das Backend mit Design → Anpassen die Live-Vorschau öffnen. Suchen Sie nach einem Menüpunkt, der mit Farben ❶ betitelt ist, und klicken Sie darauf. Das nächste Menü ❷ zeigt Ihnen eine Übersicht für die Farbgestaltung. So bietet z. B. das Theme Twenty Sixteen hierzu zahlreiche Möglichkeiten an. Dazu gehören sogar vorgefertigte Farbvorlagen, die Sie über ein Drop-down-Menü ❸ auswählen können.

Um Farben zu bearbeiten, klicken Sie einfach auf das jeweilige Farbe wählen-Feld ❹. Über den anschließend eingeblendeten Farbwähler ❺ können Sie die Farbe bestimmen oder Farbwerte – z. B. aus einem Bildbearbeitungsprogramm wie Photoshop – in das dazugehörige Feld kopieren ❻. Vergessen Sie nicht, auf Speichern & Publizieren ❼ zu klicken, wenn Sie mit der Gestaltung fertig sind. Ihre Farben gehen sonst verloren.

Tipp

Wenn Sie noch ein passendes Farbschema suchen, dann besuchen Sie doch mein Phlow-Magazin. Dort finden Sie unter *http://magazin.phlow.de/farben/* einen längeren Artikel mit Onlinewerkzeugen, um Farbkombinationen zu finden, und Websites mit kostenlosen Farbpaletten sowie Links zur Farbtheorie.

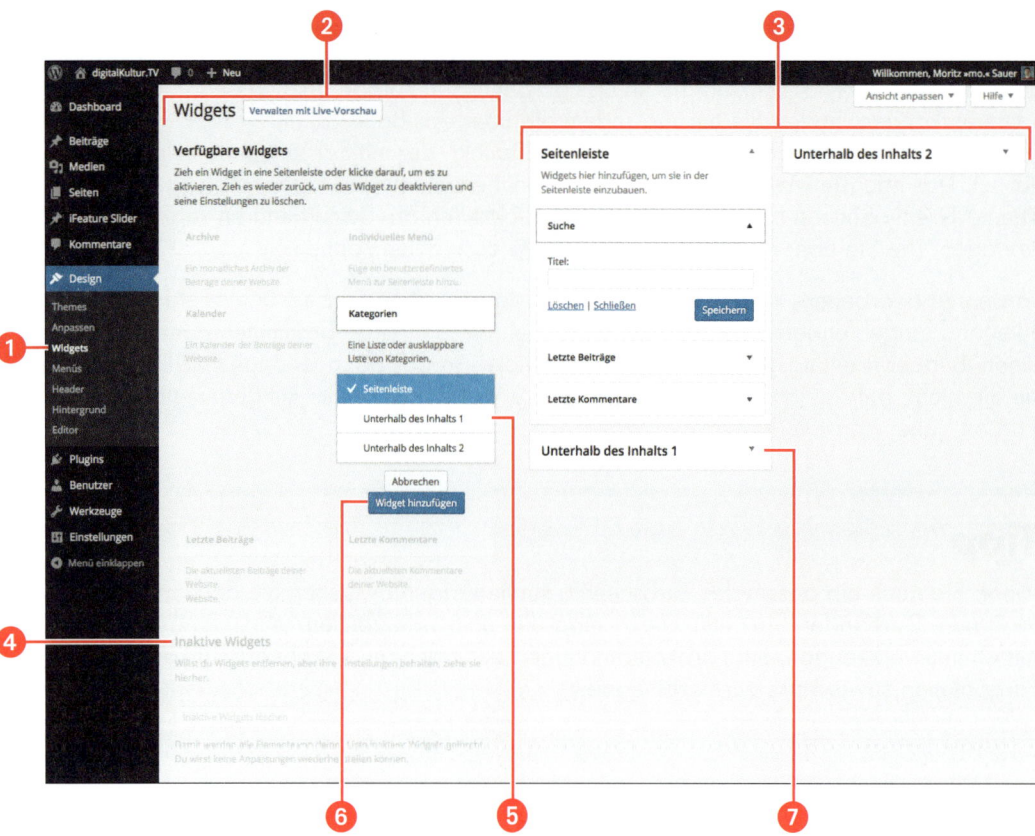

Widgets: mit Modulen die Website gestalten

WordPress ist unter anderem dank seiner Widgets so beliebt. Mit ihnen ist es möglich, per Drag-and-drop das Aussehen einer WordPress-Website schnell zu verändern. So können Sie z. B. Inhaltselemente wie ein Suchfeld, eine Liste der letzten Beiträge oder die Kategorien per Mausklick dort positionieren, wo Sie es wünschen.

Widgets sind kleine, anpassbare Module, die bestimmte Funktionen bieten und entsprechende visuelle Elemente erzeugen. Je nachdem, welches Theme Sie nutzen, gibt es mehr oder weniger extra dafür vorgesehene Widget-Bereiche, in denen Sie ein Widget oder gleich mehrere platzieren können. Manche Themes erweitern die Standard-Widgets um neue Module. Auch Plug-ins wie z. B. Jetpack (mehr dazu auf Seite 245) fügen WordPress neue Widgets hinzu.

Den Widget-Bereich finden Sie unter Design → Widgets ❶. Dieser teilt sich in drei Hauptbereiche auf:

Verfügbare Widgets ❷: Dieser Bereich listet alle zur Verfügung stehenden Widgets inklusive einer Kurzbeschreibung auf.

Widget-Bereich(e) ❸: Je nach Theme variiert die Anzahl der Widget-Bereiche. Standardmäßig ist der erste Widget-Bereich aufgeklappt. Um einen anderen Widget-Bereich zu öffnen, klicken Sie einfach auf den kleinen Pfeil nach unten.

Inaktive Widgets ❹: In diesem Bereich am Ende der Seite können Sie bei Bedarf Widgets »parken«. Bereits vorgenommene Einstellungen gehen dadurch nicht verloren.

Um ein Widget einem Widget-Bereich zuzuordnen, müssen Sie es zuerst anklicken. Dann klappt das Widget die zur Verfügung stehenden Bereiche aus ❺. Wählen Sie einen Bereich aus und bestätigen Sie mit einem Klick auf Widget hinzufügen ❻. WordPress positioniert das Widget dann automatisch als letztes Modul im ausgewählten Bereich und klappt es aus, damit Sie es konfigurieren können.

Die Einstellungen bereits positionierter Widgets klappen Sie über den kleinen Pfeil nach unten aus ❼. Die Reihenfolge der Widgets bestimmen Sie einfach per Drag-and-drop. Jedes Widget hat ein Feld für den Titel, zwei Links für Löschen und Schließen sowie eine Schaltfläche Speichern.

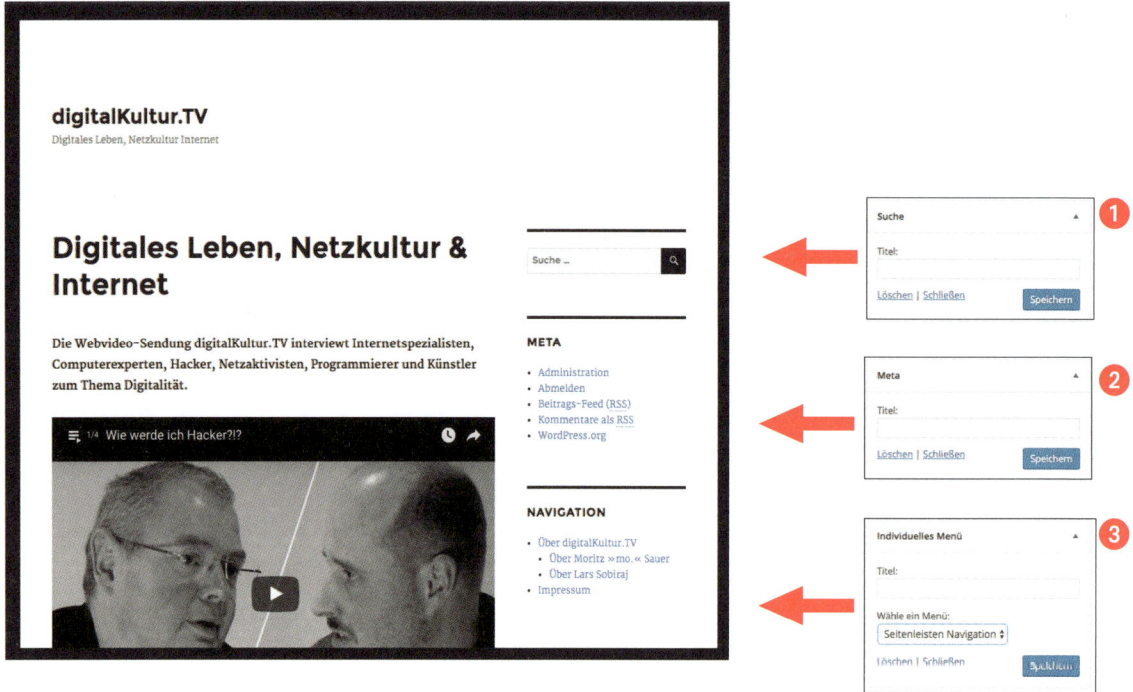

198

Widgets für Suche, Log-in und Menüs

Im Folgenden stelle ich Ihnen alle Standard-Widgets vor. Exemplarisch habe ich die jeweiligen Widgets in der Seitenleiste des Twenty Sixteen-Themes eingebaut. Das Aussehen der Widget variiert je nach Theme.

Mit den beiden Widgets Suchen und Individuelles Menü bauen Sie Funktionen in die Website ein, die den Besuchern bei der Orientierung auf Ihrer Website bzw. Ihrem Blogs helfen. Das Meta-Widget baut Links zu Log-in und RSS-Feeds ein.

Suche ❶: Jeder gute Webauftritt verfügt über eine Suchfunktion, mit der Besucher die Inhalte der Website bzw. des Blogs nach Schlagwörtern durchsuchen können. Mit dem Suche-Widget fügen Sie ein Modul mit einem Suchfeld samt Suche-Schaltfläche ein. Platzieren Sie das Suchfeld möglichst weit oben auf der Seite, da die Suche eine sehr beliebte Funktion ist. Um Platz zu sparen, verzichten Sie am besten auf einen Titel, denn die Beschriftung der Suche-Schaltfläche verdeutlicht auf einen Blick, wozu das Modul dient. Bei manchen Themes, wie z.B. Twenty Fourteen, ist die Suchfunktion bereits standardmäßig in der Hauptleiste eingebaut und über das Lupensymbol zugänglich.

Meta ❷: Mit dem Meta-Widget fügen Sie mehrere Links in Ihre WordPress-Website ein. Ein Link führt Sie zum Log-in-Bildschirm. Das ermöglicht Ihnen, sich von jeder Seite Ihres Webauftritts aus im Backend anzumelden (Seitenbesucher sehen diesen Link nicht). Zwei weitere Links verlinken jeweils Ihren Beitrags-Feed und den Feed für die aktuelle Kommentare. Außerdem baut das Widget noch einen Link auf WordPress.org ein.

Individuelles Menü ❸: Mit dem Widget Individuelles Menü bauen Sie ein Navigationsmenü ein, das Sie zuvor über das Menü Design → Menüs erstellt haben. (Wie Sie ein solches Menü erstellen, erfahren Sie auf den Seite 209 bis 215.) So ein Menü kann z.B. hilfreich sein, wenn Sie in der Seitenleiste Ihres Blogs eine Art Inhaltsverzeichnis einbauen wollen. Über das Ausklappmenü wählen Sie das Menü aus – hier Seitenleisten Navigation –, das über das Widget angezeigt werden soll.

Externe Inhalte über das RSS-Widget einbauen

Wie bereits auf Seite 93 erwähnt, können Sie mithilfe von RSS ganz einfach Inhalte von anderen Websites abonnieren und auf Ihrer Website bzw. Ihrem Blog einblenden. Das ist z. B. hilfreich, um sich mit befreundeten Websites zu verknüpfen und sich gegenseitig zu promoten. Technisch gesehen, sorgt das RSS-Widget für den Import dieser RSS-Feeds auf Ihre Website. Wenn Sie z. B. digitalKultur. TV promoten wollen, bauen Sie doch versuchsweise mal unseren RSS-Feed über das Widget ein:

1. Fügen Sie das RSS-Widget einem Widget-Bereich hinzu.

2. Geben Sie die URL *http://magazin.phlow.de/feed.xml* ein in das Feld Gib die URL des RSS-Feeds hier ein.

3. Betiteln Sie das Widget z. B. mit Neues von Phlow.

4. Wählen Sie über das Ausklappmenü die Anzahl der anzuzeigenden Beiträge aus – z. B. fünf.

5. Setzen Sie keine Häkchen in den Feldern darunter.

6. Speichern Sie mit einem Klick auf Sichern ab.

7. Öffnen Sie in einem neuen Fenster Ihre Website und überprüfen Sie das Ergebnis.

In den Standardeinstellungen verlinkt das Widget lediglich die Überschriften der Beiträge des RSS-Feeds. Wenn Sie mehr Inhalte des RSS-Feeds anzeigen lassen möchten, müssen Sie Häkchen bei Beitrags-Inhalt anzeigen?, Beitrags-Autor anzeigen, wenn verfügbar? und Beitrags-Datum anzeigen? setzen.

Hinweis

Beachten Sie beim Einbau eines RSS-Feeds, dass Sie sich die Inhalte einer anderen Website zu eigen machen. Gegen eine Verlinkung hat in der Regel niemand etwas, aber wenn Sie Inhalte des Beitrags übernehmen, möglicherweise schon.

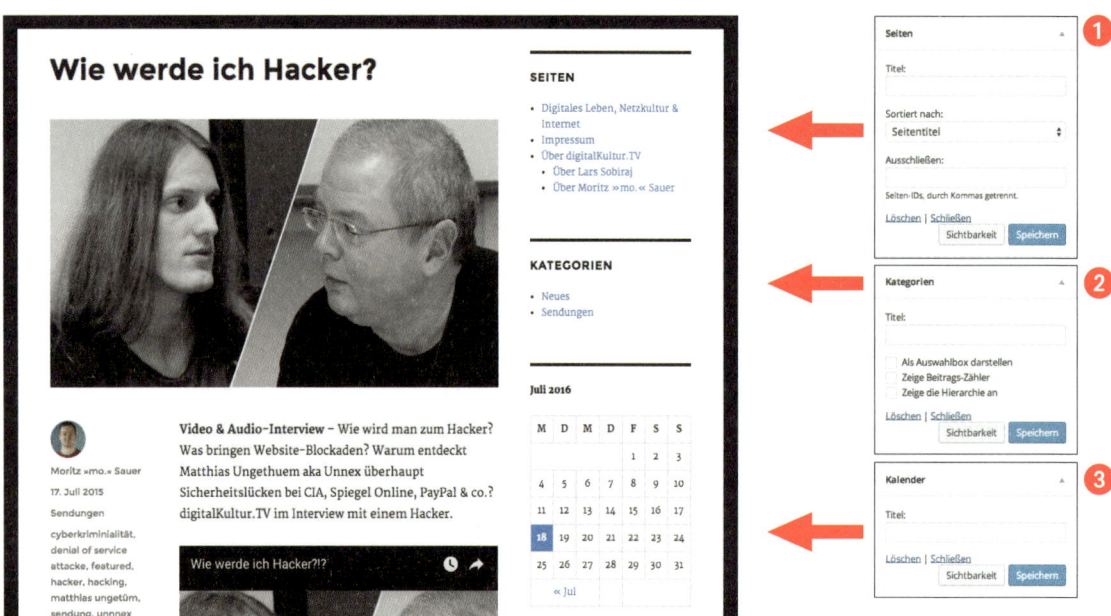

Widgets für die Präsentation von Website-Inhalten (1)

Die folgenden Widgets helfen Ihnen, Inhalte Ihrer Website besonders in Szene zu setzen:

Seiten ❶: Mithilfe des Seiten-Widgets listen Sie sämtliche Seiten auf, die Sie bereits veröffentlicht haben. Über das Ausklappmenü Sortiert nach entscheiden Sie, ob die Seiten nach Seitentitel, Reihenfolge der Seiten oder Seiten-ID sortiert werden sollen. Wie Sie die Reihenfolge der Seiten hierarchisieren, erfahren Sie auf Seite 159. Wenn bestimmte Seiten nicht angezeigt werden sollen, tragen Sie einfach die ID-Nummern der Seiten durch Kommata getrennt in das Ausschließen-Feld ein. Die ID einer Seite können Sie ermitteln, indem Sie die Seite im Backend aufrufen und den Link inspizieren. Die ID-Nummer der Seite wird innerhalb des Links angegeben (hier im Beispiel in Fettschrift): *http:// digitalkultur.tv/wp-admin/post.php?post=*10*&action=edit*.

Kategorien ❷: Dieses Widget zeigt die Kategorien einer Website an. Damit eine Kategorie erscheint, muss mindestens ein Beitrag dieser Kategorie veröffentlicht worden sein. Ob die Kategorien als Links oder über ein Ausklappmenü dargestellt werden, entscheiden Sie über Als Auswahlbox darstellen. Wie viele Beiträge bereits in eine Kategorie einsortiert wurden, können Sie sich anzeigen lassen, indem Sie ein Häkchen bei Zeige Beitrags-Zähler setzen. Sollen Unterkategorien eingerückt unter der Hauptkategorie erscheinen, setzen Sie einfach ein Häkchen bei Zeige die Hierarchie an.

Kalender ❸: Das Kalender-Widget fügt Ihrem Webauftritt einen anklickbaren Kalender hinzu. Mit seiner Hilfe können Besucher dann datumsbasiert nach Beiträgen suchen.

Wie werde ich Hacker?

Video & Audio-Interview – Wie wird man zum Hacker? Was bringen Website-Blockaden? Warum entdeckt Matthias Ungethuem aka Unnex überhaupt Sicherheitslücken bei CIA, Spiegel Online, PayPal & co.? digitalKultur.TV im Interview mit einem Hacker.

Moritz »mo.« Sauer

17. Juli 2015

Sendungen

Cyberkriminialität,
Hacker

bearbeiten

Mathias Ungethuem hat seine Leidenschaft – das Hacken – im Laufe der Jahre zum Beruf machen. In seiner Freizeit fing er als Hacker an und entdeckte

SCHLAGWÖRTER

Copyright   Cyberkriminialität
Datenschutz   Facebook
Hacker   Privatssphäre
Urheberrecht

LETZTE BEITRÄGE

- Transatlantischer Zoff: Digitaler Datenschutz oder digitaler Protektionismus?
- Justizminister droht Facebook wegen Hasskommentaren
- How technology disrupted the truth

LETZTE KOMMENTARE

- peter maaß **bei** In Produktion: Interview mit Matthias Ungethüm aka Unnex
- Mango Aioli **bei** Facebook Datenschutz

ARCHIVE

- Juli 2016
- Juli 2015
- September 2014
- September 2013
- Juni 2013
- Mai 2013
- April 2013
- Februar 2013
- August 2012
- März 2012
- Juli 2010

1

Schlagwörter-Wolke

Titel:

Taxonomie
Schlagwörter

Löschen | Schließen   Speichern

2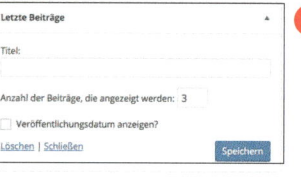

Letzte Beiträge

Titel:

Anzahl der Beiträge, die angezeigt werden: 3

☐ Veröffentlichungsdatum anzeigen?

Löschen | Schließen   Speichern

3

Letzte Kommentare

Titel:

Anzahl der Kommentare, die angezeigt werden sollen: 3

Löschen | Schließen   Speichern

4

Archive

Titel:

☐ Als Auswahlbox darstellen
☐ Zeige Beitrags-Zähler

Löschen | Schließen   Speichern

Widgets für die Präsentation von Websiteinhalten (2)

Schlagwörter-Wolke ❶: Dieses Widget zeigt eine »Wolke« aus Schlagwörtern, auch **Tag Cloud** genannt, an, mit denen Sie Ihre Beiträge versehen haben. Je häufiger ein Schlagwort vergeben wurde, desto größer erscheint es auf der Website. Jedes verlinkte Schlagwort führt zur jeweiligen Schlagwortarchivseite. Optional können Sie über das Ausklappmenü auch eine Kategoriewolke anzeigen lassen.

Letzte Beiträge ❷ und Letzte Kommentare ❸: Diese beiden Widgets haben die gleiche Aufgabe: Sie sollen die Aktivitäten auf einer Website – vornehmlich auf einem Blog – anzeigen. Neben der optionalen Möglichkeit des Widgets Letzte Beiträge, zusätzlich noch das Veröffentlichungsdatum anzuzeigen, haben beide Widgets nur eine Einstellungsmöglichkeit: Sie können hier die Anzahl der verlinkten Beiträge/Kommentare festlegen.

Archive ❹: Über das Archive-Widget baut man Links zu monatsbasierten Archivseiten. Sie können mit Als Auswahlbox darstellen entscheiden, ob die Monate als Links angezeigt werden sollen oder ob der Besucher den Monat über ein Ausklappmenü auswählen kann. Wenn Sie ein Häkchen bei Zeige Beitrags-Zähler setzen, zeigt das Widget zusätzlich noch die Anzahl der Beiträge je Archivseite an.

Text-Widget: simpel, aber großartig für die Gestaltung

Auf den ersten Blick ist das Text-Widget eher unscheinbar: Wenn man Text in das Eingabefeld eingibt, setzt WordPress den Text über das Widget an der gewünschten Stelle ein. Setzt man zusätzlich ein Häkchen bei Absätze automatisch hinzufügen, trennt das Widget Textblöcke voneinander ab.

Das Spannende an diesem Widget ist aber die Tatsache, dass Sie in das Text-Widget auch HTML-Befehle eingeben können. In der Abbildung links sehen Sie die rechte Seitenleiste ❶ von digitalKultur.TV. Sämtliche Inhalte habe ich über das Text-Widget eingebaut, angefangen bei den Icons über das You-Tube-Video bis hin zu den Bildern. Außerdem habe ich mitten in die Seitenleiste ein Formularfeld für das Abonnement eines Newsletters eingebaut ❷. Den HTML-Code für das Formular habe ich einfach von meinem Newsletter-Service übernommen, ein wenig modifiziert und in das Textfeld ❸ kopiert.

Auch die Bilder ❹ wurden über ein Textfeld ❺ realisiert, denn Sie können mehrmals das gleiche Widget einem Widget-Bereich hinzufügen. Klickt ein Besucher auf eines der Bilder, öffnet sich der dazugehörige Beitrag auf der Website.

Weitere Szenarien für den Einsatz des Text-Widgets finden sich im Einbau von Bannern, Google Maps und YouTube-Videos. Mithilfe eines sogenannten **<iframe>** bauen Sie externe Inhalte leicht in Ihre Website ein. Mehr zur Funktionsweise von iframes erfahren Sie unter *www.phlow.org/iframe*.

Tipp

Um einen Link im Text zu platzieren, geben Sie den folgenden HTML-Befehl in das Eingabefeld des Widgets ein: <a href="http://link.de">Linktext</a> (anstelle von »link.de« und »Linktext« müssen Sie Ihren eigenen Link und Ihren Linktext eingeben). Ein Bild fügen Sie über den Befehl <img src="http://link.de/bild.jpg"> in das Text-Widget ein. Schauen Sie sich dazu meine zwei YouTube-Videos unter *www.phlow.org/html-link* und *www.phlow.org/html-bild* an.

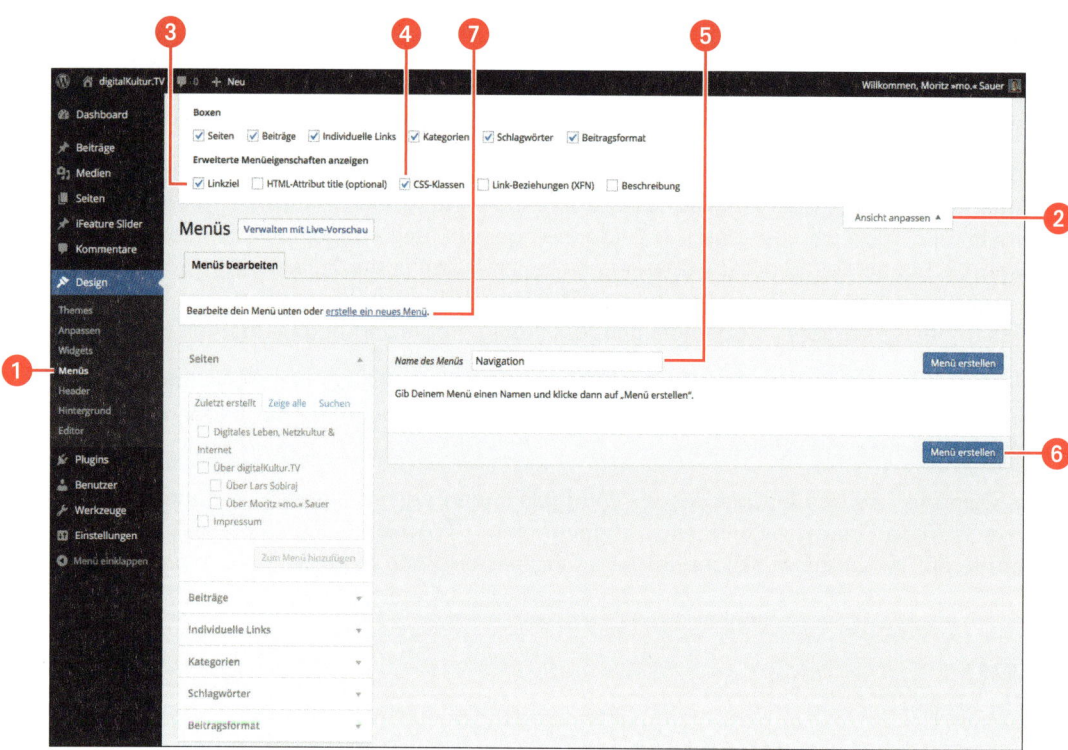

Menü: ein Menü für die Navigation erstellen

Über den Menüpunkt Design → Menüs ❶ erstellen Sie Navigationsmenüs für Ihre Website. Wie viele Navigationsmenüs Sie verwenden können, hängt vom jeweiligen Theme ab. So erlaubt z. B. das Twenty Sixteen-Theme die Positionierung von zwei Menüs: einem horizontalen in der Kopfleiste und einem Social-Media-Menü. Zeigt WordPress den Menüpunkt Menüs unter Design nicht an, unterstützt das aktive Theme diese Funktion nicht. Sie können aber ein oder mehrere Menüs auch über das Widget Individuelles Menü in einem der Widget-Bereiche platzieren (siehe dazu Seite 199).

Bevor Sie Ihr erstes Menü anlegen, müssen Sie zuvor noch die Grundsteine für die Navigationspunkte legen. Das bedeutet, dass Sie zuerst sämtliche Beiträge und Seiten anlegen, die in der Navigation auftauchen sollen. Wenn Sie auch Kategorie- und Schlagwortarchivseiten in der Navigation verlinken möchten, müssen Sie diese ebenfalls erst anlegen und mit Inhalten füllen bzw. die Beiträge verschlagworten (siehe dazu Seite 75).

Haben Sie die Beiträge und Seiten auf Ihrer Website veröffentlicht, können diese eingebaut werden. Um sicherzustellen, dass WordPress alle wichtigen Funktionskästen darstellt, müssen Sie sie über Ansicht anpassen erst einblenden ❷, denn WordPress zeigt nach der Installation nicht alle wichtigen Kästen an, was ein wenig verwirrt.

Setzen Sie deshalb am besten im Ansichtspanel die Häkchen so, wie es die Abbildung links zeigt. Im Feld Erweiterte Menüeigenschaften anzeigen lohnen sich nur Häkchen bei Linkziel ❸ und CSS-Klassen ❹. Die Option Linkziel zeigt für jeden Menüpunkt ein Extrafeld an, das den Link in einem neuen Fenster oder Tab bei einem Klick öffnet. Ein Häkchen bei CSS-Klassen zeigt ein Extrafeld an, über das Sie dem Menüpunkt eine CSS-Klasse übergeben können. Diese Option ist nur für Webdesigner interessant, die die Navigation zusätzlich gestalten wollen.

Um ein Navigationsmenü zu erstellen, müssen Sie dem Menü über das Feld Name des Menüs ❺ einen eigenen Namen geben – für digitalKultur.TV lautet das Menü einfach Navigation. Das Menü legen Sie mit einem Klick auf die Schaltfläche Menü erstellen ❻ an. Ein weiteres Menü erstellen Sie mit einem Klick auf den Link erstelle ein neues Menü ❼.

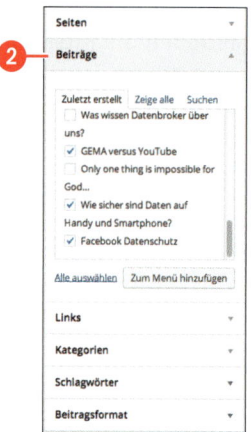

Menü: der Navigation Menüpunkte hinzufügen

Um der Navigation neue Elemente hinzuzufügen, müssen Sie erst das jeweilige Modul ausklappen und ausfüllen, um den neuen Menüpunkt mit Zum Menü hinzufügen anzulegen. Sie finden ihn dann am Ende der bereits angelegten Menüpunkte. Folgende Elemente stehen zur Verfügung:

Seiten ❶: Mittels des Seiten-Moduls fügen Sie Links zu einer oder mehreren Seiten in die Navigation ein. Wenn Sie bereits viele Seiten angelegt haben, finden Sie ältere Seiten über die Registerkarte Zeige alle oder Suchen ❼. Da für digitalKultur.TV sämtliche Seiten in der Navigation auftauchen sollen, klicke ich zuerst auf den Link Alle auswählen und dann auf Zum Menü hinzufügen.

Beiträge ❷: Das Beiträge-Modul funktioniert genau so wie das Seiten-Modul, nur mit dem kleinen Unterschied, dass Sie einen oder mehrere Beiträge hinzufügen. Für digitalKultur.TV gibt es zu diesem Zeitpunkt vier Sendungen, die als Beiträge angelegt wurden. Bei allen vier habe ich ein Häkchen gesetzt und füge alle vier Menüpunkte gleichzeitig dem Menü hinzu. Denn ich will, dass die Sendungen direkt über die Navigation ausgewählt werden können.

Individuelle Links ❸: Über dieses Modul erstellen Sie einen Menüpunkt, indem Sie eine URL angeben und einen Titel für den Menüpunkt festlegen. Für digitalKultur.TV ist das ein Link auf die externe YouTube-Website unter *https://youtube.com/digitalkulturtv*.

Kategorien ❹: Mit diesem Modul fügen Sie Links auf eine oder mehrere Kategorieseiten hinzu. Beachten Sie, dass hier nur Kategorien auftauchen, wenn bereits Beiträge in die Kategorie einsortiert wurden. Für digitalKultur.TV füge ich hier die Kategorien Neues und Sendungen der Navigation hinzu.

Schlagwörter ❺: Mit dem Schlagwörter-Modul fügen Sie Links zu den jeweiligen Schlagwortarchiven hinzu. Für digitalKultur.TV überspringe ich das Modul.

Beitragsformat ❻: Mit dem Beitragsformat-Modul können Sie Links auf die Archivseiten für die jeweilige Formatvorlage anlegen. Das ist z. B. dann sinnvoll, wenn das Theme eine Formatvorlage wie z. B. Bild anbietet. Nutzen Sie diese Formatvorlage für eigene Fotos, können Sie schnell eine Archivseite mit sämtlichen Bildern verlinken. Um alle Formatvorlagen anzuzeigen, klicken Sie auf Zeige alle ❽. Klicken Sie abschließend auf Menü speichern, um die Änderungen zu übernehmen.

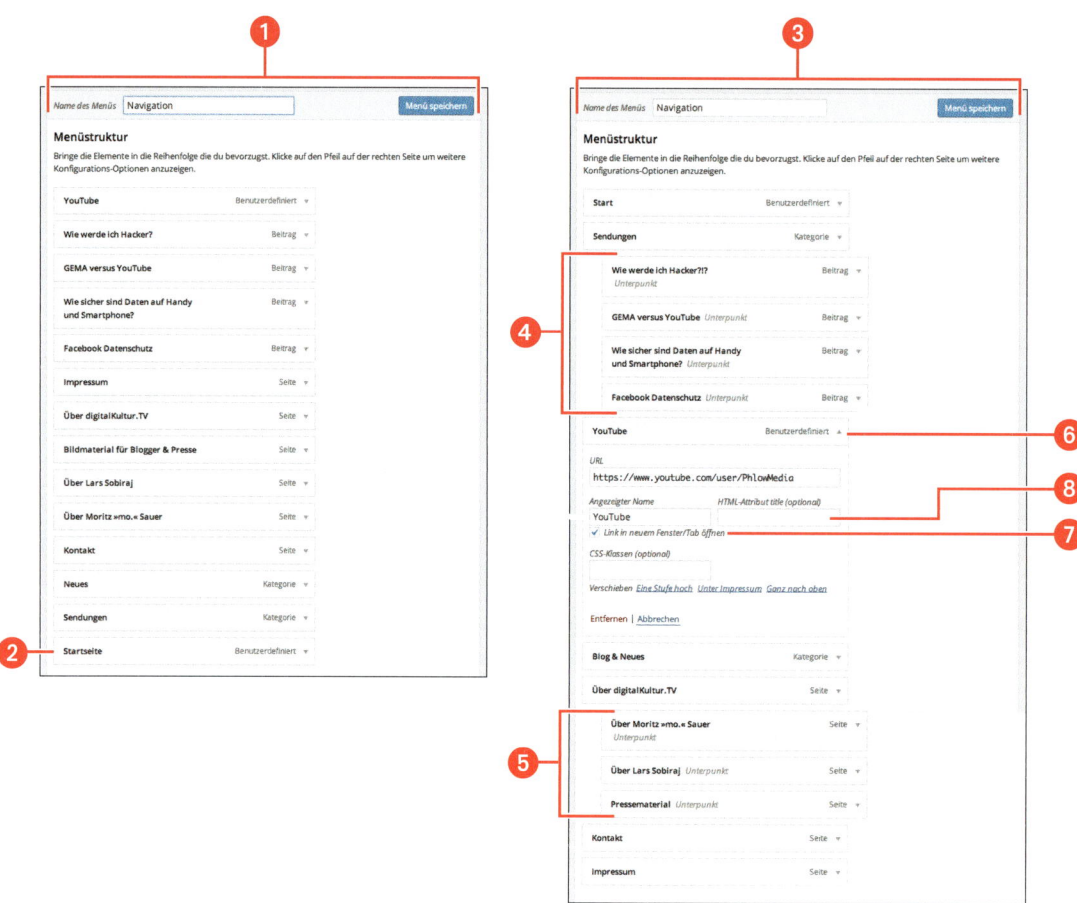

1

Name des Menüs | Navigation | Menü speichern

Menüstruktur

Bringe die Elemente in die Reihenfolge die du bevorzugst. Klicke auf den Pfeil auf der rechten Seite um weitere Konfigurations-Optionen anzuzeigen.

YouTube	Benutzerdefiniert ▾
Wie werde ich Hacker?	Beitrag ▾
GEMA versus YouTube	Beitrag ▾
Wie sicher sind Daten auf Handy und Smartphone?	Beitrag ▾
Facebook Datenschutz	Beitrag ▾
Impressum	Seite ▾
Über digitalKultur.TV	Seite ▾
Bildmaterial für Blogger & Presse	Seite ▾
Über Lars Sobiraj	Seite ▾
Über Moritz »mo.« Sauer	Seite ▾
Kontakt	Seite ▾
Neues	Kategorie ▾
Sendungen	Kategorie ▾
Startseite	Benutzerdefiniert ▾

2

3

Name des Menüs | Navigation | Menü speichern

Menüstruktur

Bringe die Elemente in die Reihenfolge die du bevorzugst. Klicke auf den Pfeil auf der rechten Seite um weitere Konfigurations-Optionen anzuzeigen.

Start	Benutzerdefiniert ▾
Sendungen	Kategorie ▾

4

Wie werde ich Hacker?!? *Unterpunkt*	Beitrag ▾
GEMA versus YouTube *Unterpunkt*	Beitrag ▾
Wie sicher sind Daten auf Handy und Smartphone? *Unterpunkt*	Beitrag ▾
Facebook Datenschutz *Unterpunkt*	Beitrag ▾

YouTube	Benutzerdefiniert ▴

6

URL
https://www.youtube.com/user/PhlowMedia

8

Angezeigter Name | HTML-Attribut title (optional)
YouTube |

☑ Link in neuem Fenster/Tab öffnen

7

CSS-Klassen (optional)

Verschieben *Eine Stufe hoch* *Unter Impressum* *Ganz nach oben*

Entfernen | Abbrechen

Blog & Neues	Kategorie ▾
Über digitalKultur.TV	Seite ▾

5

Über Moritz »mo.« Sauer *Unterpunkt*	Seite ▾
Über Lars Sobiraj *Unterpunkt*	Seite ▾
Pressematerial *Unterpunkt*	Seite ▾

Kontakt	Seite ▾
Impressum	Seite ▾

Menü: Navigationspunkte sortieren und in die Website einfügen

In der Abbildung sehen Sie links das Menü, wie ich es auf der vorherigen Seite für digitalKultur.TV erstellt habe ❶. Dazugekommen ist noch ein weiterer Menüpunkt namens Startseite ❷. Rechts sehen Sie die sortierte fertige Navigation mit Menüpunkten, die eingerückt sind ❸. Außerdem habe ich einige Menüpunkte umbenannt, um Platz zu sparen und die Menüpunkte verständlicher zu machen.

Die Navigationspunkte eines Menüs sortieren Sie ganz leicht, indem Sie mit dem Mauszeiger über den jeweiligen Menüpunkt fahren. Dann verwandelt sich der Mauszeiger in ein Steuerkreuz, und wenn Sie mit der linken Maustaste auf den Menüpunkt klicken und die Taste festhalten, können Sie anschließend den Menüpunkt an die gewünschte Stelle ziehen.

Menüpunkte können Sie nach rechts einrücken, wie Sie es bei Sendungen ❹ und Über digitalKultur. TV ❺ sehen. Dadurch hierarchisieren Sie die Navigation und konstruieren Unterpunkte für einen Menüpunkt. Beim Theme Twenty Fourteen (wie bei vielen anderen Themes auch) erstellen Sie so Ausklappmenüs für eine Navigation.

Über den kleinen Pfeil nach unten ❻ klappen Sie die Einstellungsmöglichkeiten für den jeweiligen Menüpunkt aus. Haben Sie im Optionenpanel ein Häkchen bei Linkziel gesetzt, zeigt WordPress die Option Link in neuem Fenster/Tab öffnen ❼ an. Im Beispiel habe ich für den Link auf die YouTube-Seite ein Häkchen gesetzt, damit sich die YouTube-Seite in einem neuen Fenster bzw. Tab öffnet. Das Feld HTML-Attribut title (optional) ❽ ist wahlweise auszufüllen. Wenn Sie es tun, profitieren vor allem diejenigen Besucher davon, die mit einem Browser für Sehbehinderte oder Blinde surfen und denen das Programm die Links vorliest.

Haben Sie Ihr Menü sortiert, speichern Sie die Einstellungen mit einem abschließenden Klick auf Menü speichern ab.

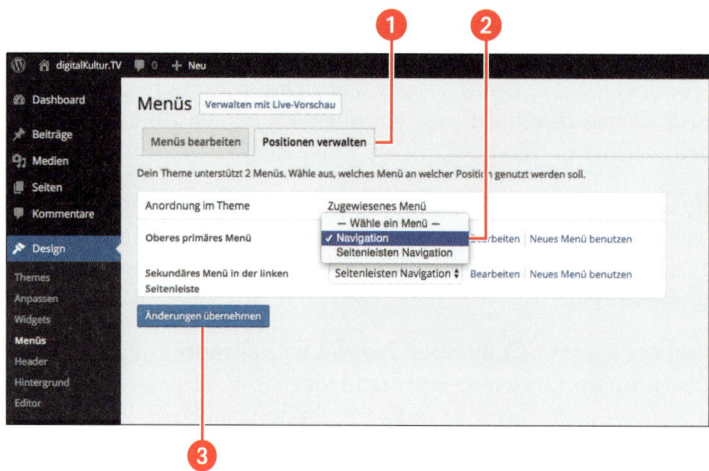

Menü: das Menü einem Bereich zuordnen

Wenn Sie das Menü fertiggestellt haben, müssen Sie es im letzten Schritt noch der Stelle zuordnen, an der es untergebracht werden soll. Wie bereits erwähnt, kann es auch mehrere Stellen im Theme geben, an denen Sie ein Menü platzieren können. Das Theme Twenty Fourteen bietet zwei Positionen an, an denen Sie das Menü unterbringen können: **als horizontales Menü in der Kopfleiste** oder **in der linken Seitenleiste**.

Um das Menü einem Bereich zuzuweisen, gehen Sie in das Register Positionen verwalten ❶. Wählen Sie im nächsten Schritt über das Ausklappmenü ❷ das Menü aus, das WordPress anzeigen soll. Beim Theme Twenty Fourteen ist dies das obere primäre Menü. Klicken Sie zum Schluss auf Änderungen übernehmen ❸ und überprüfen Sie das Resultat auf der Website.

Um ein zweites Menü zu erstellen und dem Theme zuzuweisen, beginnen Sie einfach von vorn und erstellen ein neues Menü, das Sie anschließend – z. B. bei Twenty Fourteen – für einen anderen Bereich aussuchen.

Hinweis

Sie können das Menü auch nachträglich noch bearbeiten, wenn Sie es bereits einer Stelle zugewiesen haben. WordPress aktualisiert das Menü automatisch mit jeder neuen Änderung.

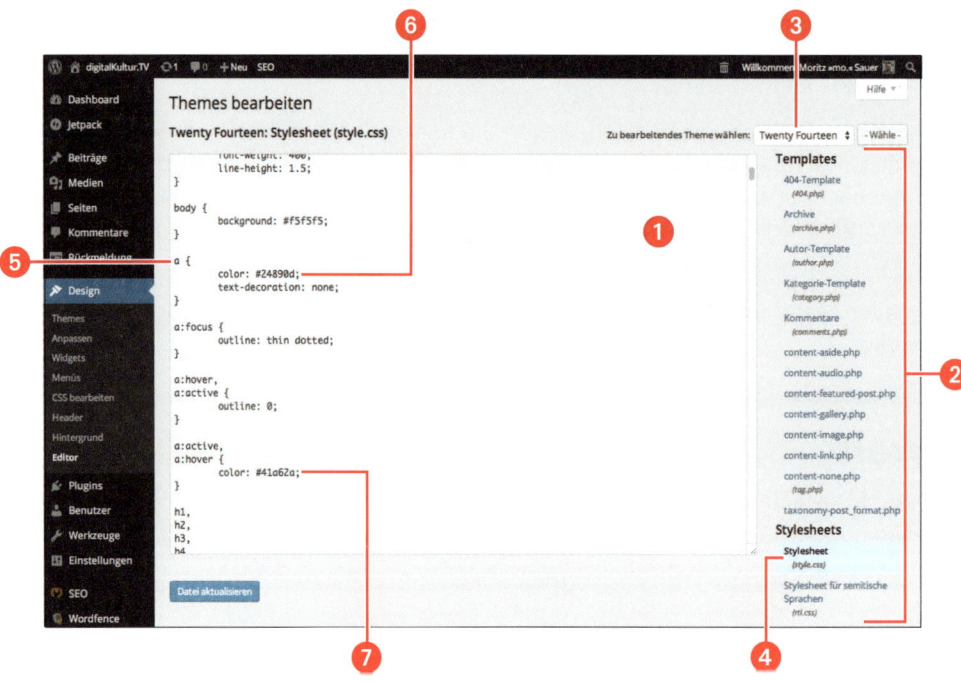

Der HTML- und CSS-Editor von WordPress

Ein Theme besteht aus mehreren Templates, Grafiken, Stilvorgaben (CSS) und Funktionen. Ein **Template** ist eine Art Schablone, die mit Inhalten aus der Datenbank gefüllt wird. Es bestimmt z. B., an welcher Stelle Titel und Slogan angezeigt werden oder wo Inhalte von Widgets einfließen. Templates können Sie direkt in WordPress mit dem rudimentären Editor für Templates (Design → Editor) editieren.

Der Editor teilt sich in die zwei Bereiche Eingabefeld ❶ und Seitenleiste ❷ auf. Während Sie über das Eingabefeld den Code bearbeiten können, wählen Sie im Ausklappmenü ❸ ein Theme aus, dessen Templates Sie bearbeiten wollen. Öffnen Sie den Editor zum ersten Mal, wählt WordPress automatisch das bereits aktive Theme für die Bearbeitung aus. Da das Theme Twenty Fourteen keine Optionen bietet, mit denen die grüne Linkfarbe geändert werden kann, zeige ich Ihnen im Folgenden, wie Sie die **Farbe der Links im Fließtext** mittels des Editors ändern.

1. Sofern noch nicht geschehen, wählen Sie das Theme Twenty Fourteen über das Ausklappmenü aus und klicken auf die Schaltfläche Wähle.

2. Suchen Sie in der Seitenleiste weiter unten unter Stylesheets die Datei style.css ❹.

3. Klicken Sie in das Editorfeld und suchen Sie die Zeile, die mit a { beginnt ❺.

4. Ändern Sie den Parameter color: #24890d-; in color: #333399; ❻ und den Parameter color: #41a62a; in color: #3399cc; ❼.

5. Speichern Sie das veränderte Template mit einem Klick auf die Schaltfläche Datei aktualisieren.

6. Herzlichen Glückwunsch, Sie haben jetzt blaue Links, die noch blauer werden, wenn Sie mit der Maus darüberfahren.

Tipp

Wie HTML, CSS und Javascript zusammenspielen, erkläre ich Ihnen in meinem YouTube-Video unter www.phlow.org/html-css-js.

Kapitel 7 | Eine Auswahl hochwertiger Themes

Die Klasse und Masse kostenloser WordPress-Themes im Web ist atemberaubend. In diesem Kapitel möchte ich Ihnen neun **kostenlose Themes** vorstellen, die sich jeweils für eine bestimmte Art von Webprojekt eignen. Alle vorgestellten Themes finden Sie unter *www.wordpress.org/themes*. Dort warten außerdem mehr als 4.000 Themes darauf, von Ihnen entdeckt zu werden.

Sollten Sie bei der Wahl eines Themes für Ihren eigenen Webauftritt dort nicht fündig werden und Wert auf Support und eine ausführliche Anleitung legen, dann sind **Premium-Themes** für Sie die richtige Wahl. Darunter versteht man kostenpflichtige Themes, die in der Regel schon für 10 bis 30 Euro zu haben sind. Ein Vorzug dieser Themes liegt darin, dass Sie zahlreiche Optionen an die Hand bekommen, um das Design Ihren Bedürfnissen entsprechend anzupassen. Neben einer editierbaren Photoshop-Datei sind das oftmals zahlreiche Einstellungsmöglichkeiten, auf die Sie direkt im Backend von WordPress zugreifen können. Viele Premium-Themes sind darüber hinaus suchmaschinenoptimiert, was man leider nicht von allen kostenlosen Themes behaupten kann.

Anbieter von Premium-Themes gibt es viele. Sie werden auf katalogähnlichen Seiten wie *www.themeforest.net*, *www.woothemes.com*, *www.studiopress.com* oder *www.elegantthemes.com* gesammelt und vertrieben.

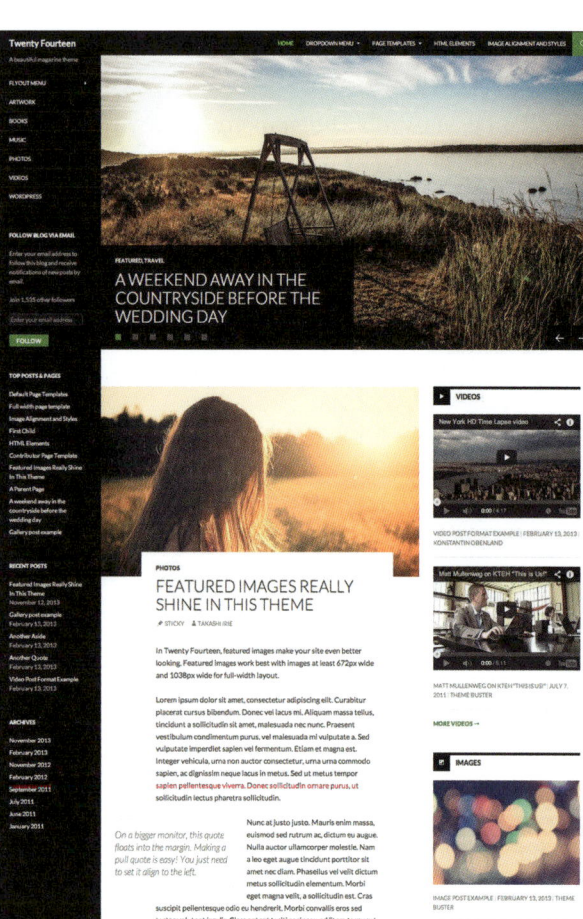

Twenty Fourteen: variabel und magazinartig

Für das Beispielprojekt habe ich mich aus mehreren Gründen für das Standard-Theme Twenty Fourteen entschieden. Zum einen sieht es auf jedem Bildschirm gut aus. Ob **Desktopcomputer**, **Tablet** oder **Smartphone**, das Webdesign von Twenty Fourteen passt sich automatisch an die Größe des Bildschirms an. Dieses sogenannte **Responsive Webdesign** reagiert flexibel auf verschiedene Browserfenstergrößen. So verwandelt sich z. B. die Navigation in ein Drop-down-Menü ❶, wenn das Browserfenster zu schmal wird, und auch die Spaltenbreite passt sich an ❷. Das Verhalten können Sie auf Ihrem Rechner auf der Demowebsite *http://twentyfourteendemo.wordpress.com/* einfach testen, indem Sie das Fenster langsam verkleinern.

Ein weiteres Plus ist die Möglichkeit, auf der Startseite einen Slider zu positionieren und Bilder großflächig darzustellen. Schnell baut man mit Twenty Fourteen so eine eindrucksvolle Begrüßungsseite bzw. Portfoliowebseite auf. Außerdem bietet das Theme zwei Seitenleisten links und rechts. Wie es mittlerweile bei vielen Themes Standard ist, lassen sich Kopfgrafik sowie Hintergrundbild und -farbe unkompliziert ändern. Dickes Minus ist, dass man lediglich zwei Farben editieren kann. Abhilfe dafür schafft das Plug-in *https://wordpress.org/plugins/fourteen-colors/*.

> ## Hinweis
>
> Weitere wichtige Fakten über die Pixelgrößen von Bildern und die Verwendung des Sliders finden Sie unter *http://theme.wordpress.com/themes/twentyfourteen/*.

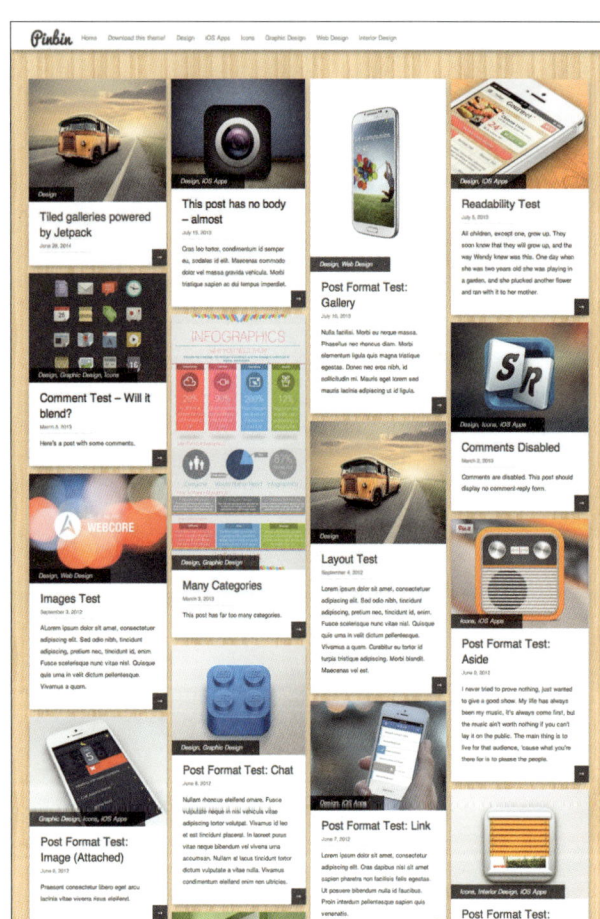

Pinbin: eine Pinnwand für Bilder und Beiträge

Pinbin hat sich eindeutig von der Bilderplattform Pinterest inspirieren lassen. Beiträge ordnet das Theme wie Notizzettel auf einem Holzhintergrund an. Sowohl der Hintergrund als auch das Logo lassen sich schnell über die Optionen austauschen und dem eigenen Geschmack anpassen.

Das Besondere an diesem Responsive Webdesign ist die Neuanordnung der Beiträge. Verändert sich die Browserfenstergröße, ordnet das Theme die Beiträge anhand des zur Verfügung stehenden Platzes völlig neu an, und es entsteht ein neues Mosaik aus Beiträgen.

Das Theme kann vor allem Liebhabern von Bildern ans Herz gelegt werden, es verleitet Besucher zu einem stöbernden und suchenden Blick über die gesamte Website – eine gelungene Alternative zu den sonst eher vertikal orientierten Theme-Layouts.

Vorteile

Upload eines eigenen Logos unkompliziert.

Ein durch Pinterest inspiriertes Layout mit sich sortierenden Bildern.

- Download: *https://wordpress.org/themes/pinbin*
- Demonstration: *http://colorlib.com/pinbin/*
- Anleitung und Informationen: *http://colorlib.com/wp/support/pinbin/*

OXYGEN DEMO
Just another WordPress.com site

home / blog / a parent page / html elements / image alignment and styles / readability

BOOKS
FEATURED
PHOTOS
UNCATEGORIZED
WORDPRESS
WRITING

NAUVA NORTALARTA OI CER, HERU LINGA

February 13, 2012

RECENT POSTS

- In hac habitasse platea dictumst
- Mauris ac quam nulla
- Maecenas sit amet posuere risus
- Nauva nortalarta oi cer, heru linga
- Axo en harna orosta celayur

META

- Register
- Log in
- Entries RSS
- Comments RSS
- WordPress.com

recent articles

Search ...

AXO EN HARNA OROSTA CELAYUR
February 13, 2012
by Takashi Irie

Tuc ehté faina vanima oa. Ai tec hesta haltacapa, axo en harna orosta celayur. Mat ep rámié cauré terpellié, rá liné mitya eteminya óma. Ná ambo nurmé artaquetta coa, rá [...]

TWITTER UPDATES

- One hour left to get GIF-ified at booth 725! If robots can do it, you can too. wp.me/p3au4s-5c #sxsw #sxswwp 18 hours ago
- Cameraphone lover? Explore the world beyond Instagram w/our favorite apps, and get involved in phonetography month: buff.ly/ZmJQii 21 hours ago
- In town for @SxSW Music? Stop by booth 725 at the trade show to pick up some goodies and learn to build a killer site for your band. #sxswwp 22 hours ago

 Follow @wordpressdotcom

HIS AD NOSTER SPLENDIDE
February 13, 2012
by Takashi Irie

His ad noster splendide, eam eu rectaque sapientem definiebas, ex cum postea persacuti. Sit omnes disputationi su. Paulo omnium inciderint eam ne, in case vero adipisci sea. Sit assum audire [...]

ARCHIVES

- February 2012
- September 2011
- July 2011
- June 2011

CATEGORIES

- Artwork
- Books

OXYGEN DEMO
Just another WordPress.com site

Main Menu

NAUVA NORTALARTA OI CER, HERU LINGA

February 13, 2012

recent articles

AXO EN HARNA OROSTA CELAYUR
February 13, 2012
by Takashi Irie

Tuc ehté faina vanima oa. Ai tec hesta haltacapa, axo en harna orosta celayur. Mat ep rámié cauré terpellié, rá liné mitya eteminya óma. Ná ambo nurmé artaquetta coa, rá [...]

HIS AD NOSTER SPLENDIDE
February 13, 2012
by Takashi Irie

His ad noster splendide, eam eu rectaque sapientem definiebas, ex cum postea persacuti. Sit omnes disputationi eu. Paulo omnium inciderint eam ne, in case vero adipisci sea. Sit assum audire [...]

CU VIDE ALBUCIUS EURIPIDIS PRI
February 13, 2012
by Takashi Irie

Ne sit ipsum melius ponderum, an duo quem sapent delenti, definitiones mediocritatem in qui. Dicat debitis argumentum ne eam, ad per odio efficiendi definitionem. Quem habeo oui ei. Legere vivendum [...]

Oxygen: für größere Blogs und Webprojekte

Das ebenfalls kostenlose Theme präsentiert sich ausgesprochen luftig und eignet sich besonders für ein Blog oder größere Projekte mit bis zu sieben verschiedenen Widget-Bereichen. Entscheiden Sie sich gegen das traditionelle Blogformat mit einer Startseite, die die Beiträge auflistet, können Sie Ihre Inhalte mithilfe einer Bildbühne edel ins rechte Licht rücken. Dazu bietet Oxygen extra ein sogenanntes **Showcase Page-Template**. Mit diesem Template können Sie maximal sechs Artikel über den Slider (d. h. eine Bildlaufleiste) darstellen. Und so nutzen Sie das Showcase Page-Template:

1. Heben Sie maximal sechs Artikel über Beitrag hervorheben hervor.

2. Erstellen Sie eine neue Seite und wählen Sie als Grundlage für die Seite das Showcase Page-Template.

3. Speichern Sie die Seite mit einem Titel ab.

4. Öffnen Sie Einstellungen → Lesen und wählen Sie die zuvor erstellte Seite aus.

Neben dem Slider können Sie die Startseite außerdem mithilfe der sieben verschiedenen Widget-Bereiche nach Ihren Wünschen gestalten. Dazu unterstützt Oxygen die Menüfunktion und ermöglicht drei benutzerdefinierte Navigationsmenüs.

Vorteile	Nachteile
13 Schriftarten zur Auswahl.	Keine deutsche Version.
Bildbühne/Slider.	
Sehr flexibel anpassbar.	

- Download: *http://wordpress.org/themes/oxygen*
- Demonstration: *http://oxygendemo.wordpress.com/*
- Anleitung und Informationen: *http://theme.wordpress.com/themes/oxygen/*

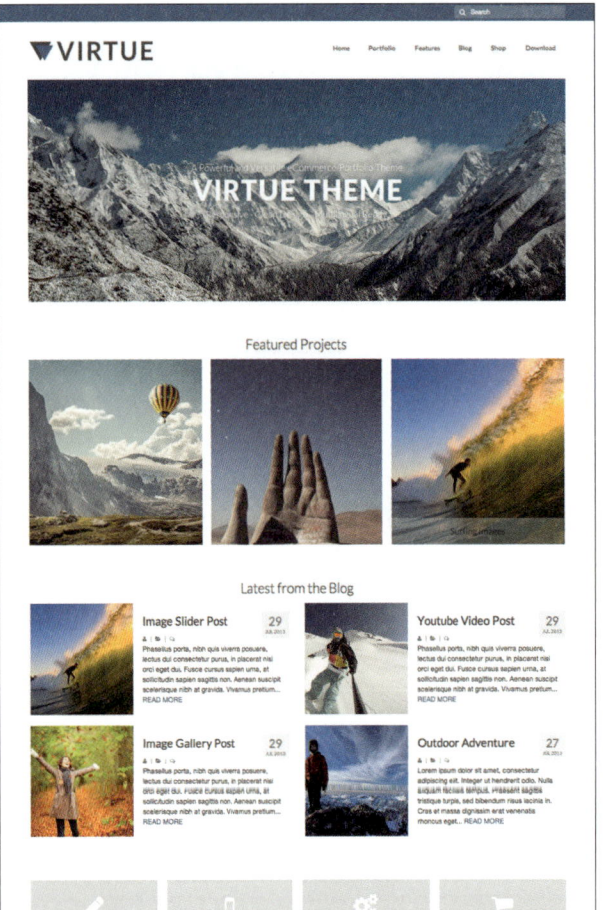

Virtue: für Großprojekte und komplexe Websites

Virtue gehört zu den WordPress-Themes, die einen im ersten Moment mit zahlreichen Optionen und Einstellungsmöglichkeiten geradezu erschlagen. Beispielsweise bietet es in den Theme-Einstellungen 14 verschiedene Reiter! Auch wenn man dieses Theme für ein Blog nutzen kann, so eignet es sich mehr für Firmenauftritte, Magazine und andere Großprojekte.

Angefangen bei der Farbauswahl über den Upload eines eigenen Logos und diverser Hintergründe bis hin zur Bestimmung der Schriftart(en) – hier geht angehenden Designern das Herz über. Beachten Sie dabei jedoch, dass viele Einstellungen – wie z. B. unterschiedliche Schriften – die Website auch unnötig aufblähen können. Spätestens wenn mobile Besucher Ihre Website aufrufen, schlägt sich das negativ in der Geschwindigkeit nieder.

Vorteile	Nachteil
Zahlreiche Layoutoptionen, Seiten-Templates und Bildbühnen/Slider.	Keine Anleitung.
Deutschsprachig.	
Eigene Widgets für Social-Media-Anbindung und mehr.	
Unzählige Optionen für die Individualisierung.	

- Download: *https://wordpress.org/themes/virtue*
- Demonstration: *http://themes.kadencethemes.com/virtue/*

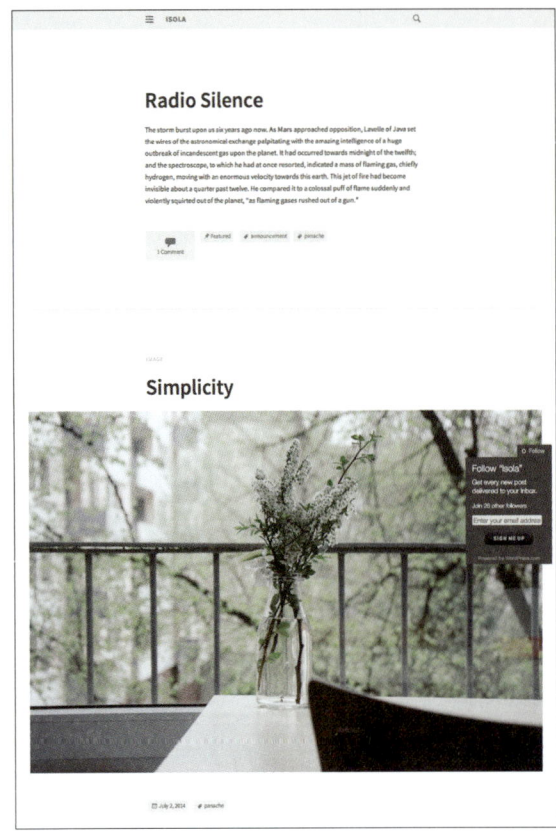
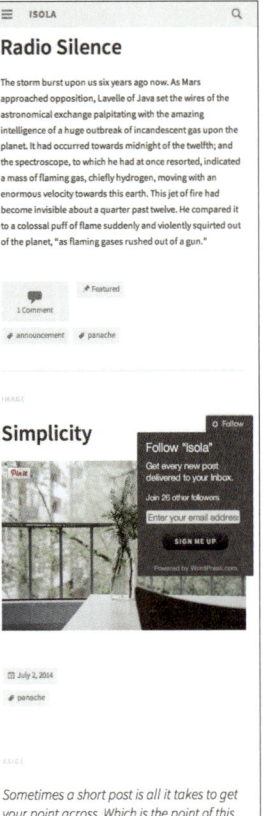

Isola: großes Kopfzeilenbild, einspaltig, moderne Typografie

Das Theme Isola besticht durch ein klares, reduziertes Design, das sich auf das Wesentliche konzentriert: den Inhalt der Beiträge. Die exzellente Typografie verleiht dem Theme einen modernen Anstrich, und Texte sind dadurch sehr gut lesbar. Dank der verschiedenen Beitragsformate (siehe Seite 139) lassen sich z. B. Bilder oder Bildgalerien großformatig in Szene setzen.

Die Navigation des Themes blenden Besucher über einen Klick auf das Menüzeichen ein und aus. Die zuerst seitlich versteckte Navigation schiebt sich dann nach dem Klick von links nach rechts auf den Bildschirm. Da die Navigationsleiste fixiert ist, sind Navigation und Suchfunktion auf kleinen und großen Bildschirmen jederzeit anwählbar.

Vorteile
Großformatiges Kopfzeilenbild.
Unterstützung verschiedener Beitragsformate.
Off-Canvas-Navigation wird auf Klick seitlich eingeblendet.

- Download: *http://wordpress.org/themes/isola*
- Demonstration: *http://isolademo.wordpress.com/*
- Anleitung und Informationen: *http://theme.wordpress.com/themes/isola/*

HOME   ABOUT ˅   LEVEL 1 ˅   POST FORMATS ˅   LANGUAGES ˅   FORMS

Stargazer
The best theme in the universe

LAYOUTS ˅   PLUGINS ˅   ARCHIVES   FORMS

Template: Sticky

⚇ Justin Tadlock   🗓 january 7, 2012

This is a sticky post. There are a few things to verify: The sticky post should be distinctly recognizable in some way in comparison to normal posts. You can style the .sticky [...]

🔍 SEARCH

Search ...

🗓 CALENDAR

AUGUST 2014

M	T	W	T	F	S	S
				1	2	3
4	5	6	7	8	9	10
11	12	13	14	15	16	17
18	19	20	21	22	23	24
25	26	27	28	29	30	31

« Nov

00:00   00:02
Video Info ˅

Big Buck Bunny

▶ Video   ⚇ Justin Tadlock   🗓 November 24, 2013   💬 2

Note this video may not play on all devices and browsers. It has been uploaded for basic demonstration purposes only. If you want to see it in action, I've tested it in the latest versions of Chrome, Firefox, Opera, Safari, and IE on Windows 8.

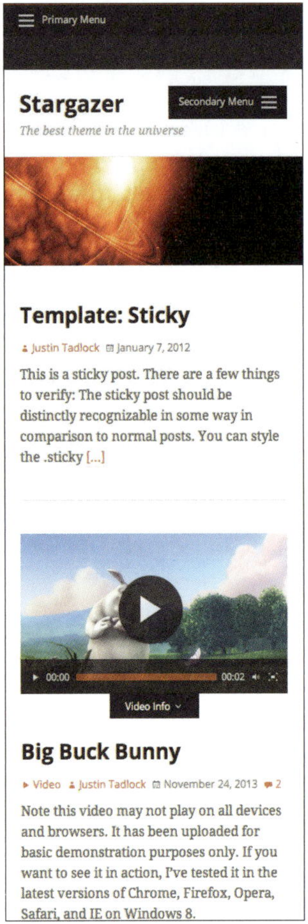

☰ Primary Menu

Stargazer
The best theme in the universe

Secondary Menu ☰

Template: Sticky

⚇ Justin Tadlock   🗓 January 7, 2012

This is a sticky post. There are a few things to verify: The sticky post should be distinctly recognizable in some way in comparison to normal posts. You can style the .sticky [...]

00:00   00:02
Video Info ˅

Big Buck Bunny

▶ Video   ⚇ Justin Tadlock   🗓 November 24, 2013   💬 2

Note this video may not play on all devices and browsers. It has been uploaded for basic demonstration purposes only. If you want to see it in action, I've tested it in the latest versions of Chrome, Firefox, Opera, Safari, and IE on Windows 8.

Stargazer: suchmaschinenoptimiert und flexibel

Stargazer ragt durch mehrere außergewöhnliche Funktionalitäten aus der Masse der Themes heraus. Gleichzeitig hat der Entwickler dabei aber grundlegende Werte wie Suchmaschinenoptimierung, Lesbarkeit und Responsive Webdesign nicht vergessen und nutzt bereits wichtige Mikrodaten (Schema.org) sowie aktuelles HTML5.

Eine der besonderen Funktionen ist, dass man bereits bei der Eingabe eines Beitrags diesen exakt so im Editor angezeigt bekommt, wie er später auf der Webseite aussieht. Dadurch erspart man sich einen Gegencheck mittels der Vorschaufunktion. Ein weiteres exzellentes Feature ist die komplette Unterstützung der in WordPress bereits integrierten Medienfunktionen für Audio, Video und Bilder.

Neben drei verschiedenen Navigationsmenüs und zwei Widget-Bereichen lässt sich auch eine primäre Farbe festlegen, die für Links und ähnliche Elemente genutzt wird.

Vorteile
Zahlreiche Möglichkeiten für die Gestaltung.
Vorschau des Beitrags bereits bei der Editoreingabe.
Verschiedene Layouts möglich (mit oder ohne Seitenleiste).

- Download: *https://wordpress.org/themes/stargazer*
- Demonstration: *http://locallylost.com/stargazer/*
- Anleitung und Informationen: *http://themehybrid.com/themes/stargazer*

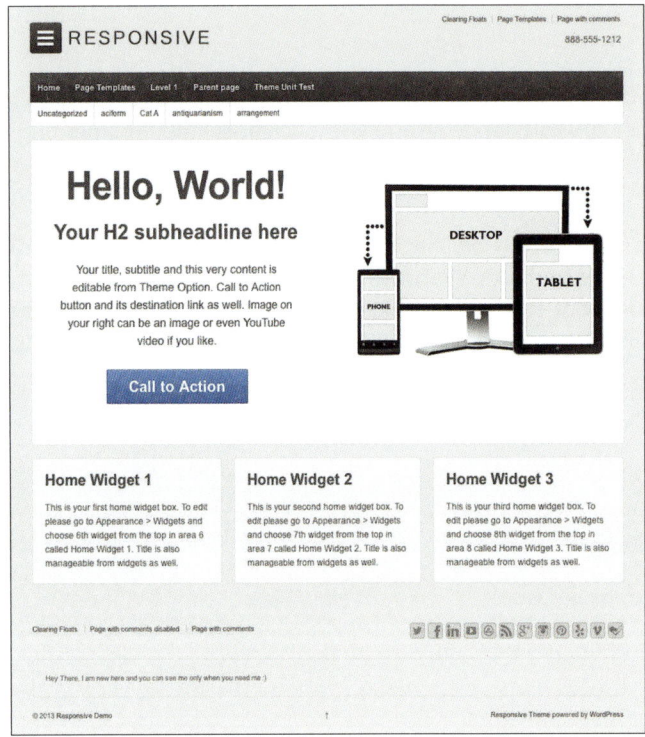

Responsive: flexibel und mit zahlreichen Optionen

Das Theme Responsive sieht in allen Browsern gut aus. Das schlicht gestaltete Theme bietet eine große Bandbreite an Möglichkeiten für die Gestaltung. Dazu gehören vier Positionen für Menüs, elf Widget-Bereiche sowie Optionen, um unkompliziert das Logo auszutauschen oder eigene CSS-Style-Vorgaben einzugeben.

Außergewöhnlich sind die Möglichkeiten, die Startseite mit verschiedenen Seitenvorlagen zu gestalten. Sie wollen eine Startseite mit einem Call-to-Action-Button? Kein Problem. Oder soll die Website im klassischen Bloglook daherkommen? Oder als Magazin? Mit insgesamt neun Seitenvorlagen bringt man Schwung in Start- und Unterseiten.

Dank dieser zahlreichen Möglichkeiten eignet sich das Theme Responsive für Portfolios, Firmenwebsites oder ganz »normale« Blogvorhaben.

Vorteile	Nachteile
Deutschsprachig.	Linkfarbe lässt sich nicht in den Optionen anpassen.
Äußerst anpassungsfähig mit zahlreichen Optionen.	
Neun verschiedene Vorlagen für Seiten.	

- Download: *http://wordpress.org/extend/themes/responsive*
- Demonstration: *http://themeid.com/demo/responsive/*
- Anleitung und Informationen: *http://cyberchimps.com/forum/free/responsive/*

Orvis: ein Portfolio und Blog für Fotografen

Orvis richtet sich an Fotografen, Illustratoren und Menschen mit einem Faible für Bilder. Bilder können mit Orvis in einem eigenen Portfolio-Look dargestellt werden. Dazu benötigt das Theme das kostenlose Jetpack-Plug-in, das auf Seite 245 vorgestellt wird. Jetpack erweitert Orvis um ein eigenes Portfolio-Format, das unterhalb der Seiten im Backend angezeigt wird. Über dieses legen Sie gezielt Portfolios zu verschiedenen Themen an, um z. B. Tierfotos von Architekturfotos zu trennen. Außerdem bietet Orvis ein eigenes Portfolio-Seiten-Template. Wenn Sie eine Seite mit diesem Portfolio-Template einrichten, können Sie es über die Einstellungen → Lesen als Startseite einrichten, wie Sie es links sehen.

Vorteile	Nachteile
Großformatige Präsentation von Fotos.	Einarbeitungszeit für die Portfolio-Funktion.
Individuellle Portfolio-Seiten.	
Individuelle Portfolio-Startseite.	
Responsive Webdesign.	

- Download: *https://de.wordpress.org/themes/orvis/*
- Demonstration: *https://orvisdemo.wordpress.com/*
- Anleitung und Informationen: *https://theme.wordpress.com/themes/orvis/*
- Anleitung Portfolio-Funktion: *https://en.support.wordpress.com/portfolios/*

TONAL
LET YOUR CONTENT SET THE TONE

SETTING THE MOOD

Mollis curabitur odio vulputate sed ante himenaeos est velit congue dolor phasellus euismod ullamcorper pretium sodales pulvinar aliquet non egestas fusce himenaeos hendrerit lacus rhoncus, tristique sapien ante bibendum dictumst quis tristique turpis aliquet nam etiam, quam ad ante bibendum mattis curae at eget rhoncus posuere dui nullam ut potenti velit facilisis augue, lectus vulputate turpis urna quisque condimentum tortor, vivamus elementum malesuada etiam porta integer...

Posted on March 7, 2014
Posted in Uncategorized

TONAL
LET YOUR CONTENT SET THE TONE

SETTING THE MOOD

Mollis curabitur odio vulputate sed ante himenaeos est velit congue dolor phasellus euismod ullamcorper pretium sodales pulvinar aliquet non egestas fusce himenaeos hendrerit lacus rhoncus, tristique sapien ante bibendum dictumst quis tristique turpis aliquet nam etiam, quam ad ante bibendum mattis curae at eget rhoncus posuere dui nullam ut potenti velit facilisis augue, lectus vulputate turpis urna quisque condimentum tortor, vivamus elementum malesuada etiam porta integer..

Posted on March 7, 2014
Posted in Uncategorized

EXPRESSIONS THROUGH THE SCREEN

Lorem ipsum nostra fermentum iaculis blandit ullamcorper, cursus nullam eros facilisis felis netus, sapien consectetur nisi mauris nullam consequat sapien congue volutpat congue inceptos malesuada himenaeos viverra amet auctor, cras integer sem pretium vestibulum vitae convallis varius. Rutrum nisi a hac mi sollicitudin sit odio nisi praesent aenean, luctus justo porttitor orci non suscipit sollicitudin nunc vitae habitant, dolor per sapien pharetra sit placerat ac vel tortor auctor ornare curabitur torquent orci neque a.

Nec fames semper netus felis lacinia vestibulum elit, inceptos condimentum integer etiam malesuada imperdiet condimentum, ultrices sed viverra nec bibendum fermentum nullam donec sit at metus pulvinar integer enim mollis fames, lacus quisque gravida tincidunt potenti vulputate donec.

Tonal: einspaltig, modern, minimalistisch & fokussiert

Tonal präsentiert sich als zurückhaltendes Theme mit moderner Typografie. Reduziert und schlicht stehen Ihre Inhalte im Vordergrund. Das dürfen großformatige Bilder, aber auch längere Texte sein. Dank des einspaltigen Layouts lenkt nichts den Besucher ab. Klickt der Besucher jedoch auf das Menüsymbol, fährt ein großzügiger Navigationsbereich von oben herunter aus. Dieser bietet nicht nur Platz für das altbekannte Menü, sondern erlaubt auch die komfortable Platzierung von Widgets über drei Spalten. Blenden Sie Website-Titel und Slogan aus, können Sie Ihr eigenes Logo als Kopfgrafik hochladen.

Vorteile
Großformatige Präsentation von Fotos.
Leicht navigierbar.
Für mobile Besucher optimiert.

- Download: *https://de.wordpress.org/themes/tonal/*
- Demonstration: *https://tonaldemo.wordpress.com/*
- Anleitung und Informationen: *https://wordpress.com/themes/tonal/*

Kapitel 8 | WordPress mit Plug-ins erweitern

Die Beliebtheit von WordPress beruht vor allem darauf, dass es sich flexibel mithilfe sogenannter Plug-ins/Erweiterungen um Zusatzfunktionen erweitern lässt. Zum Zeitpunkt der Drucklegung dieses Buchs (Oktober 2016) findet man auf WordPress.org 46.151 kostenlose Plug-ins. Ganz gleich, ob Sie einen Podcast mit WordPress realisieren, einen Onlineshop anbinden oder WordPress um ein soziales Netzwerk erweitern wollen, das dazu passende Plug-in steht auf WordPress.org sicherlich für Sie bereit.

Am leichtesten finden Sie WordPress-Plug-ins unter *www.wordpress.org/plugins/*. Alle Plug-ins, die in diesem Verzeichnis gelistet werden, wurden vor der Veröffentlichung geprüft. Das ist zwar keine Garantie dafür, dass die hier vorliegenden Plug-ins völlig sicher sind, aber es ist schon einmal ein guter Filter. Außerdem lassen sich alle Plug-ins des offiziellen Verzeichnisses direkt über das Backend installieren. Natürlich bieten auch externe Anbieter Plug-ins an. Je nach Funktionsumfang können sie allerdings auch kostenpflichtig sein.

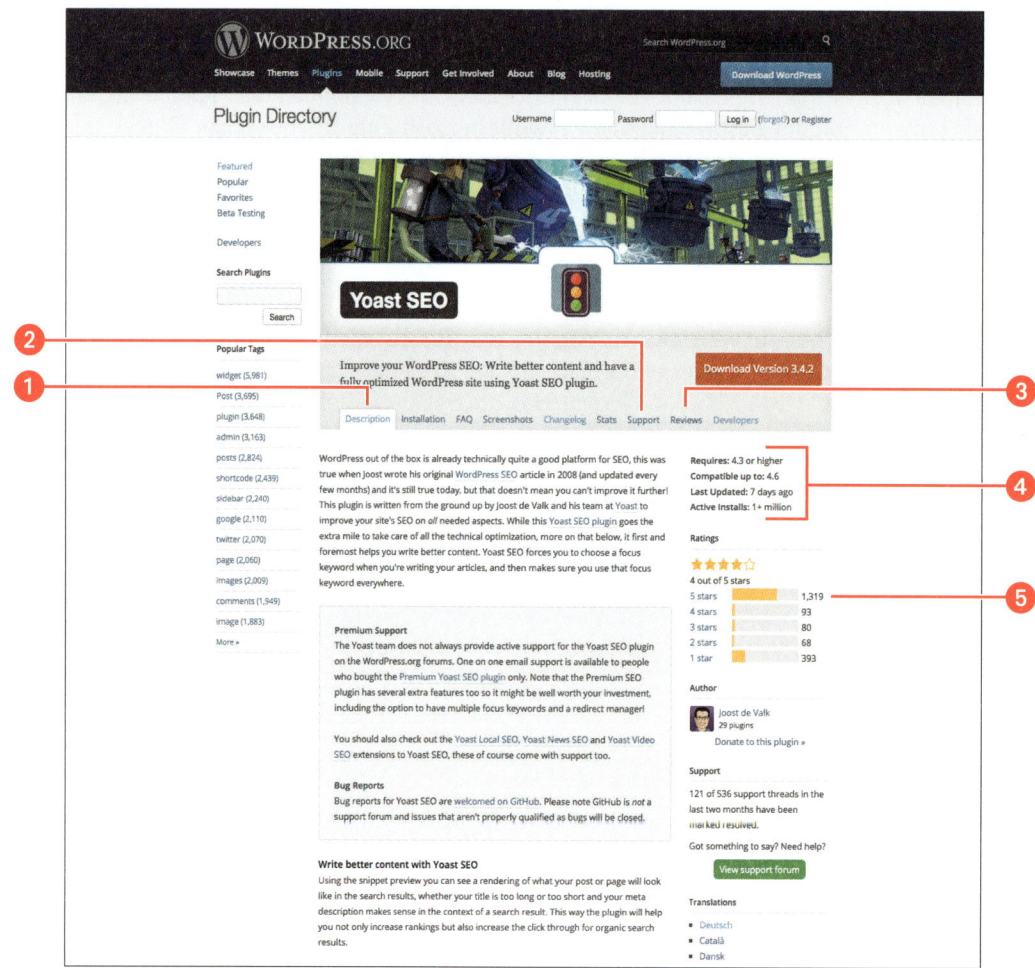

Auswahlkriterien für Plug-ins

Bevor Sie ein Plug-in installieren, checken Sie es besser erst mal anhand von speziellen Kriterien durch. Das schützt Sie zwar nicht hundertprozentig vor bösen Überraschungen, aber dank einer großen Community werden Spam- oder Hacker-Plug-ins schnell entdeckt, bloßgestellt und eliminiert. Denn jedes Plug-in bekommt im Verzeichnis von WordPress.org eine eigene Seite, wie Sie in der Abbildung links sehen. Neben der Plug-in-Beschreibung des Autors ❶ sind vor allem die Menüpunkte Support ❷ und Reviews ❸ interessant. Einen schnellen Überblick über Aktualität, Bewertung, Anzahl der Downloads und der letzten »Produktaktualisierung« bekommen Sie in der Seitenleiste ❹.

Mit den folgenden Kriterien unterziehen Sie das Plug-in noch vor der Installation einem **Schnellcheck**:

- Wann wurde das Plug-in zuletzt aktualisiert?
- Ist es mit Ihrer WordPress-Version kompatibel?
- Wie oft wurde es heruntergeladen? Vergleichen Sie die Anzahl der Downloads bei ähnlichen Plug-ins. Je mehr Nutzer, desto stabiler und umso sicherer ist solch ein Plug-in.
- Wie bewerten andere Nutzer das Plug-in? Verzichten Sie besser auf Plug-ins mit weniger als vier Sternen.
- Lesen Sie die Beiträge im Supportforum des Plug-ins. Was berichten Nutzer über das Plug-in? Klicken Sie dazu einfach auf die Bezeichnungen 5 stars, 4 stars und so weiter ❺.

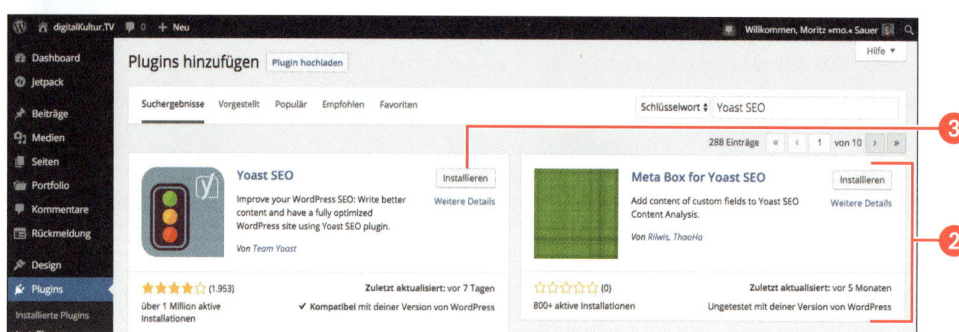

Neue Plug-ins installieren

Es gibt zwei Wege, ein Plug-in zu installieren und zu aktualisieren. Entweder Sie nutzen die Funktionalität von WordPress selbst, die aber leider nicht immer bei allen Webhostern funktioniert. Oder Sie gehen den etwas umständlicheren, aber dafür zuverlässigen Weg über den Upload per FTP-Programm. Eine Videoanleitung dazu, wie Sie per FTP Dateien auf einen Server hochladen, finden Sie unter www.phlow.org/ftp.

Fangen wir mit dem Upload über WordPress an: Um Plug-ins mithilfe von WordPress zu installieren, klicken Sie auf den Menüpunkt Plugins und anschließend auf Installieren. Im nächsten Schritt suchen Sie das Plug-in im WordPress-Plug-in-Verzeichnis. Geben Sie z. B. »Yoast SEO« über die Suchmaske ein ❶, listet Ihnen WordPress anschließend alle Plug-ins auf, die mit diesen Begriffen verschlagwortet wurden ❷. Nach einem Klick auf Installieren ❸ lädt WordPress das Plug-in aus dem Verzeichnis auf Ihren Server herunter und entpackt es. Mit einem letzten Klick auf Aktivieren beginnt das Plug-in seine Arbeit.

Möchten Sie ein Plug-in installieren, das Sie von einer anderen Website heruntergeladen und auf Ihrem Computer abgelegt haben, können Sie es auch als ZIP-Datei mit WordPress hochladen. Klicken Sie dazu auf den Menüpunkt Plugin hochladen ❹ und im nächsten Schritt auf Datei auswählen. Wählen Sie die ZIP-Datei aus, und WordPress übernimmt den Rest.

Falls Ihr Hoster den Upload via WordPress nicht unterstützt, müssen Sie das Plug-in mithilfe eines FTP-Programms wie FileZilla auf den Server hochladen und installieren:

1. Laden Sie das Plug-in über WordPress.org herunter und entpacken Sie das Archiv auf Ihrem Rechner.

2. Öffnen Sie mit Ihrem FTP-Programm das Verzeichnis Ihrer WordPress-Installation auf dem Server.

3. Laden Sie das Plug-in oder den Plug-in-Ordner in den Ordner wp-content/plugins/ hoch.

4. Öffnen Sie Ihren Browser und navigieren Sie im WordPress-Backend zum Menü Plugins.

5. Aktivieren Sie das Plug-in. Fertig!

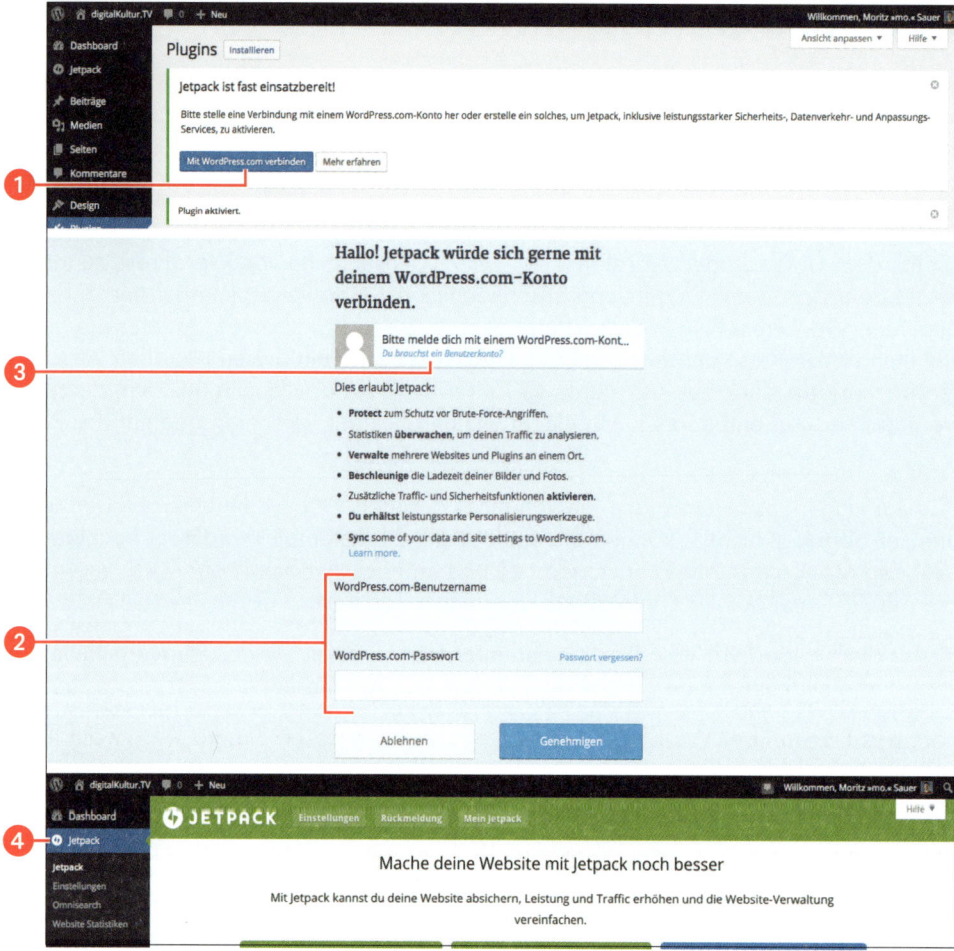

Erweiterung de luxe: das Multi-Plug-in Jetpack

Jetpack ist ein sogenanntes Multi-Plug-in, das Ihre WordPress-Website um zahlreiche Funktionen wie z. B. Sicherheitsfunktionen, Statistiken, Kontaktformular, Bilderkarussell oder neue Widgets, z. B. für Twitter- oder Facebook-Einbindung, erweitert. Ich kann Ihnen diese Erweiterung nur ans Herz legen, da Sie mit einer Installation eine große Auswahl an mehr Funktionalität erhalten, die Sie sonst nur durch die Installation zahlreicher anderer Erweiterungen erhalten. Außerdem steckt die Firma Automattic hinter Jetpack, also die Firma, die WordPress entwickelt. Automattic wird alles tun, dass dieses Plug-in stets aktuell bleibt.

Da Jetpack auf Funktionen von WordPress.com-Servern zurückgreift, benötigen Sie ein eigenes kostenloses **WordPress.com-Benutzerkonto**.

Und so installieren Sie Jetpack:

1. Installieren Sie Jetpack, wie auf Seite 243 beschrieben.

2. Aktivieren Sie das Plug-in und klicken Sie auf die eingeblendete Schaltfläche Mit WordPress.com verbinden ❶.

3. Verbinden Sie das Plug-in mit WordPress.com ❷, indem Sie Ihren WordPress.com-Benutzernamen und das dazugehörige Passwort eintippen. Besitzen Sie noch kein eigenes WordPress.com-Konto, können Sie sich ein Konto in der deutschsprachigen Version unter *http://de.wordpress.com* erstellen oder auf den Link Du brauchst ein Benutzerkonto? ❸ klicken. Dazu müssen Sie kein neues Blog anlegen.

Haben Sie Ihre WordPress-Installation erfolgreich mit WordPress.com verbunden, wird Ihnen im Backend der neue Menüpunkt Jetpack angezeigt ❹. Über diesen Menüpunkt verwalten Sie alle mit Jetpack gelieferten Plug-ins und können diese auf Wunsch auch deaktivieren.

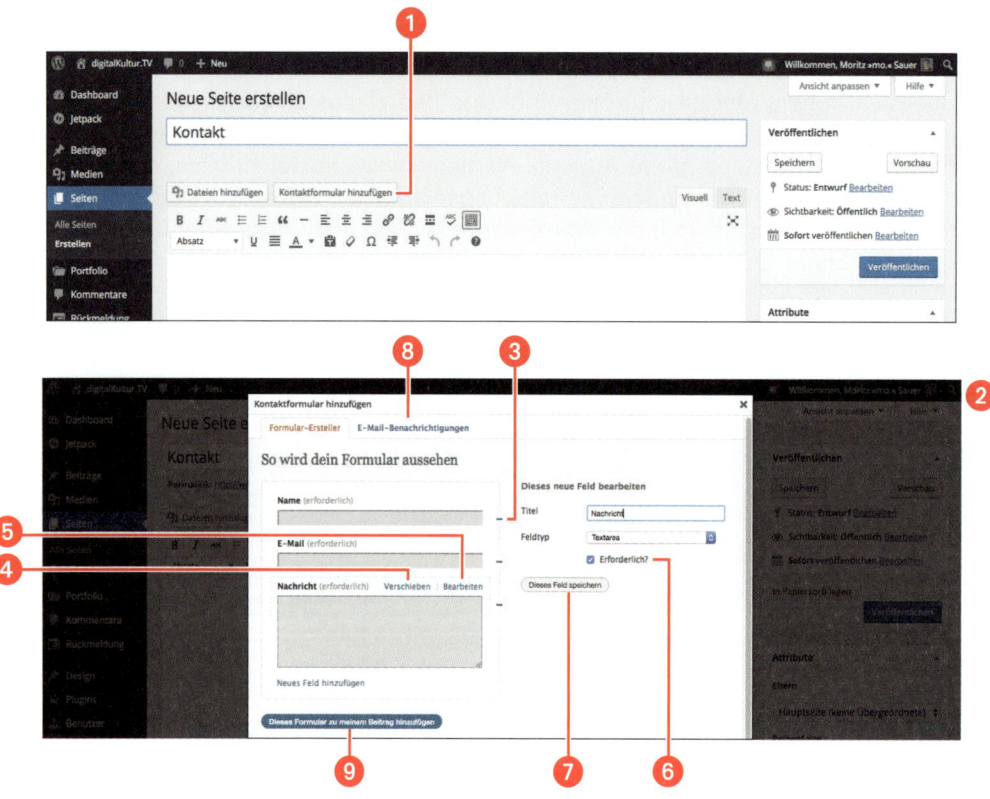

Ein Kontaktformular erstellen

Ein Kontaktformular realisieren Sie am einfachsten mithilfe des Multi-Plug-ins Jetpack (siehe Seite 245). Um ein Kontaktformular in Ihre Website einzubauen, erstellen Sie zuerst eine Seite und betiteln diese mit Kontakt. Klicken Sie danach auf Kontaktformular hinzufügen ❶. Nun öffnet sich ein Pop-up ❷, in dem vier Eingabefelder vorgegeben sind: Name, E-Mail, Webseite und Nachricht. Da ein Kontaktformular kein Eingabefeld Webseite benötigt, löschen Sie dieses mit einem Klick auf das Minuszeichen ❸.

Um ein Formularfeld zu editieren oder hoch- oder runterzuschieben, bewegen Sie einfach die Maus über das jeweilige Feld. Nun erscheinen zwei Optionen: Verschieben ❹ und Bearbeiten ❺. Bewegen Sie den Mauszeiger über Verschieben, verwandelt sich dieser in ein Steuerkreuz. Halten Sie die linke Maustaste fest und ziehen Sie das Feld an die gewünschte Stelle.

Da man keinen Kommentar, sondern eine Nachricht in ein Kontaktformular schreibt, benennen Sie das Feld in Nachricht um. Bewegen Sie dazu den Mauszeiger über das Feld, klicken Sie auf Bearbeiten und ändern Sie den Titel in den Einstellungen. Soll ein Feld ein Pflichtfeld sein, sollten Sie ein Häkchen bei Erforderlich? ❻ setzen. Die neuen Einstellungen übernehmen Sie, indem Sie auf Dieses Feld speichern ❼ klicken. Sollen ausgefüllte Formulare an eine spezielle E-Mail-Adresse geschickt werden, müssen Sie diese auf der Registerkarte E-Mail-Benachrichtigungen ❽ samt einem Betreff eingeben.

Sind Sie mit Ihrem Kontaktformular zufrieden, fügen Sie es in die Seite ein, indem Sie auf Dieses Formular zu meinem Beitrag hinzufügen ❾ klicken. Anschließend müssen Sie die Seite nur noch veröffentlichen, und das Formular geht online. Testen Sie auf jeden Fall, ob das Formular einwandfrei funktioniert.

Ausgefüllte und abgeschickte Formulare gehen nie verloren, denn Jetpack speichert sie automatisch in WordPress ab. Die ausgefüllten Formulare finden Sie über den neuen Menüpunkt Feedback in der Menüleiste. Selbstverständlich können Sie Kontaktformulare auch in Beiträge einbauen.

Tipp

Ein alternatives reines Kontaktformular-Plug-in ist **Contact Form 7**.

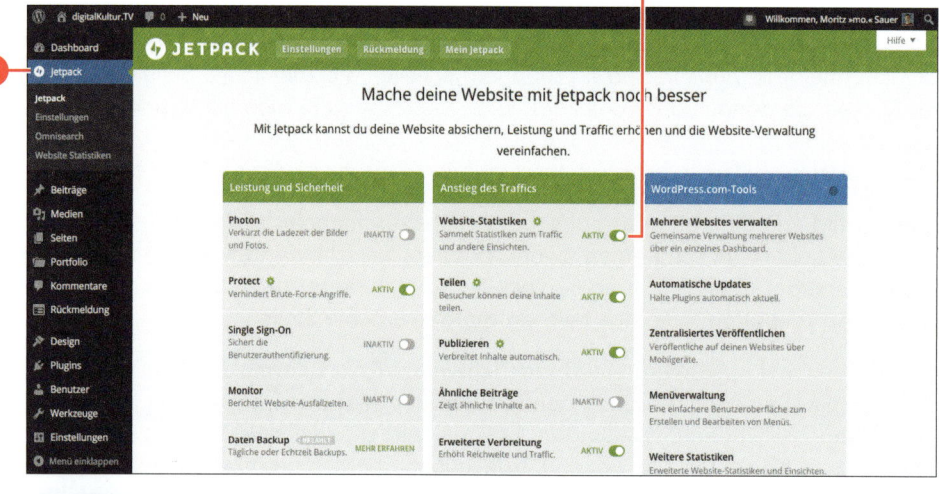

Gefährlich: Statistiken mit Jetpack

Wenn Sie Jetpack aktivieren, aktivieren Sie automatisch das integrierte Statistikwerkzeug von Word-Press.com. Dieses fängt mit der Aktivierung sofort an, Daten über die Besuche Ihrer Website bzw. Ihres Blogs zu sammeln. Das ist datenschutzrechtlich äußerst problematisch und nach deutschen sowie EU-Richtlinien ein ungelöstes Problem. Denn die Besucherdaten werden an externe Server in den USA geschickt. Wie und ob die Informationen vor dem Zugriff Dritter geschützt werden, darüber schweigt sich Automattic aus.

Darum kann es unter Umständen zu einer **Abmahnung** kommen. Dieser kommen Sie zuvor, indem Sie das Plug-in deaktivieren bzw. deaktiviert lassen. Öffnen Sie dazu im Backend den Menüpunkt Jetpack ❶ und überprüfen Sie, ob der Schieberegler ❷ auf aktiv oder inaktiv steht. Sollten Sie sich entschließen, die WordPress.com-Statistiken dennoch zu nutzen, aktivieren Sie die Website-Statistiken.

Entscheiden Sie sich gegen die Statistiken von Jetpack, möchten aber trotzdem auf Statistiken nicht verzichten, empfiehlt sich der Einsatz von **Google Analytics** (*www.google.com/analytics*). Achten Sie darauf, dass Sie die IP-Adressen anonymisieren und einen Datenschutzhinweis auf Ihrer Website unterbringen. Oder Sie nutzen die datenschutzfreundliche Webanalysesoftware **Piwik** (*www.piwik. org*). Diese müssen Sie aber auf Ihrem Server zusätzlich installieren. Ein passendes WordPress-Piwik-Plug-in gibt es natürlich auch: *wordpress.org/plugins/wp-piwik/*.

- Google Analytics-Anleitungen: *www.google.de/intl/de_ALL/analytics/support/index.html*
- Mehr Informationen zur Verwendung von Google Analytics: *www.j.mp/datenschutz_analytics*
- Mehr Informationen zu Piwik: *www.piwik.org*

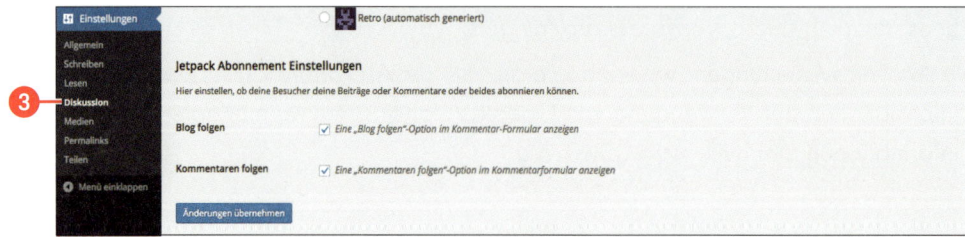

Abonnements für Beiträge und Kommentare mit Jetpack

Das Abonnement-Modul von Jetpack bietet Ihnen eine gute Möglichkeit, Ihren Besuchern eine Art **Newsletter** zu schicken. Wenn ein Besucher über neue Beiträge oder Kommentare per E-Mail informiert werden möchte, kann er einfach seine E-Mail-Adresse hinterlassen. Das Abonnement-Modul sorgt dann dafür, dass – je nach Art des Abonnements – neue Beiträge und/oder Kommentare an ihn verschickt werden. Mit diesem Service binden Sie Besucher längerfristig an Ihre Website und geben Kommentarschreibern die Chance, bei der von ihnen kommentierten Diskussion am Ball zu bleiben. Denn dank des Abonnements können sie die Diskussion weiter mitverfolgen und auf Reaktionen zu eigenen Kommentaren wiederum antworten.

Die Abonnement-Funktion zeigt das Modul auf zweierlei Weisen an: direkt unterhalb jedes Kommentarformulars ❶ und in Form eines Widgets ❷. Das Widget finden Sie wie gewohnt unter Design → Widgets.

Die Einstellungen für die Abonnement-Optionen unter dem Kommentarformular finden Sie unter Einstellungen → Diskussion ganz unten auf der Webseite ❸. Setzen Sie ein Häkchen bei Blog folgen und/oder Kommentaren folgen, um die Abonnements zu erlauben und anzeigen zu lassen.

> ## Tipp
> Wenn Sie Jetpack nicht verwenden wollen, bietet Ihnen das Plug-in **Subscribe To Comments Reloaded** die gleiche Funktionalität. Sie finden es unter *www.wordpress.org/extend/-plugins/subscribe-to-comments-reloaded/*.

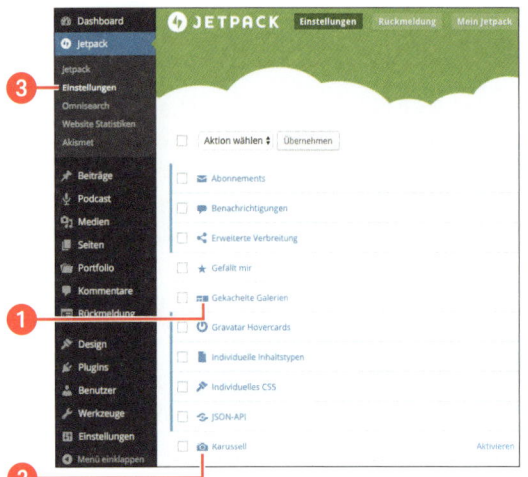

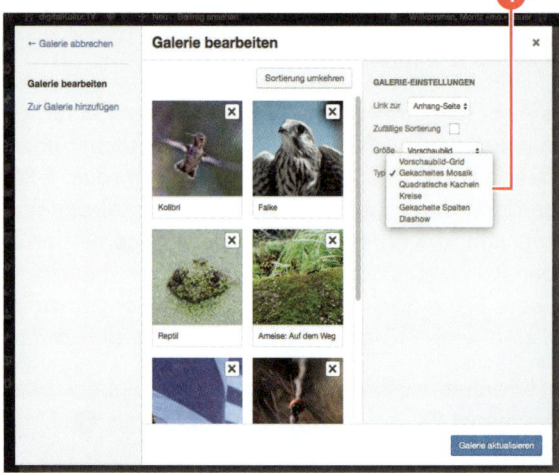

Foto-Karussell: Bildergalerien perfekt inszenieren

Jetpack bietet zwei hilfreiche Funktionen, damit Sie Ihre Bilder optimal in Szene setzen können: gekachelte Galerien ❶ und Karussell ❷. Gekachelte Galerien arrangiert Ihre Bilder so, dass die Bilder perfekt in Form von Kacheln zurechtgeschnitten werden, anstelle diese gleichförmig aufzulisten. Das Karussell öffnet die Bilder dann im Original über den gesamten Bildschirm und erlaubt das komfortable Durchblättern der Bilder. Das Karussell funktioniert dank Responsive Webdesign auf allen Bildschirmen. Gekachelte Galerien und Karussell aktivieren Sie über Jetpack → Einstellungen ❸.

Wenn Sie jetzt eine neue Bildergalerie anlegen, wie auf Seite 143 erklärt, haben Sie mehr Möglichkeiten, die Bilder zu arrangieren. Die Art der Sortierung wählen Sie über Typ ❹ aus. In der Abbildung links sehen Sie z. B. den Typ Gekacheltes Mosaik ❺.

Wenn Sie anschließend den Beitrag bzw. die Seite öffnen und auf ein Bild klicken, öffnet sich dieses im Karussell ❻. Sollte Ihnen der schwarze Hintergrund des Karussells und/oder die angezeigten Foto-Metadaten nicht gefallen, können Sie diese in Einstellungen → Medien einstellen.

Hinweis

Die Funktion gekachelte Galerien greift auf einen Bildbearbeitungsservice von WordPress.com zurück. Das bedeutet, dass das Jetpack-Plug-in die Bilder an WordPress.com schickt und die Kacheln dort auch für die Anzeige speichert.

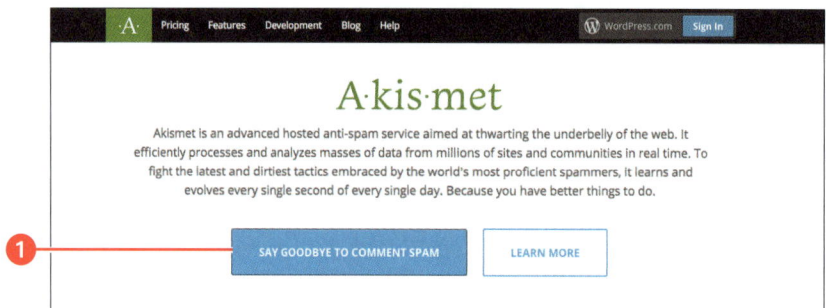

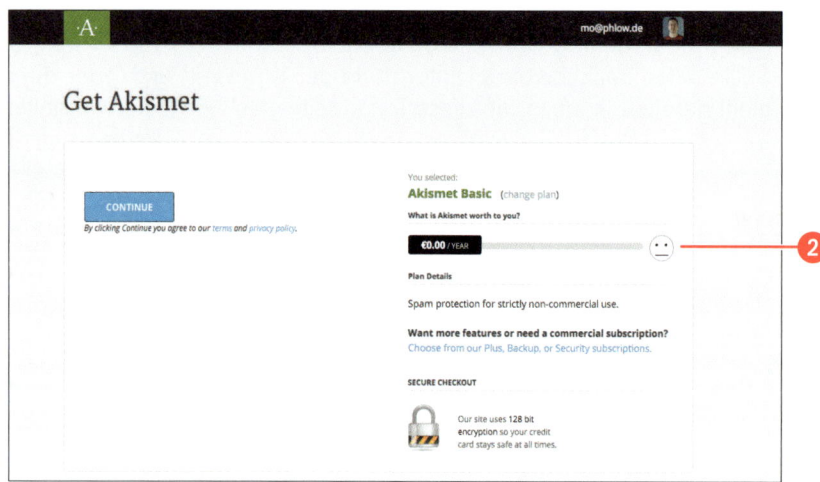

Kommentar-Spam mit Akismet bekämpfen

Über kurz oder lang werden Sie die unliebsame Bekanntschaft mit Kommentar-Spam machen, wenn Sie die Kommentarfunktion nutzen. Spammer missbrauchen diese und versuchen, dort Links und Werbung zu platzieren. Kommentar-Spam beugen Sie mit zwei Plug-ins vor: Akismet und Antispam Bee.

Akismet ist bereits bei einer Neuinstallation von WordPress mit dabei, aber nicht aktiviert. Das Plug-in wacht wirksam über Kommentare, die per Kommentarfunktion oder Trackback an Ihr WordPress geschickt werden. Für den privaten Gebrauch ist Akismet kostenlos, solange Sie Ihre Website nicht kommerziell nutzen. Um es zu nutzen, benötigen Sie einen sogenannten **API-Key**. Den erhalten Sie so:

1. Öffnen Sie *www.akismet.com* in Ihrem Browser.

2. Klicken Sie auf SAY GOODBY TO COMMENT SPAM ❶.

3. Wählen Sie das Paket Basic und klicken Sie auf Get Started.

4. Legen Sie sich ein WordPress.com-Konto an oder nutzen Sie ein bereits existierendes.

5. Erlauben Sie Akismet, sich mit Ihrem neuen WordPress.com-Konto zu verbinden.

6. Ziehen Sie auf dem nächsten Bildschirm den Schieberegel auf 0 € ❷ und klicken Sie auf CONTINUE.

7. Jetzt zeigt Ihnen Akismet Ihren neuen API-Key an und schickt ihn zusätzlich per E-Mail.

8. Kopieren Sie den API-Key, öffnen Sie Ihr WordPress-Backend und aktivieren Sie Akismet unter Plugins.

9. Klicken Sie in der erscheinenden Meldung auf Aktiviere dein Akismet-Konto.

10. Kopieren Sie den API-Key in das Eingabefeld und klicken Sie abschließend auf Benutze diesen Schlüssel.

Ab jetzt überwacht Akismet die Kommentare und untersucht neue Kommentare auf Spam. Einziger Nachteil ist die Tatsache, dass Sie einen externen Service nutzen, der auf einem anderen Server liegt. Ob und wie Akismet die von Ihnen übertragenen Daten speichert, dazu schweigt Automattic.

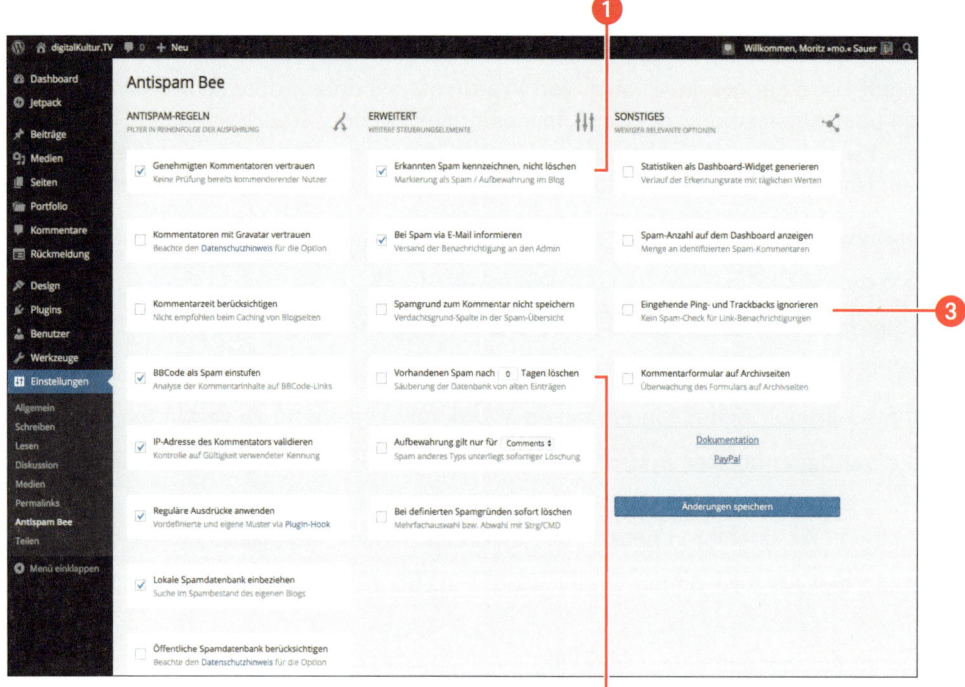

Kommentar-Spam mit Antispam Bee bekämpfen

Wenn Sie zu denjenigen gehören, die Datenschutz großschreiben und denen die Kommunikation Ihrer WordPress-Installation mit einem anderen Server unheimlich ist, greifen Sie lieber auf *www. antispambee.de* zurück, um Kommentar-Spam zu bekämpfen. Das deutsche Plug-in ist kostenlos, klein, muss nicht registriert werden und kommuniziert mit keinem Server. Obendrein belastet es nicht Ihre Datenbank bzw. Ihre Performance. Außerdem arbeitet Antispam Bee auch mit Akismet im Gespann einwandfrei zusammen. Über die Funktionsweise schweigen sich die Programmierer aus und erklären nur, dass sie das Originalkommentarfeld durch ihr eigenes ersetzen.

Nach der einfachen Installation über einen Klick unter Plugins gestaltet sich auch die Konfiguration simpel: Sie entscheiden mit einem Klick, ob Spam direkt gelöscht oder nur markiert werden soll ❶, nach wie vielen Tagen Spam automatisch gelöscht wird ❷ und ob die Biene auch über Trackbacks und Pingbacks ❸ wachen darf.

Eine ausführliche deutsche Dokumentation finden Sie über *http://phlow.org/antispambee*, die alle Optionen einzeln erklärt. Entscheiden Sie sich für den Einsatz von Antispam Bee, sollten Sie nach Inbetriebnahme noch kontrollieren, ob Ihr Kommentarformular einwandfrei funktioniert.

Hinweis

Wenn Sie über das Plug-in Jetpack die Funktion Kommentare aktivieren oder den Service Disqus nutzen, funktioniert Antispam Bee nicht.

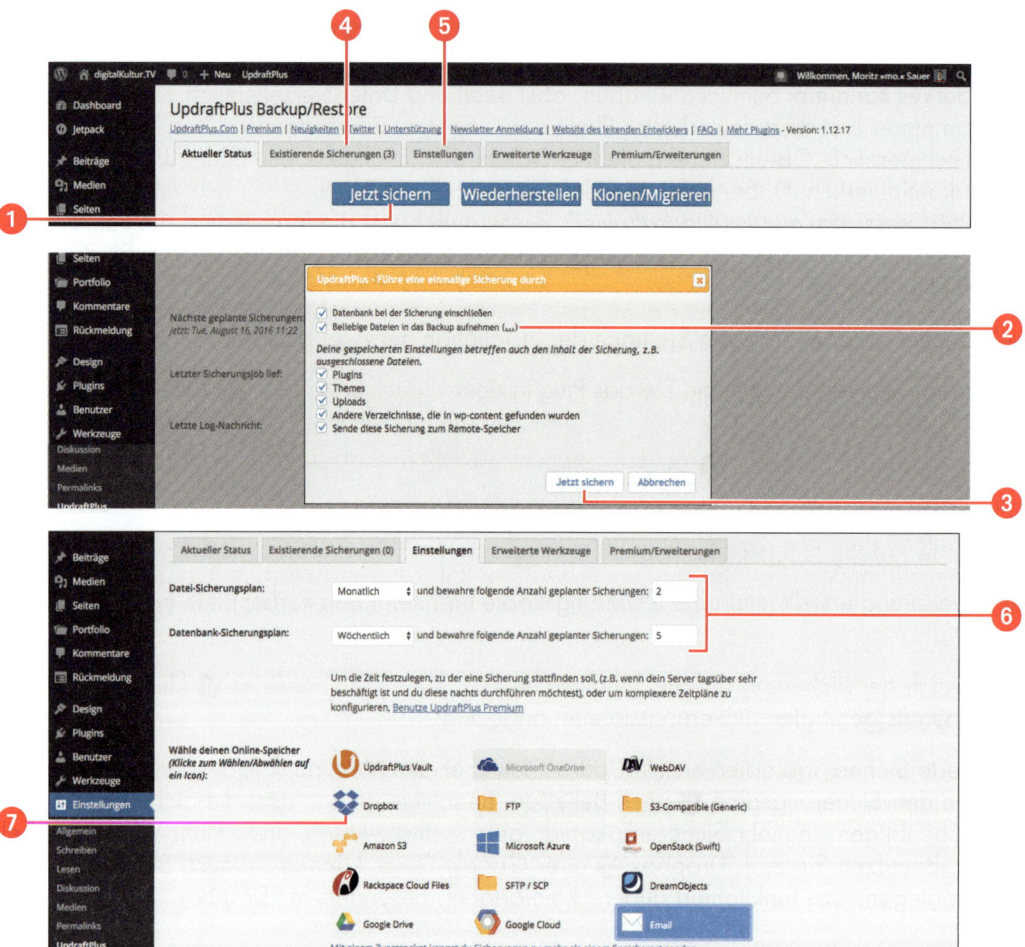

Datenbank und Dateien automatisch sichern

Auch ein Server kann mal Schluckauf haben, abstürzen und Daten versehentlich zerstören. Oder ein Programmierer liefert ein fehlerhaftes Plug-in aus. Egal, wann es passiert: Der Verlust von Daten ist äußerst schmerzlich. Darum sichern Sie Ihre Datenbank, hochgeladene Bilder, Plug-ins und Themes am besten kontinuierlich. Dabei hilft Ihnen das **UpdraftPlus WordPress Backup Plugin** (*https://wordpress.org/plugins/updraftplus/*). Außerdem bietet die Erweiterung die Funktion Wiederherstellen, mit der Sie aus einer Sicherungskopie einen älteren Zustand Ihrer WordPress-Site wiederherstellen können.

Manuelle Sicherungskopien legen Sie nach der Installation mit zwei Klicks an.

1. Installieren, aktivieren und rufen Sie das Plug-in über Einstellungen → UpdraftPlus Sicherungen auf.

2. Klicken Sie auf Jetzt sichern ❶.

3. Klicken Sie auf (...) ❷ und wählen Sie die zu sichernden Elemente aus.

4. Klicken Sie auf die Schaltfläche Jetzt sichern ❸.

5. Die Erweiterung erstellt jetzt eine Sicherungskopie und zeigt den Fortschritt in Form eines Balkens an. Fertig!

Wenn Sie nach der Sicherung auf die Schaltfläche Existierende Sicherungen ❹ klicken, werden die von Ihnen bereits getätigten Sicherungsdateien angezeigt.

Automatisierte Sicherungskopien erstellt UpdraftPlus über den Menüpunkt Einstellungen ❺. Konfigurieren Sie den Sicherungsplan ❻ nach Belieben. Beachten Sie nur, dass die Sicherungskopien Webspace benötigen. Je mehr Sicherungskopien aufbewahrt werden, desto mehr Webspace belegt das Plug-in. Benutzen Sie z. B. Dropbox ❼ oder Google Drive, können Sie auch Sicherungskopien in der Cloud ablegen. Das funktioniert äußerst komfortabel, besonders mit Dropbox.

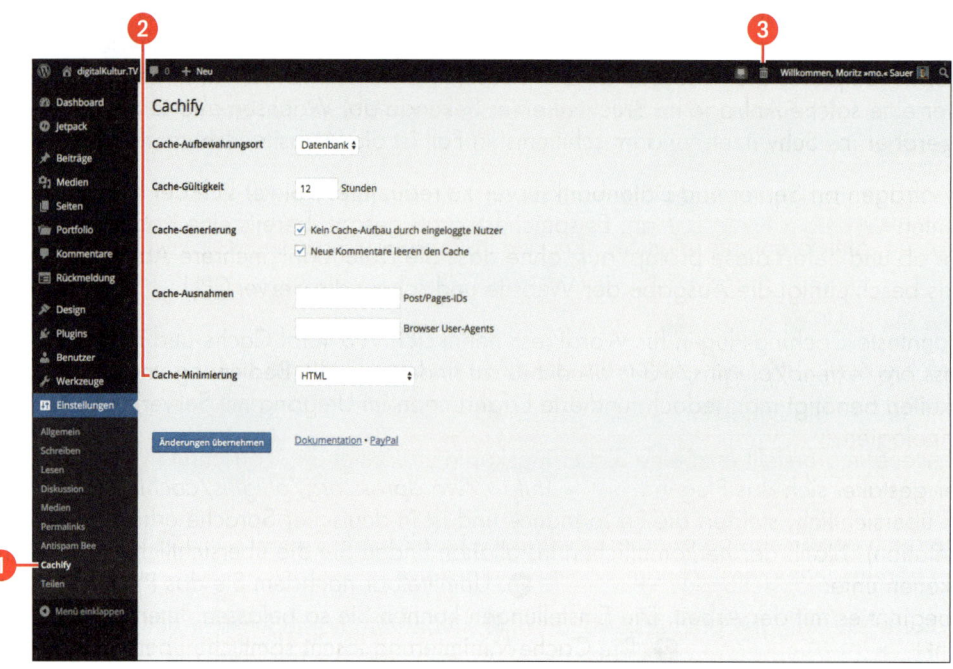

Ihre Website bzw. Ihr Blog beschleunigen und optimieren

WordPress baut Webseiten und Blogs dynamisch zusammen, was bedeutet, dass bei jeder URL-Anfrage an den Server WordPress Daten aus der Datenbank herausholt, um anschließend mithilfe des Themes bzw. Templates die Webseite für den Besucher zusammenzubauen. In der Regel arbeitet der Server eine solche Anfrage im Bruchteil einer Sekunde ab. Wachsen aber die Anfragen an den Server, gerät er ins Schwitzen, und im schlimmsten Fall ist die Website nicht mehr erreichbar.

Um die Anfragen an Server und Datenbankserver zu reduzieren, bietet sich der Einsatz eines sogenannten **Caching-Plug-ins** an. Es speichert, grob gesagt, bereits eine Kopie der jeweiligen Webseite ab und liefert diese prompt aus, ohne dass die Datenbank mehrere Abfragen abarbeiten muss. Das beschleunigt die Ausgabe der Website und schont die Server-CPU.

Das bekannteste Caching-Plug-in für WordPress nennt sich W3 Total Cache und ist unter *www.wordpress.org/extend/plugins/w3-total-cache/* zu finden. Für die Bedienung und seine Einstellungsmöglichkeiten benötigt man jedoch fundierte Erfahrungen im Umgang mit Servern und Kenntnisse in Webtechnologien.

Einfacher gestaltet sich das Plug-in Cachify (*http://wordpress.org/plugins/cachify/*). Es ist kompakt und übersichtlich, steigert die Performance und ist in deutscher Sprache erhältlich (auch die Dokumentation). Nach der herkömmlichen Installation finden Sie die übersichtlichen Einstellungsmöglichkeiten unter Einstellungen → Cachify ❶. Unmittelbar nachdem Sie das Plug-in aktiviert haben, beginnt es mit der Arbeit. Die Einstellungen können Sie so belassen. Interessant ist noch der Menüpunkt Cache-Minimierung ❷. Die Cache-Minimierung löscht sämtliche überflüssigen Zeichen im übermittelten HTML-Dokument und reduziert die Dateigröße einer Webseite. Dadurch verkürzen sich die Ladezeiten.

Um den Cache einmal komplett zu leeren, klicken Sie in der grauen Adminleiste einfach rechts auf den kleinen Mülleimer ❸. Weitere Informationen zur Arbeitsweise und den jeweiligen Funktionen lesen Sie in der Dokumentation unter: *http://phlow.org/cachify*.

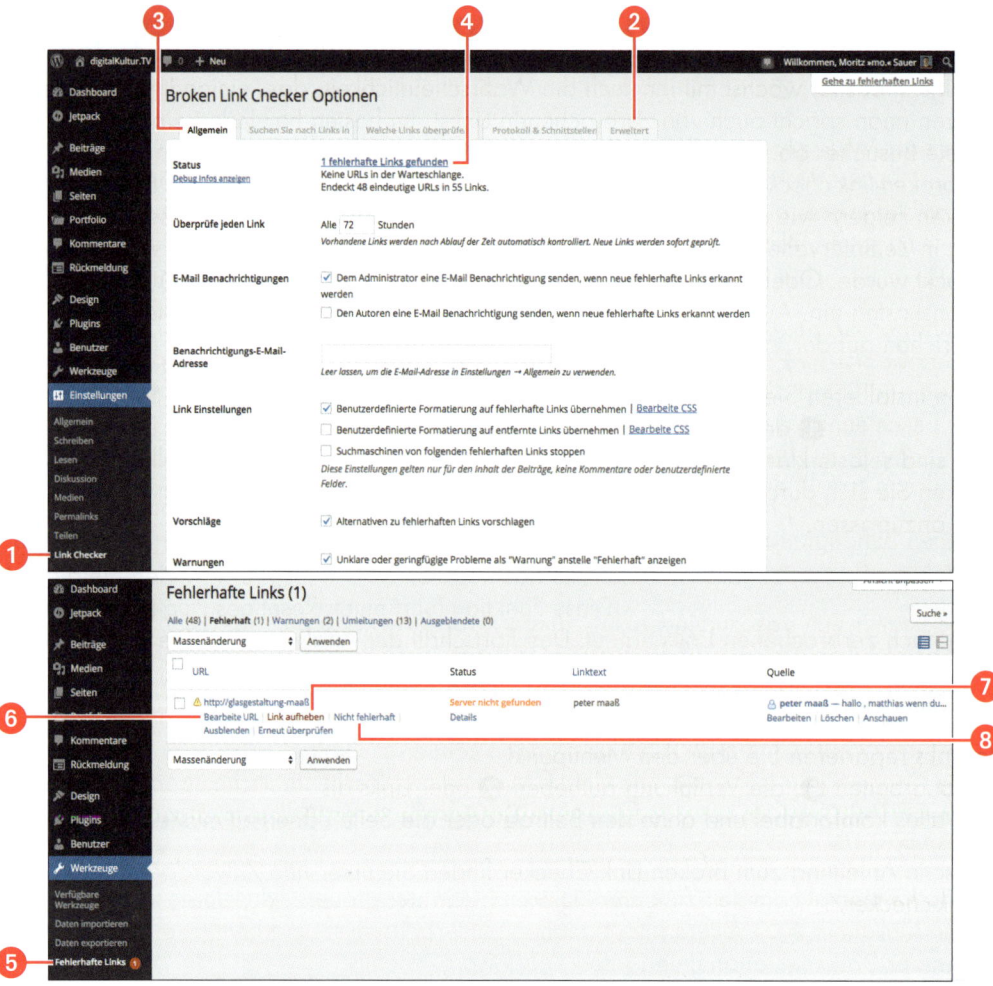

Links in Beiträgen automatisch prüfen

Wächst eine Website, wächst mit ihr auch die Wahrscheinlichkeit, dass einige Links ins digitale Nirwana führen (man spricht auch von zerbrochenen Links). Im besten Fall federt eine 404-Fehlerseite fehlgeleitete Besucher ab. Abhilfe schafft das Plug-in Broken **Link Checker** (*http://wordpress.org/-plugins/broken-link-checker/*). Dieses überwacht und überprüft gesetzte Links in Beiträgen, Seiten und anderen Feldern wie den Benutzerdefinierten Feldern automatisch. Auf Wunsch operiert es selbsttätig in Zeitintervallen und schickt Ihnen per E-Mail eine Benachrichtigung, wenn ein kaputter Link entdeckt wurde. Oder Sie schauen im Dashboard nach. Dort blendet das Plug-in einen neuen Informationskasten ein. Außerdem markiert es defekte Links in Beiträgen und Seiten, indem es sie durchgestrichen auf der Website anzeigt.

Das Plug-in installieren Sie auf dem üblichen Weg. Nach der Aktivierung finden Sie unter Einstellungen → Link Checker ❶ den neuen Menüpunkt für die Einstellungen des Plug-ins. Die Einstellungsmöglichkeiten sind selbsterklärend, und das Plug-in ist bereits mit den Standardeinstellungen gut konfiguriert. Klicken Sie sich durch die Register, um einen Eindruck vom Plug-in zu erhalten und es an Ihre Wünsche anzupassen.

Um das Plug-in arbeiten zu lassen, öffnen Sie das Register Erweitert ❷. Dort finden Sie die Schaltfläche Überprüfe alle Seiten noch einmal. Diese Funktion führt einen Reset des Plug-ins durch und startet die Suche nach zerbrochenen Links erneut. Den Fortschritt der Analyse sehen Sie auf der Registerkarte Allgemein ❸ oder im Dashboard. Entdeckt das Plug-in einen fehlerhaften Link, wird diese Information eingeblendet ❹.

Defekte Links reparieren Sie über den Menüpunkt Werkzeuge → Fehlerhafte Links ❺. Hier können Sie Links bearbeiten ❻, die Verlinkung aufheben ❼ oder Links als Nicht fehlerhaft ❽ markieren. Das geschieht alles komfortabel und ohne den Beitrag oder die Seite öffnen zu müssen.

Eine deutsche Anleitung zum Broken Link Checker finden Sie unter *http://wordpress.org/plugins/broken-link-checker/*.

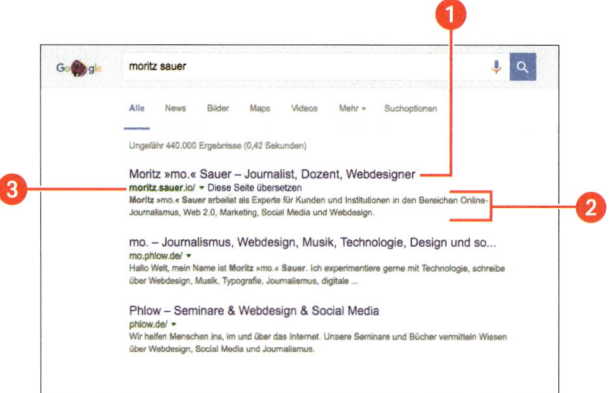

Suchmaschinenoptimierung

Mithilfe der Suchmaschinenoptimierung erreicht Ihre Website bzw. Ihr Blog bessere Positionen in den Suchergebnissen von Google & Co., und diese kommen auch und vor allem Ihren Besuchern und Lesern zugute. Denn der Aufbau von Beiträgen im Internet orientiert sich stark an der Strukturierung von Büchern und Zeitungsartikeln. Der grundsätzliche Unterschied zum Buch sind die Links. Ansonsten gelten für suchmaschinenoptimierte Artikel ähnliche journalistische Grundsätze und Tugenden. Dazu gehören auf Webseiten diese Elemente:

- Überschriften und Zwischenüberschriften,
- drei bis neun wiederkehrende Such- bzw. Schlagwörter (Keywords) pro Beitrag/Seite,
- eine Kurzbeschreibung mit maximal 150 Zeichen,
- weiterführende Links zu ähnlichen Inhalten,
- gefettete oder kursiv geschriebene wichtige Schlüsselwörter im Text sowie
- Bilder mit aussagekräftigen Namen.

Die folgenden drei wichtigsten Elemente eines Webdokuments, die Suchmaschinen in ihren Ergebnissen anzeigen, sind:

Überschrift ❶: Die Überschrift eines Beitrags sollte die wichtigsten Schlagwörter enthalten, den Suchenden ansprechen und nicht länger als 70 Zeichen lang sein. Positionieren Sie die Schlagwörter so weit vorn wie möglich. Viele Themes greifen auf die Überschrift zurück, um den Seitentitel zu erzeugen.

Kurzbeschreibung ❷: Suchmaschinen zeigen kleine Textauszüge einer Webseite für die Kurzbeschreibung an. Diese Textauszüge sind meist nicht länger als maximal 160 Zeichen. Ohne Plug-in gibt es keine direkte Möglichkeit, einer Suchmaschine eine Kurzbeschreibung zu übergeben.

URL ❸: Die Adresse einer Webseite oder eines Blogartikels sollte lesbar und verständlich aufgebaut sein und wichtige Schlagwörter des Beitrags beinhalten, z. B. in dieser Form: *http://digitalkultur.tv/facebook-datenschutz*. Wie Sie die URL eines Beitrags/einer Seite bearbeiten, lesen Sie auf Seite 127.

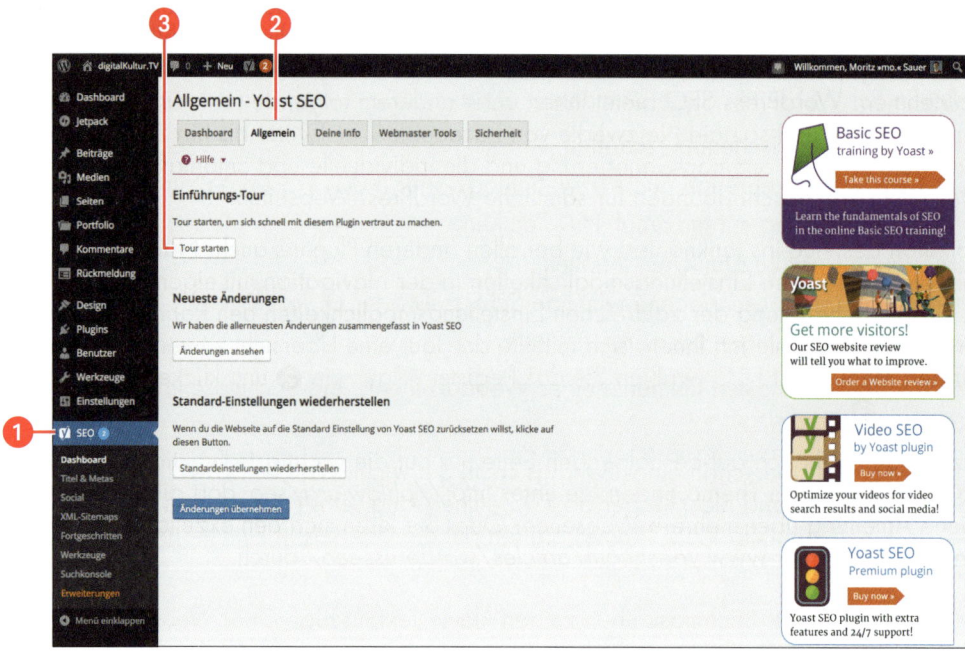

Bessere Positionen bei Google & Co.

Zahlreiche Plug-ins buhlen um Ihre Aufmerksamkeit, wenn es um das Thema Suchmaschinenoptimierung geht. Das beste und großartigste Plug-in ist **Yoast SEO** (*http://wordpress.org/plugins/
wordpress-seo/*). Das Plug-in des niederländischen SEO-Experten bietet alle relevanten Funktionen
für die Suchmaschinenoptimierung unter einer Haube. Dazu gehört die Möglichkeit, sowohl jeden
einzelnen Beitrag/jede Seite individuell zu optimieren als auch Einstellungen für die gesamte Website vorzunehmen. WordPress SEO bietet Ihnen unter anderem folgende Funktionen: Optimierung
für Webmaster Tools und soziale Netzwerke von Facebook über Twitter bis hin zu Pinterest oder
Instagram, automatische Sitemap-Generierung und die individuelle und automatisierte Erstellung von
passenden Titeln und Beschreibungen für sämtliche WordPress-Webseiten.

Die Installation des Plug-ins funktioniert wie bei allen anderen Plug-ins auch. Nach der Aktivierung
finden Sie die zahlreichen Einstellungsmöglichkeiten in der Navigation mit eigenem Symbol unter
SEO ❶. Da die Behandlung der zahlreichen Einstellungsmöglichkeiten den Rahmen dieses Buchs
sprengen würde, empfehle ich Ihnen, sich mithilfe der Tour eine Übersicht zu verschaffen. Klicken Sie
dazu auf den Menüpunkt SEO, wählen Sie das Register Allgemein ❷ und klicken Sie anschließend
auf Tour starten ❸.

Aus Platzgründen gehe ich auf der folgenden Seite nur auf die wichtigste Funktionalität von Word-
Press SEO ein. Mehr zum Thema finden Sie unter *http://phlow.org/seo*, dort gibt es auch eine
ausführliche Anleitung über mehrere Webseiten. Oder Sie lesen sich den exzellenten englischen
Leitfaden von Yoast unter *www.yoast.com/articles/wordpress-seo/* durch.

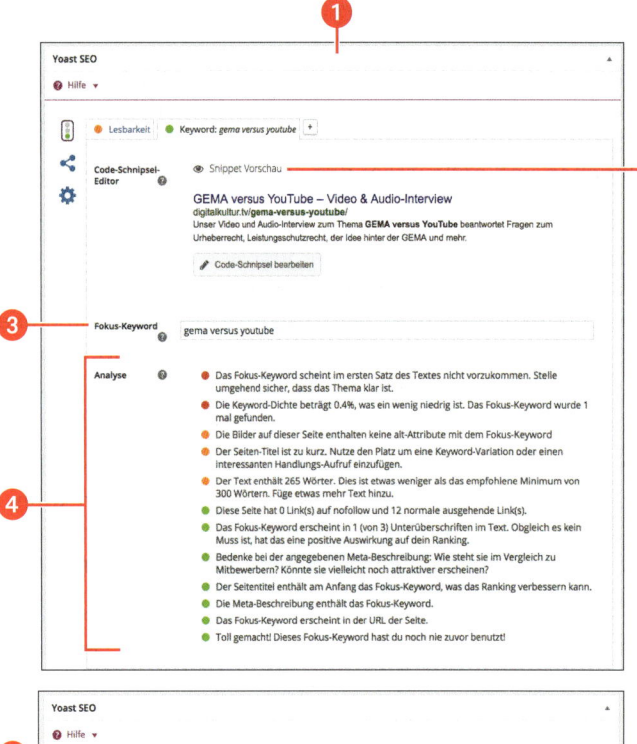

Webseiten mit Yoast SEO optimieren

Wenn Sie WordPress SEO installiert und aktiviert haben, finden Sie unter jedem Beitrag, jeder Seite und auf den Verwaltungsseiten für Kategorien und Schlagwörter neue Eingabefelder des Plug-ins WordPress SEO. Über diese Felder können Sie zwei der drei wichtigsten Elemente für die Suchmaschinenoptimierung (siehe Seite 265) eingeben und optimieren: den Titel und die Kurzbeschreibung.

Auf der linken Seite sehen Sie oben den Kasten Yoast SEO ❶, über den Sie den Beitrag optimieren können. Wie das Suchergebnis des Beitrags/der Seite in den Suchergebnissen aussieht, zeigt Ihnen die Snippet Vorschau ❷. Die Snippet Vorschau können Sie direkt editieren. Klicken Sie einfach auf die jeweiligen Elemente wie Titel, Kurzbeschreibung oder URL. Während Sie die Vorschau editieren, zeigt Ihnen Yoast SEO über einen farbigen Balken, ab wann die Eingaben optimal sind. Beachten Sie, dass dies nur eine Vorschau ist. Die Vorschau garantiert Ihnen nicht, dass Google & Co. die Einstellungen blind übernehmen.

In das Feld Fokus-Keyword ❸ geben Sie das Hauptschlagwort oder die Wortfolge ein, auf die Sie sich konzentrieren. Füllen Sie dieses Feld aus, damit das Plug-in Ihren Beitrag analysieren kann. Sie starten die Analyse, indem Sie den Beitrag/die Seite speichern oder aktualisieren. Anschließend zeigt Ihnen das Plug-in an, ob Sie das Fokus-Keyword an wichtigen Stellen genutzt haben ❹.

Auch die Lesbarkeit Ihrer Beiträge analysiert Yoast SEO. Um die Lesbarkeit zu verbessern, klicken Sie auf das Register Lesbarkeit ❺. Hat das Plug-in an den Texten etwas zu mäkeln, so heben Sie den bemängelten Text hervor, indem Sie auf das Auge-Symbol ❻ klicken. Yoast SEO markiert im Artikel dann die zu verbessernden Sätze.

Wie und ob ein Beitrag schon optimiert ist, zeigen Ihnen die Ampeln im Veröffentlichen-Kasten ❼.

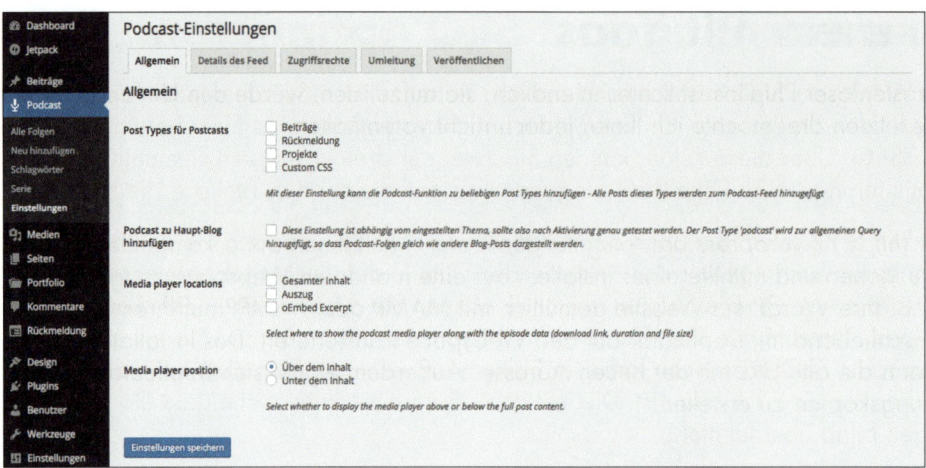

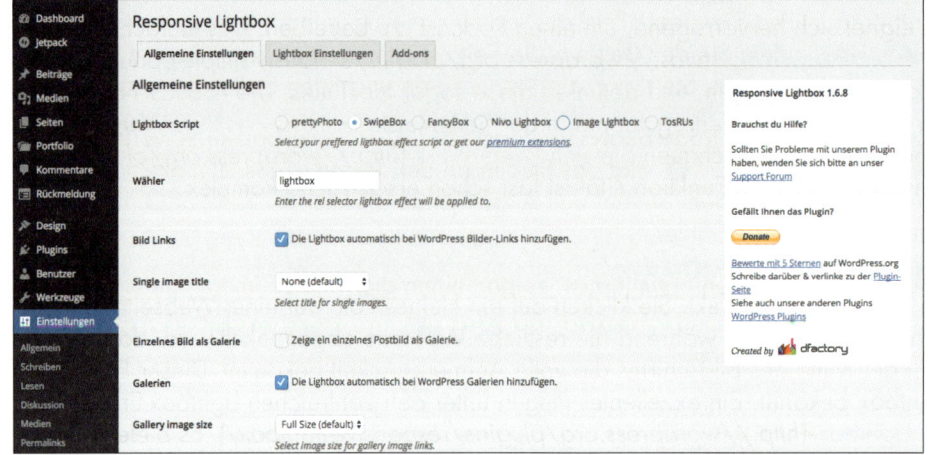

Noch mehr Plug-ins

Die Zahl kostenloser Plug-ins ist schier unendlich, sie aufzulisten, würde den Umfang des Buchs sprengen. Diese letzten drei möchte ich Ihnen jedoch nicht vorenthalten.

WordPress-Website klonen und auf anderen Webspace transferieren

Duplicator (*https://wordpress.org/plugins/duplicator/*) hilft Ihnen auf unkomplizierte Weise, Ihre Website zu klonen und mithilfe eines Installers auf einem anderen Webspace zu installieren. So können Sie z. B. Ihre WordPress-Website gemütlich mit MAMP oder XAMPP auf Ihrem Rechner fertigstellen und anschließend mit Duplicator auf den Webspace transferieren. Das Installationsskript überschreibt dann die alte URL mit der neuen Adresse. Außerdem eignet sich Duplicator hervorragend, um Sicherungskopien zu erstellen.

Praktisch für Podcaster

WordPress eignet sich hervorragend, um einen Podcast zu betreiben. Das einfach strukturierte Seriously Simple Podcasting (*https://wordpress.org/plugins/seriously-simple-podcasting/*) hilft Ihnen dabei, Podcasts zu realisieren, und optimiert diese sogar für iTunes. Die Podcast-Folgen verwalten Sie einfach über ein neues Beitragsformat in der Seitenleiste namens Podcast. Wenn Sie doch mehr Optionen benötigen, dann schauen Sie sich PowerPress (*http://wordpress.org/plugins/power-press/*) von Blubrry an. Die Funktionalität ist fast schon erschlagend komplex.

Bilder schöner einblenden

Sie kennen sicherlich den Effekt: Sie klicken auf ein kleines Foto auf einer Webseite, und sanft öffnet sich ein Fenster in der Mitte, während die restliche Webseite abgedunkelt wird, damit das vergrößerte Bild in der Mitte des Bildschirms die volle Aufmerksamkeit bekommt. Dieser Effekt ist unter dem Namen Lightbox bekannt. Ein exzellentes Plug-in unter den zahlreichen Lightbox-Erweiterungen ist Responsive Lightbox (*http://wordpress.org/plugins/responsive-lightbox/*). Es bietet Ihnen leicht verständliche Einstellungsmöglichkeiten, um den Effekt an Ihre Vorlieben anzupassen.

Kapitel 9 | Sicherheit, Updates und Sicherheitskopien

WordPress baut heute laut w3techs.com mehr als 25 % der Websites im Internet. Dieser Erfolg kommt nicht von ungefähr, denn in den letzten 13 Jahre haben die Programmierer von WordPress kontinuierlich daran gearbeitet, administrative Funktionen immer weiter zu vereinfachen und WordPress so leicht wie möglich bedienbar zu machen.

Der Nachteil dieser Popularität lässt sich mit dem von Windows oder Android vergleichen: Wenn viele Menschen ein System nutzen, dann zieht es unweigerlich auch die Menschen an, die es missbrauchen wollen: bösartige Hacker und Internet-Abzocker.

Zum Glück können Sie sich, Ihre Besucher und Ihre Daten schützen. Wie, dass erfahren Sie in diesem Kapitel, das Ihnen alles rund um die Aktualisierung, Sicherheit und den Schutz Ihrer Website beibringt. Dazu erkläre ich Ihnen kurz ein paar technische Konzepte, denn eigentlich ist es einfach, WordPress abzusichern. Sie müssen es nur tun.

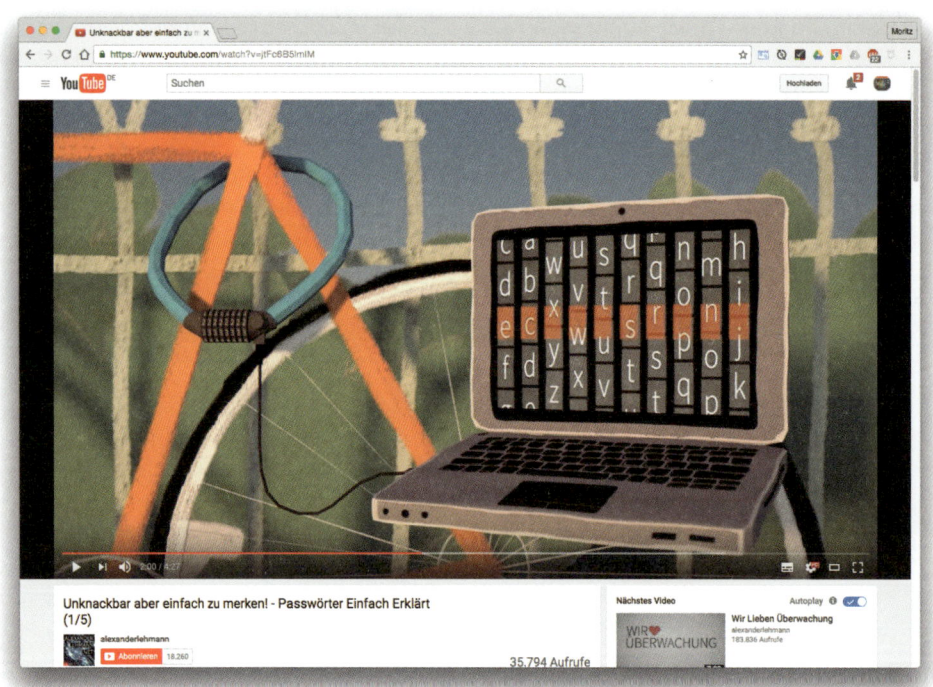

Fünf einfache Regeln für mehr Sicherheit

Bereits mit – oder auch nach – der Installation einer eigenen WordPress-Website können Sie es Angreifern mit den folgenden Regeln äußerst schwer machen.

1. **Nutzen Sie einen kryptischen Benutzernamen.** Ihr Log-in-Benutzername sollte sich maßgeblich von Ihrem Autorennamen unterscheiden und auf keinen Fall admin lauten. So kann der Angreifer von Ihrem Autorennamen nicht auf den Log-in-Namen schließen. Beispiel: Schokolade (Log-in) und Moritz »mo.« Sauer (Autorenname). Lautet Ihr Benutzername admin, dann legen Sie einen neuen Benutzer mit Adminrechten an, loggen Sie sich aus und melden sich mit dem neuen Benutzer an. Dann löschen Sie den alten Benutzer. Wenn Sie den alten Benutzer löschen, fragt WordPress automatisch, auf welchen Benutzer die Beiträge und Seiten übertragen werden sollen. Mehr zu Benutzerrechten finden Sie auf Seite 109.

2. **Nutzen Sie kein Passwort, sondern einen Passsatz.** Passwörter sind toll, Passsätze sind besser. Denn je mehr Zeichen ein Passwort hat, desto schwieriger wird der Angriff. Wenn Sie in den Satz auch noch Zahlen und Sonderzeichen einbauen, perfekt! Beispiel: »Gott würfelt nicht!« – Mehr dazu in diesem YouTube-Video: *http://phlow.org/passwort*.

3. **Machen Sie Sicherheitskopien.** Sicherheitskopien retten Ihre Website, schonen Ihre Nerven und sparen richtig viel Zeit, wenn etwas schiefgeht. Nutzen Sie eine Erweiterung wie z. B. das vorgestellte Updraftplus-Plug-in auf Seite 259. Es arbeitet auf Befehl automatisch im Hintergrund.

4. **Aktualisieren Sie WordPress, Plug-ins und Themes kontinuierlich.** Updates für WordPress, Plug-ins und Themes erweitern nicht nur das System, sondern stopfen gefundene Sicherheitslöcher.

5. **Überprüfen Sie Plug-ins und Themes eingehend vor der Installation.** Auf Seite 241 erkläre ich Ihnen, wie Sie Plug-ins und Themes einer Kontrolle unterziehen. Beachten Sie auch, dass jede Erweiterung ein neues potenzielles Sicherheitsrisiko darstellt. Zahlreiche Entwickler stellen oft irgendwann die Arbeit ein und pflegen das Plug-in oder das Theme nicht weiter.

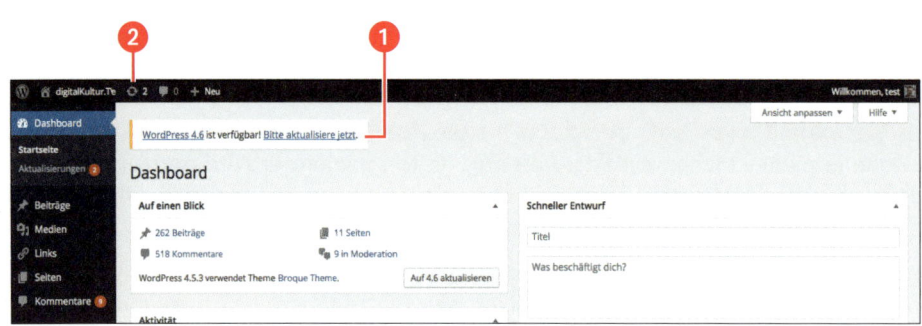

Updates und Aktualisierungen

WordPress, Plug-ins und Themes werden kontinuierlich weiterentwickelt. Neue Versionen beheben Fehler, stopfen Sicherheitslöcher und bieten neue Funktionen, die sehr spannend sein können.

Zum Glück werden Sie automatisch über neue WordPress-Versionen, -Plug-ins und -Themes informiert, sofern diese über WordPress.org installiert wurden ❶. Wenn es Aktualisierungen für WordPress gibt, erscheinen in der grauen Adminleiste zwei kreisförmige Pfeile und eine Zahl ❷. Die Zahl gibt Auskunft darüber, wie viele Komponenten auf die Aktualisierung warten.

Halten Sie Ihre WordPress-Installation stets auf dem aktuellen Stand! Es kommt leider immer häufiger vor, dass WordPress-Systeme gehackt und zweckentfremdet werden, sodass im schlimmsten Fall sogar Schadsoftware über diese gekaperten Systeme verbreitet wird.

Um WordPress auf dem aktuellen Stand zu halten, müssen Sie kontinuierlich Updates einspielen. Dazu stehen Ihnen zwei Möglichkeiten zur Verfügung: die integrierte Aktualisieren-Funktion und der manuelle Upload über ein FTP-Programm. Auf den folgenden Seiten lernen Sie beide Varianten kennen.

Vor jedem Update sollten Sie unbedingt eine **Sicherheitskopie** von Ihrem kompletten WordPress-Verzeichnis inklusive Datenbank erstellen (siehe mehr dazu auf Seite 259,»Datenbank und Dateien automatisch sichern«).

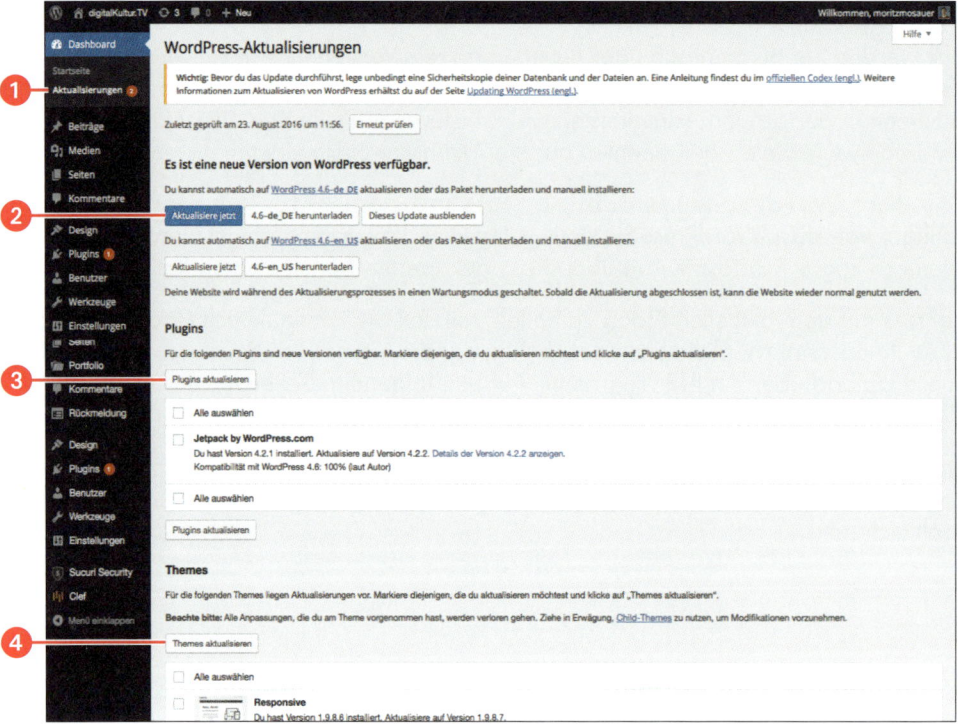

WordPress automatisch aktualisieren

Wenn Sie WordPress automatisch aktualisieren möchten, gehen Sie so vor:

1. Loggen Sie sich in WordPress ein.

2. Erstellen Sie eine Sicherheitskopie Ihrer Datenbank und Dateien – z. B. mithilfe des Plug-ins von Seite 259.

3. Öffnen Sie den Menüpunkt Dashboard → Aktualisierungen ❶.

   - **Um WordPress zu aktualisieren**, klicken Sie auf die Schaltfläche Aktualisiere jetzt ❷. Während des kommenden Installationsprozesses lädt WordPress die neue Version automatisch herunter und aktualisiert sämtliche Dateien samt Datenbank.

   - **Um Ihre Plug-ins zu aktualisieren**, wählen Sie entweder alle veralteten Plug-ins oder nur dasjenige, das Sie aktualisieren wollen, aus. Klicken Sie auf Plugins aktualisieren ❸, um die Aktualisierung zu starten.

   - **Um Themes zu aktualisieren**, wählen Sie entweder alle veralteten Themes oder nur diejenigen, die Sie aktualisieren möchten, aus. Klicken Sie auf Themes aktualisieren ❹, um die Installation zu starten. **Vorsicht!** Sollten Sie an Ihrem Theme Veränderungen vorgenommen haben, gehen diese bei einem Update verloren.

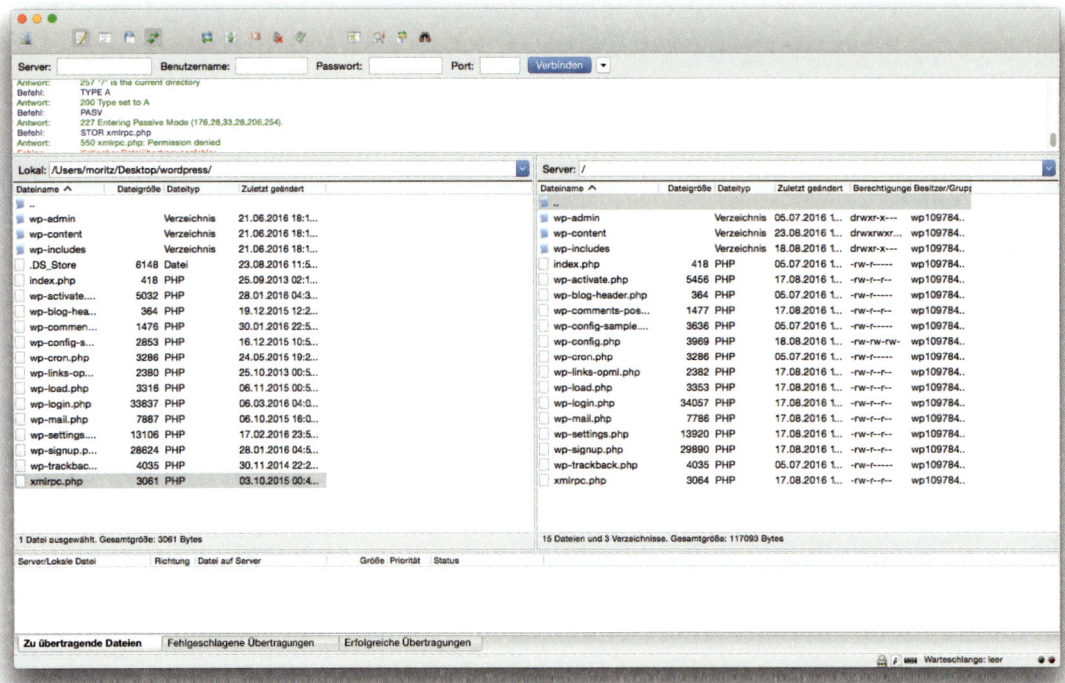

WordPress manuell aktualisieren

Der sicherste Weg für eine Aktualisierung sämtlicher Komponenten ist der Upload via FTP. Es ist aber auch der Weg, der am meisten Zeit kostet. Wenn Sie die folgenden Schritte bei einem Update-Prozess beachten, sollte nichts schiefgehen, und Sie haben alle Daten, um WordPress im alten Zustand wiederherzustellen. So geht's:

1. Erstellen Sie eine Sicherheitskopie Ihrer Datenbank – z.B. mithilfe des Plug-ins von Seite 259.

2. Loggen Sie sich per FTP auf Ihrem Webspace ein und sichern Sie das komplette WordPress-Verzeichnis auf Ihrem Rechner.

3. Laden Sie die aktuelle WordPress-Version herunter. Die englische Version finden Sie unter www.wordpress.org/download/ und die deutsche unter https://de.wordpress.org/txt-download/.

4. Entpacken Sie das ZIP-Archiv auf Ihrem Rechner.

5. Laden Sie sämtliche WordPress-Dateien auf den Server hoch und stellen Sie sicher, dass Ihr FTP-Programm alle alten Dateien überspielt.

6. Öffnen Sie Ihren Browser und rufen Sie Ihre WordPress-Website auf. Geben Sie hinter die URL Ihrer Startseite /wp-admin/upgrade.php ein – z.B. so: www.ihre-website.de/wp-admin/upgrade.php. Wenn die Datenbank aktualisiert werden muss, klicken Sie auf die dazugehörige Schaltfläche.

7. Öffnen Sie das Backend und schauen Sie unter Dashboard → Aktualisierungen nach, ob Sie WordPress, Plug-ins und Themes erfolgreich aktualisiert haben.

Hinweis

Sollte es nach der Aktualisierung von WordPress zu Problemen kommen, liegt das oft an installierten Plug-ins, die veraltet sind. In einem solchen Fall deaktivieren Sie am besten sämtliche Plug-ins und aktivieren eines nach dem anderen, bis der Fehler auftritt.

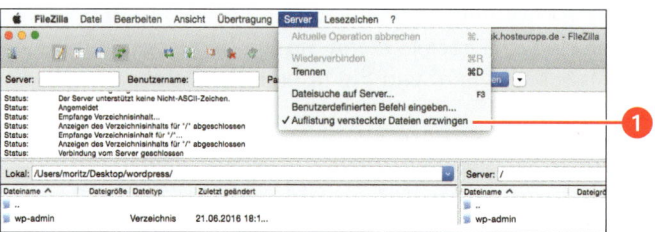

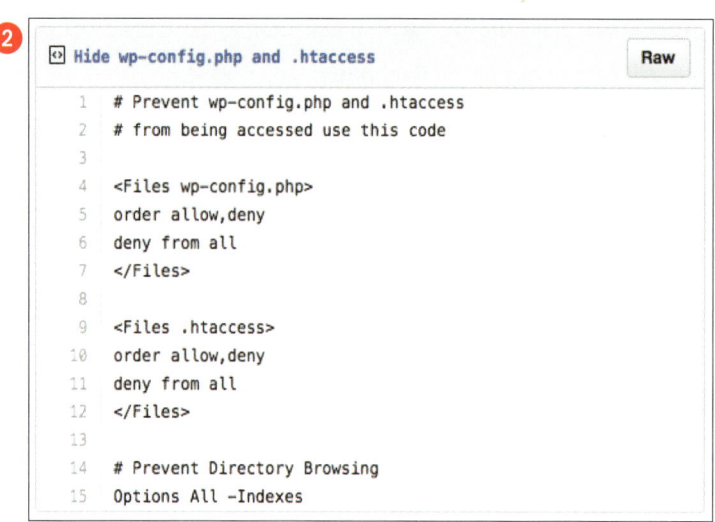

```
   1   # Prevent wp-config.php and .htaccess
   2   # from being accessed use this code
   3
   4   <Files wp-config.php>
   5   order allow,deny
   6   deny from all
   7   </Files>
   8
   9   <Files .htaccess>
  10   order allow,deny
  11   deny from all
  12   </Files>
  13
  14   # Prevent Directory Browsing
  15   Options All -Indexes
```

Verzeichnisse und Dateien vor Zugriff schützen mittels .htaccess

In der Regel laufen WordPress-Websites auf einem Apache-Server. Solch ein Server hat meist eine Konfigurationsdatei namens .htaccess. Über diese bestimmen Sie z. B., dass eine 404-Fehlerseite angezeigt werden soll, wenn der Server eine angeforderte Webseite nicht finden kann. Wenn Ihr Webpaket wie auf Seite 107 in »Permalinks: Linknamen ändern, Linkstrukturen bestimmen« beschrieben das mod_rewrite-Modul unterstützt, dann sorgt die .htaccess-Datei dafür, dass die lesbaren Links funktionieren. Sie können über die .htaccess-Datei aber auch Dateien und Verzeichnisse vor unberechtigten Zugriffen schützen. Das erlaubt nicht jeder Webhoster. Sollte die folgende Anleitung nicht funktionieren, fragen Sie bitte beim Support nach, ob die Funktionen für den Schutz von Verzeichnissen und Dateien unterstützt werden. Und so schützen Sie Dateien und Verzeichnisse:

1. Die .htaccess-Datei liegt im Hauptverzeichnis. Laden Sie die Datei herunter und benennen Sie die Datei um, damit Sie eine Sicherheitskopie haben. Dann laden Sie die Datei einfach noch einmal herunter. Wird die Datei nicht angezeigt, könnte es sein, dass Ihr FTP-Programm versteckte Dateien nicht anzeigt. FileZilla befehlen Sie über Server → Auflistung versteckter Dateien erzwingen ❶, die .htaccess-Datei anzuzeigen.

2. Öffnen Sie die heruntergeladene .htaccess-Datei in einem Texteditor wie Windows Editor, Notepad, Textedit oder z. B. dem kostenlosen Editor Atom. Word oder andere Textverarbeitungen taugen dazu nicht.

3. Fügen Sie die folgenden Befehle ❷ unterhalb der existierenden Befehle ein, um die wp-config.php- und .htacces-Datei zu schützen. Sie finden das Code-Schnipsel aber auch über *www.phlow.org/wp-schutz*. Speichern Sie die Datei unbedingt als reine .txt-Datei ab.

4. Laden Sie Ihre bearbeitete .htacess-Datei auf den Server hoch.

5. Testen Sie, ob WordPress weiter funktioniert. Fertig!

Tritt ein Fehler auf, können Sie jederzeit auf Ihre Sicherheitskopie zurückgreifen.

 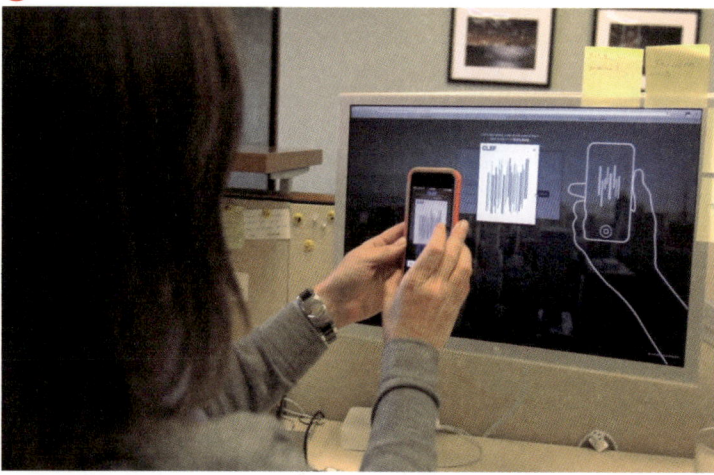

Zwei-Faktor-Authentifizierung mit Clef

Laut Wikipedia »dient die Zwei-Faktor-Authentifizierung (2FA) dem Identitätsnachweis eines Nutzers mittels der Kombination zweier verschiedener und insbesondere unabhängiger Komponenten.« In der Praxis bedeutet das, dass Sie einen weiteren Service für das Log-in nutzen. Vielleicht kennen Sie das Verfahren bereits von Google oder Facebook. Dort können Sie einstellen, dass Sie Ihr Konto nur nach der Eingabe eines zusätzlichen Codes nutzen können. Dieser wird Ihnen per SMS auf Ihr Smartphone geschickt.

Auch für WordPress stehen zahlreiche Zwei-Faktor-Authentifizierungen zur Verfügung. Eine exzellente und spannende Lösung ist **Clef Two-Factor Authentication** (*https://wordpress.org/plugins/wpclef/*). Das kostenlose Plug-in nutzt eine App – auch die kostet Sie nichts –, die Sie auf Ihr Android- oder iOS-Gerät herunterladen können. Clef ersetzt den herkömmlichen Log-in-Bildschirm durch einen neuen ❶. Wenn Sie sich einloggen wollen, müssen Sie jetzt Ihr Smartphone oder Tablet zücken, die App öffnen und die Kamera auf die tanzenden Streifen auf dem Bildschirm richten ❷. Clef überprüft den Vorgang und leitet Sie nach einem erfolgreichen Log-in in das WordPress-Redaktionssystem.

So leicht, wie der Log-in mit Clef funktioniert, so schnell haben Sie das Plug-in installiert.

1. Laden Sie als Erstes die Clef-App über *www.getclef.com/download/* herunter.

2. Installieren und aktivieren Sie das Plug-in.

3. Folgen Sie den drei einfachen Schritten. Fertig!

Hinweis

Alternative Plug-ins sind Google Authenticator (*https://wordpress.org/plugins/google-authenticator/*), Duo Two-Factor Authentication (*https://wordpress.org/plugins/duo-word-press/*) oder Rublon Two-Factor Authentication (*https://wordpress.org/plugins/rublon/*).

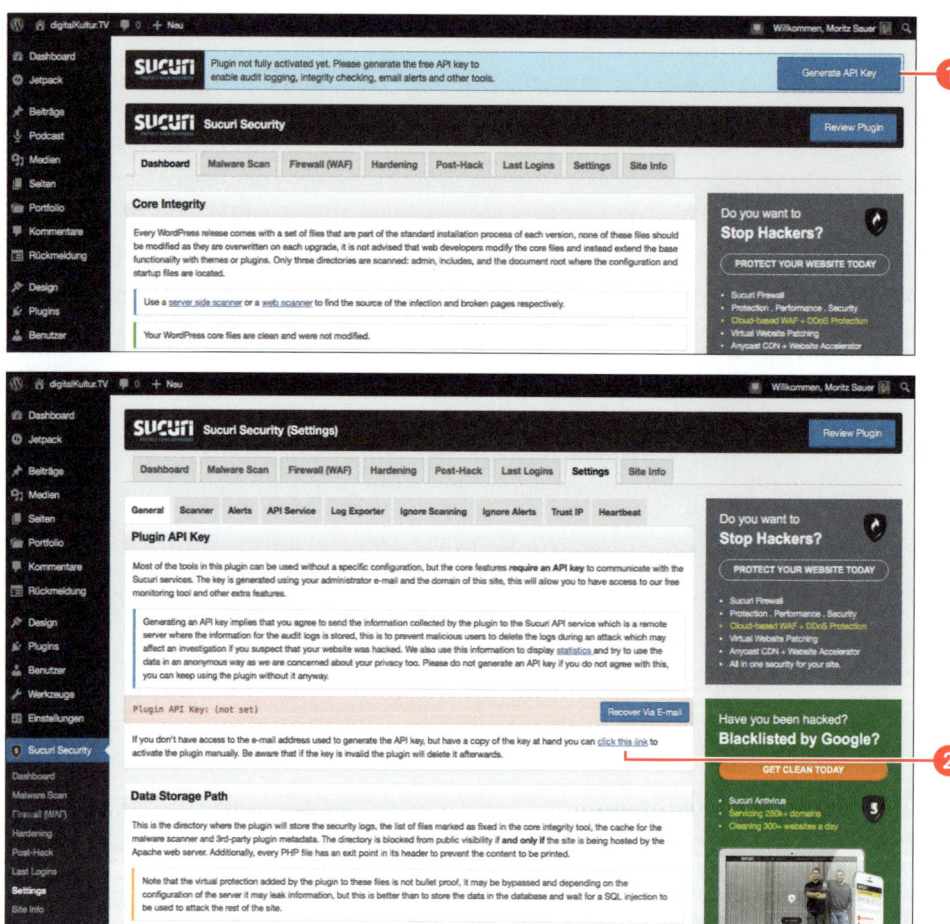

Sicherheits-Plug-ins: die Qual der Wahl

Es gibt zahlreiche hochwertige Erweiterungen, die WordPress auf Sicherheitslücken durchleuchten und das System absichern. Zwei hervorragende Plug-ins sind **All In One WP Security** (*https://wordpress.org/plugins/all-in-one-wp-security-and-firewall/*) und **Sucuri Security** (*https://wordpress.org/plugins/sucuri-scanner/*). Beide Erweiterungen sind auch für Anfänger verständlich und übersichtlich aufgebaut und helfen Ihnen schrittweise, WordPress wie einen Tresor abzusichern.

Egal, welches Sicherheits-Plug-in Sie nutzen, alle Plug-ins gibt es auch in einer Premium-Version, die noch mehr Sicherheit verspricht. Wenn Sie aber WordPress stets aktualisieren und sichere Passsätze nutzen, dann reicht die Grundvariante.

Beschränken Sie Ihre Wahl aber auf ein Sicherheits-Plug-in. Ansonsten kann es Probleme geben, wenn die Erweiterungen um die Vorherrschaft kämpfen. Für dieses Buch habe ich mich für Sucuri Security entschieden, denn es hat nur eine Funktion nicht, die noch wichtig wäre: eine Absicherung gegen Brute Force-Attacken. Diese bietet dahingegen All In One WP Security. Nutzen Sie jedoch die Jetpack-Erweiterung, haben Sie sich gegen diese Art von Attacken bereits gewappnet.

1. Installieren Sie Sucuri Security wie alle anderen Plug-ins auch.

2. Anschließend benötigen Sie noch einen kostenlosen API Key, einen Schlüssel, damit sich das Plug-in mit den Services von Sucuri verbinden kann. Klicken Sie dazu einfach auf Generate API Key ❶.

3. Wählen Sie Ihr Adminkonto aus und klicken Sie auf die Schaltfläche Proceed.

4. Sucuri schickt Ihnen jetzt eine E-Mail mit dem API-Schlüssel an Ihre E-Mail-Adminadresse.

5. Kopieren Sie den Schlüssel in den Zwischenspeicher und klicken Sie auf den Link in der E-Mail.

6. Kopieren Sie den Schlüssel in das dazugehörige Feld. Sollte es nicht angezeigt werden, klicken Sie auf click this link ❷ und kopieren den Schlüssel in das Feld.

7. Sie können mit der Konfiguration von Sucuri beginnen.

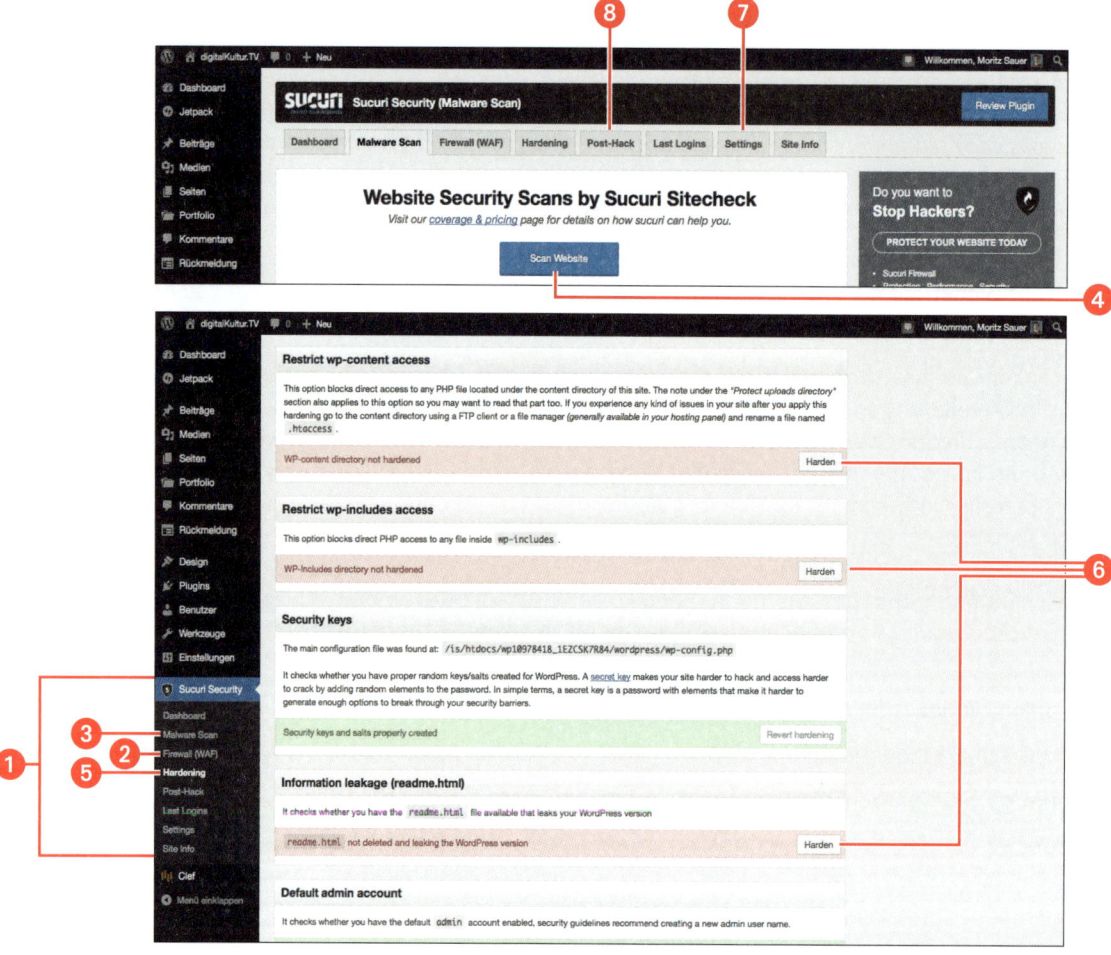

WordPress abhärten mit Sucuri Security

Sicherheits-Plug-ins sind umfangreiche Erweiterungen. Das gilt auch für **Sucuri Security**, das Sie mit zahlreichen neuen Menüpunkten begrüßt ❶. Darum kann ich in diesem Buch nicht sämtliche Funktionen ausführlich durchsprechen. Da die Sonderfunktion Firewall ❷ eine Premium-Funktion ist, überspringe ich sie. Wichtig sind die beiden Menüpunkte Malware Scan und Hardening.

Mit dem Malware Scanner ❸ lassen Sie WordPress nach bösartigen Scripten, merkwürdigen Umleitungen oder SEO-Spam durchleuchten. Ein Klick auf Scan Website ❹ genügt, und das Plug-in macht sich an die Arbeit. Leuchtet alles grün – und das sollte es nach einer frischen Installation – härten Sie mit Hardening ❺ WordPress im nächsten Schritt ab. Denn Hardening überprüft, ob wichtige Dateien gegen Einsicht geschützt sind oder ob z. B. die *readme.html*-Datei gelöscht wurde, da diese Angreifern verrät, welche WordPress-Version Sie gerade nutzen.

Um WordPress weiter abzusichern, genügt in der Regel ein Klick auf die jeweilige Schaltfläche Harden ❻, und das Plug-in stopft das Sicherheitsloch. Härten Sie jetzt Ihre WordPress-Website ab, indem Sie einen Punkt nach dem anderen abarbeiten. Wie oben bereits erwähnt, müssen Sie nur auf die Firewall-Funktion verzichten, wenn Sie nicht zusätzlich Geld ausgeben wollen.

Sucuri Security bietet noch zahlreiche weitere Methoden für die Absicherung über Settings ❼. Einige Funktionen können jedoch maßgeblich WordPress beeinflussen und zu unerwünschten Effekten führen. Ich empfehle Ihnen, dass Sie die Voreinstellungen so belassen. Interessant ist nur noch der Menüpunkt Post-Hack ❽ Dieser hilft Ihnen, WordPress nach einer Attacke schneller zu säubern. So »resetten« Sie z. B. alle Benutzer-Log-in-Passwörter, resetten Plug-ins oder setzen die Security Keys neu.

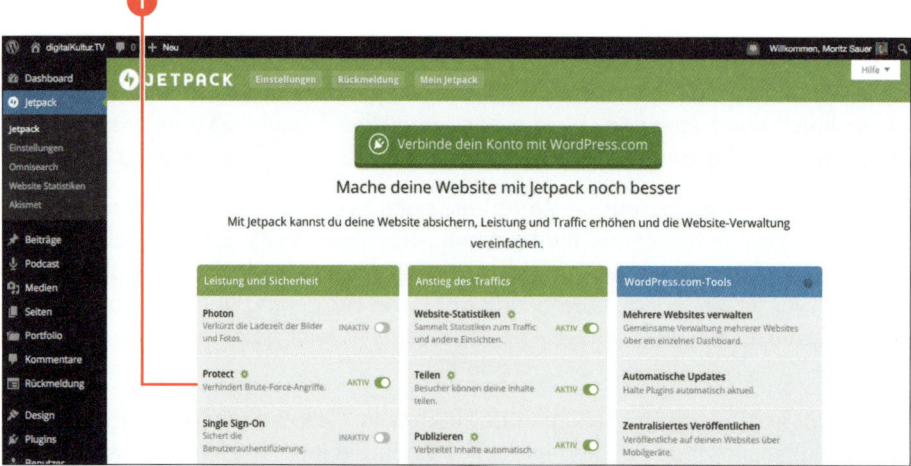

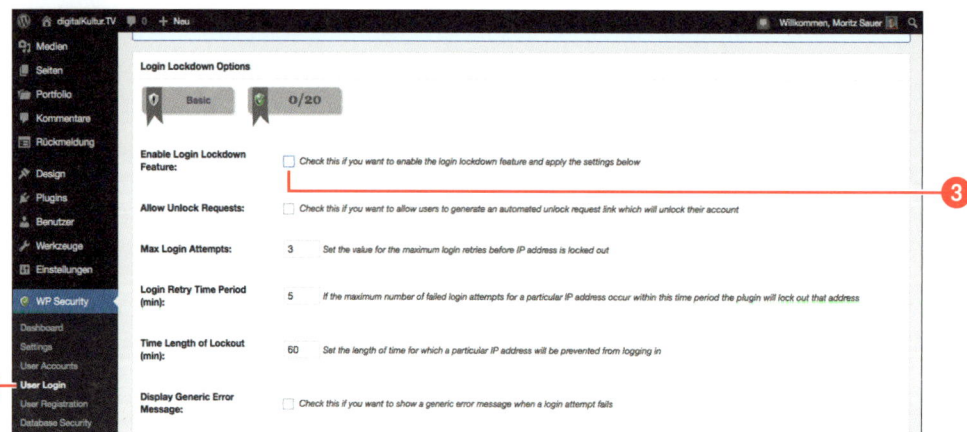

Log-in vor Brute Force-Angriffen schützen

Brute Force heißt übersetzt rohe Gewalt. Bei einem Brute Force-Angriff versuchen Angreifer, Ihre WordPress-Website mit der einfachsten Methode zu knacken: Immer wieder wird das Log-in-Formular aufgerufen, um einfache Kombinationen aus Benutzernamen und Passwort auszuprobieren. Diese Methode nennt man auch **Exhaustionsmethode**, da der Server mit Kombinationen geflutet und belastet wird. Solche Angriffe können Stunden dauern.

Sie können diesen Attacken aber entgegenwirken, indem Sie ein Plug-in nutzen, das den Aufruf des Log-in-Formulars nach x Aufrufen unterbindet. Nutzen Sie bereits die Jetpack-Erweiterung, dann werden Sie vor Brute Force-Angriffen geschützt. Sicherheitshalber überprüfen Sie die Einstellungen und rufen Jetpack auf ❶. Unter Leistung und Sicherheit sollte Protect aktiviert sein.

Ein weiteres Sicherheits-Plug-in, das sich um den Log-in-Bildschirm kümmert, ist **All In One WP Security**. Auch dieses ermöglicht, Angriffe auf das Formular einzugrenzen. Die Einstellungen finden Sie über das Menü unter WP Security → User Login ❷. Aktivieren Sie die Funktion, indem Sie ein Häkchen bei Enable Login Lockdown Feature setzen ❸.

Import & Export: von WordPress.com zum selbst gehosteten Webauftritt und zurück

Einer der dicksten Pluspunkte von WordPress ist die Tatsache, dass die Betreiber hinter WordPress Sie nicht mit aller Macht an Ihre Entscheidung für oder gegen eine eigene Installation binden wollen. Ganz gleich, ob Sie *auf* WordPress.com eine Website betreiben oder eine eigene Installation laufen haben: Sie können problemlos Ihre Inhalte (Beiträge, Seiten, Bilder, Schlagwörter und Kategorien) von WordPress.com auf eine selbst gehostete Installation bringen – und umgekehrt.

Beachten Sie dabei, dass bei dieser Art von Im- und Export nur die Inhalte und keinerlei Einstellungen transferiert werden, d. h., die Einstellungen (Konfiguration) von WordPress, von Ihrem Theme oder den genutzten Plug-ins werden nicht übertragen. Diese Einstellungen müssen Sie nachträglich vornehmen.

Da es sich bei der exportierten Datei um eine Textdatei handelt, werden auch die Bilder nicht automatisch exportiert. Sofern die Bilder online abrufbar sind und Sie das jeweilige Häkchen beim Import setzen, werden sie aber übernommen. Wie Export und Import im Detail funktionieren, lesen Sie auf der nächsten Seite.

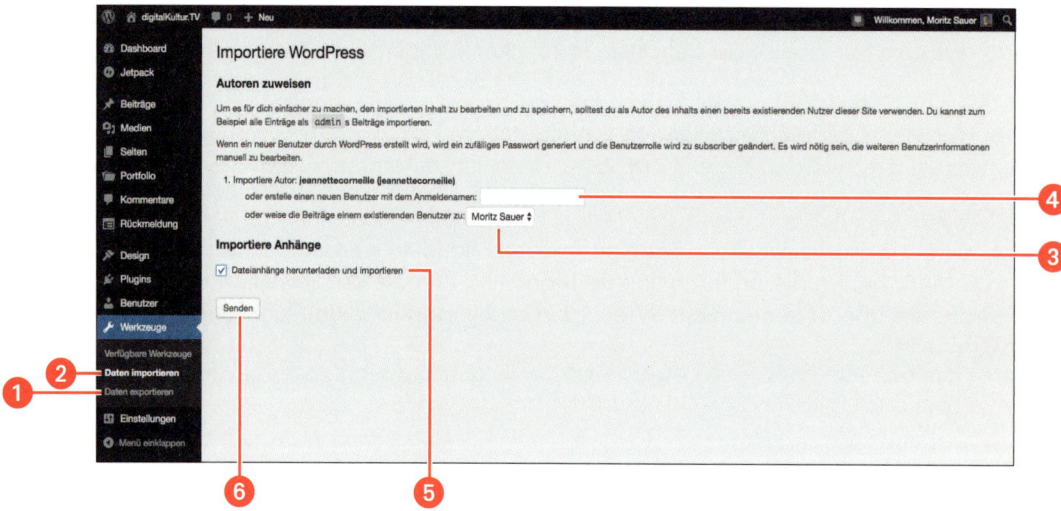

Inhalte erst exportieren, dann importieren

Der Im- und Export von WordPress.com oder einer selbst gehosteten WordPress-Version funktioniert gleich, nämlich so:

1. Wenn Sie Ihre selbst gehostete Version aufgeben möchten und lieber auf WordPress.com setzen, müssen Sie auf WordPress.com ein Konto samt WordPress-Website anlegen. Möchten Sie von WordPress.com auf eine selbst gehostete Instanz umziehen, überspringen Sie diesen Schritt.

2. Loggen Sie sich jetzt in Ihr altes WordPress-System ein und öffnen Sie den Menüpunkt Werkzeuge → Daten exportieren ❶.

3. Wählen Sie Alle Inhalte und starten Sie den Export der XML-(WXR-)Datei, indem Sie auf die Schaltfläche Export-Datei herunterladen klicken. Der Browser startet dann den Download der Datei.

4. Loggen Sie sich anschließend in Ihr neues WordPress-System ein, öffnen Sie den Menüpunkt Werkzeuge → Daten importieren ❷ und klicken Sie auf WordPress.

   - Wenn Sie die Daten auf WordPress.com bringen möchten, suchen Sie einfach mit dem Befehl Datei auswählen die exportierte Datei auf Ihrem Computer und laden sie mit einem Klick auf Datei hochladen und importieren hoch.
   - Wenn Sie die Daten in ein selbst gehostetes WordPress-System hochladen möchten, müssen Sie nach dem Klick auf WordPress erst einmal das Import-Plug-in installieren und aktivieren.
   - Anschließend suchen Sie über Datei auswählen die exportierte Datei auf Ihrem Computer und laden sie mit einem Klick auf Datei hochladen und importieren hoch.

5. Bevor WordPress den Import richtig startet, müssen Sie jetzt noch die zu importierenden Beiträge einem existierenden Benutzer zuweisen ❸ oder einen neuen Benutzer anlegen ❹.

6. Setzen Sie unbedingt ein Häkchen bei Dateianhänge herunterladen und importieren ❺, damit WordPress Bilder und Anhänge automatisch herunterlädt und importiert.

7. Starten Sie nun den Import mit einem Klick auf Senden ❻.

Der Import kann eine Weile dauern. Hat alles geklappt, meldet sich WordPress mit einem All done. Have fun! zurück. Sie sind erfolgreich umgezogen.

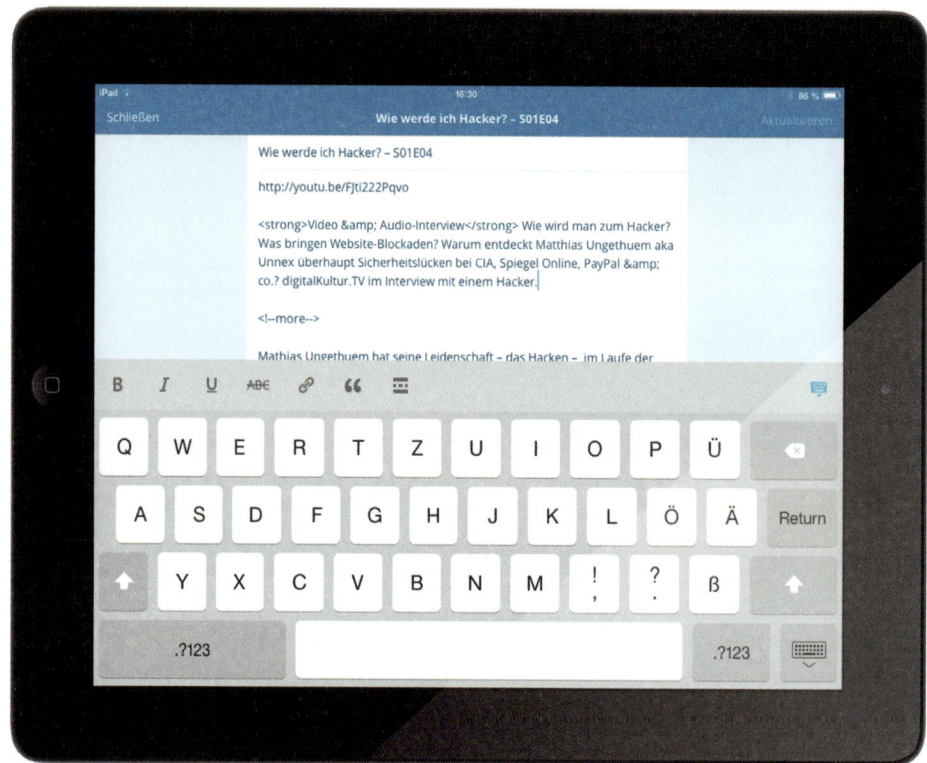

Kostenlose Apps für iPhone, iPad, Android & Co.

WordPress bietet für jedes mobile Gerät und Windows- und Mac-Desktoprechner jeweils einen speziellen Editor an. Ob Android, iPhone und iPad, Windows oder Mac: WordPress unterstützt Sie mit kostenlosen Apps zum Erstellen von Beiträgen und Seiten. Einen Überblick über die zahlreichen Apps finden Sie unter *http://en.support.wordpress.com/apps/*.

Sowohl die iPad- als auch die Android-Apps entpuppen sich beispielsweise als vollwertige Editoren, über die Sie auf Wunsch auch mehrere WordPress-Installationen und *WordPress.com*-Konten verwalten können. Über die Editoren können Sie nicht nur Texte schreiben, sondern auch Bilder direkt mit der systemeigenen Kamera schießen und hochladen oder aus der Fotobibliothek heraussuchen und einfügen.

Weitere Informationen zu den iOS- und Android-Apps finden Sie unter *http://apps.wordpress.org*.

Hinweis

WordPress lässt sich aber auch hervorragend über einen mobilen Browser bedienen, da die gesamte Benutzeroberfläche **responsive** ist.

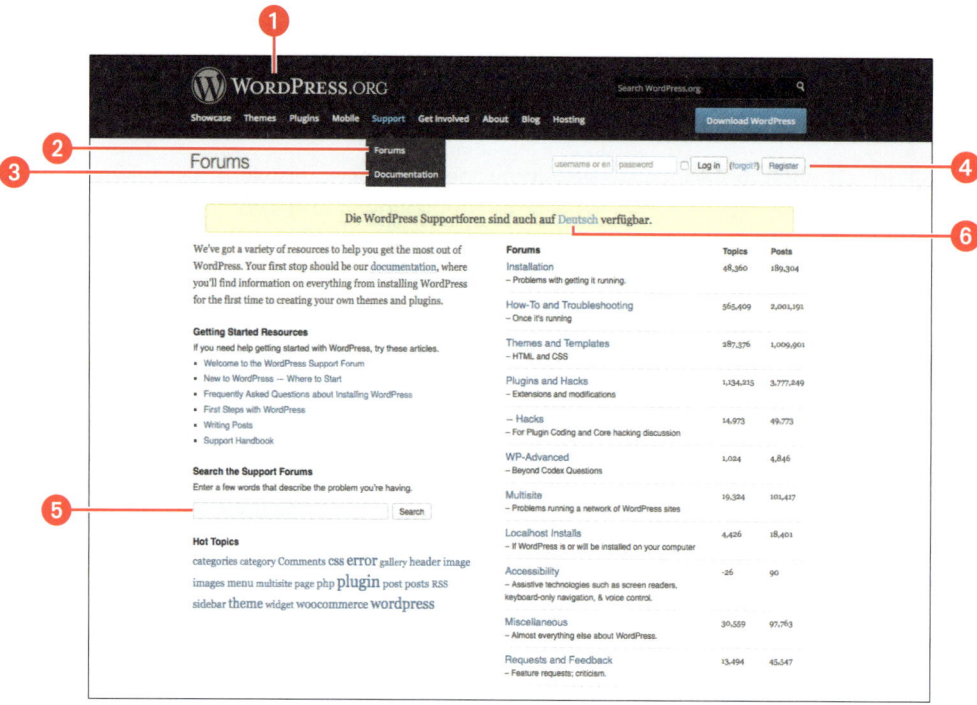

Noch Fragen? Die deutsche und die weltweite WordPress-Community helfen!

Ein Grund dafür, dass WordPress heute das am weitesten verbreitete Redaktionssystem ist, basiert vor allem auf der Tatsache, dass es eine ausführliche Dokumentation des Systems gibt (in Englisch), und auf einer daraus resultierenden lebhaften Community auf *www.wordpress.org* ❶. Die weltweite Community tummelt sich neben all den nationalen Ablegern vor allem im WordPress-Supportforum ❷ unter *www.wordpress.org/support/*, während Sie die ausführliche Dokumentation ❸ unter *http://codex.wordpress.org* finden.

Dank des sehr aktiven Forums und der Hilfsbereitschaft seiner Benutzer finden Sie auf nahezu alle Fragen eine Antwort. Um im Forum »mitzumischen« und Fragen zu stellen, müssen Sie sich ein kostenloses Konto ❹ zulegen. Leider können Sie dazu nicht ein bestehendes WordPress.com-Konto nutzen. Bevor Sie jedoch eine Frage zu einem Problem formulieren, schauen Sie besser erst über die Suche ❺ nach, ob Ihr Problem bekannt ist und ob vielleicht schon eine passende Lösung im Forum gefunden wurde. Das gehört zur Netiquette und löst Probleme in der Regel schneller, als auf eine Antwort zu warten. Außerdem bieten auch zahlreiche YouTube-Tutorials Antworten auf WordPress-Fragen.

Wie oben erwähnt, gibt es weltweit auch nationale WordPress-Communitys. Die deutsche Community finden Sie offiziell unter *https://de.wordpress.org/* ❻ und die alte, deutsche, unabhängige unter *http://forum.wpde.org*.

Index